The MADNESS *of* CROWDS

GENDER, RACE AND IDENTITY

群眾瘋狂

性別、種族與身分，21世紀最歧異的議題

DOUGLAS MURRAY

道格拉斯・莫瑞——著 王惟芬——譯

現代世界的正字標記
不在於其所抱持的懷疑態度
而是在不自覺中展現出來的教條主義。

——吉伯特・卻斯特頓（Gilbert Keith Chesterton）
英國作家、文學評論家與神學家

哦！我的天哪！看看她的屁股！
哦！我的天哪！看看她的屁股！
哦！我的天哪！看看她的屁股！
（看看她的屁股）
快看、快看、快看
快看她的屁股。

——妮姬・米娜（Nicki Minaj）
美國饒舌歌手、詞曲創作者

目錄

引言

我們正在經歷一場巨大的群眾狂亂期。無論是在公領域，還是在私領域，無論是在網路上，還是離線狀態，世人的行為變得越來越不理智、狂熱、像牛群一樣，而且就是令人難受。電視上每天一再報導的新聞就是這現象造成的後果。然而，儘管我們到處都可以看到症狀，卻沒有看出背後的原因。

對此現象的解釋紛紛出籠。這些往往是在暗示，所有的瘋狂都是來自美國總統大選或一場公投的結果。但是，沒有一個解釋有碰觸到這些現象的根源。因為在這些日常事件的深處，其實是更大規模的運動和事件。現在是開始面對的時候了，找出何以出差錯的真正原因。

現在，即使是造成這種現象的根源也沒什麼人注意。這其實來自一簡單的事實，即在過去超過四分之一世紀的時間裡，人類史上所有宏大的敘事一一崩解，而我們就生活在這樣的狀態中。這些歷史敘事一一遭到駁斥，沒有什麼人想要加以捍衛，或是有些根本也站不住腳。首先是關於人的存在意義，這向來是由宗教提供解釋，但從十九世紀開始，這些說法就開始動搖瓦解。然後是在上個世紀，所有政治意識形態所承諾的世俗希望，也跟隨著宗教式微的腳步，逐一幻滅。到了二十世紀後期，我們進入後現代。這個時代是以其對所有宏大敘事的懷疑來定義自身，也這樣為人所定義。[1]然而，就如同所有學童都學過的：「大自然厭惡真空」，而在進入這個後現代真空時，開始有新思想在那裡伺機而動，意圖提供他們那一套的解釋和意義給這世界。

這一片空曠荒蕪勢必會獲得一些填充。富裕的西方民主國家不可能就這樣成為有史以來第一批對自己作為毫不解釋的人，不再講述賦予生命意義的故事。過去的那些宏大敘事，無論有多少缺陷，至少都曾給人們帶來生命的意義。人生於世，所謂何來？這問題（除了想辦法發財致富，並享受這帶來的種種樂趣之外），還是得想其他辦法來回答。

近年來浮上檯面的答案是我們得去參與新的爭鬥、更為激烈的活動，並且提出更多的利基需求。我們自身的意義現在是透過出征討伐來界定，不斷地與在一問題上看似選錯邊的任何人來戰鬥，即便這一問題本身可能才遭到修正，答案也才剛修改過。這過程之所以能夠以令人難以置信的速度發生，主要是因為在矽谷的幾家企業（尤其是谷歌、推特和臉書），他們現在不僅有能力來指導世界上大多數人的認識、思考和發言，還發展出一種商業模式，可說是專門為「想要改變他人行為而準備掏錢的顧客」所設計的，這樣的講法毫不誇張。[2]然而，儘管我們正在為一個我們的腿無法跟上其步伐的快速運轉的科技世界所煩惱，但這些爭戰並不是漫無目的地在進行。戰鬥一直朝著特定方向走去，而且這個方向是朝著一個巨大的目的。這個目的——某些人毫不知悉，另一些人則是刻意而為——是將一種新的形上學嵌入到我們的社會，或者說，我們也將這套形上學看作是一種新宗教。

儘管這些思想基礎已經有幾十年歷史，但直到二〇〇八年的金融危機之後，過去這些只是在學術界模糊邊緣的想法，才真正進入主流思想。這套新觀念的吸引力顯而易見。目前還不清楚無法積累資本的這一世代，是否會熱情擁抱資本主義。那些自認可能一輩子買不起房子的世代，會受到另一種意識形態的世界觀所吸引，這點並不難理解，因為在這種意識形態中，不僅承諾要解決他們生活中所有的不平等問題，還要解決地球上所有不平等問題。透過「社會正義」（social justice）、「群體身分認同政治」（identity group politics）和「交叉主義」（intersectionalism）的濾鏡來詮釋世界，可能是自冷戰結束以來，在新意識形態的創造上，最為大膽和全面的一項工程。

迄今為止，這三項中以「社會正義」走得最遠，這是因為它聽起來有吸引力，特別是在某些版本中。即使用語修辭都經過精心設計，可用來駁斥反對者。「你反對社會正義嗎？那你想要什麼？社會不正義嗎？」

與此同時，「群體身分認同政治」則成為社會正義尋找其支持者的地方。它將社會根據性別、種族、性偏好等屬性細分成不同的利益團體，假定這些特徵是每個族群主要或唯一的相關屬性，而且為群體帶來一些額外的好處。正如美國作家科爾曼·休斯（Coleman Hughes）所指出的，身為黑人、女性或同性戀，伴隨而來的是一種「道德知識的提高」。[3] 這是人們在提問或陳述都傾向於「以……角度來說」作為開場的原因。而且，不論是在世的，還是往生的，都需要選對邊。這就是為什麼，會有人呼籲要拆除那些現在看來是在錯誤那一邊的歷史人物雕像，也是為什麼需要為你希望拯救的任何人重寫其過去的原因。這也是為什麼參議員辛恩·費因（Sinn Fein）會信誓旦旦地聲稱，一九八一年愛爾蘭絕食抗議者是在爭取同性戀權利，這些荒腔走板的宣稱變得完全正常。[4] 身分認同政治則是鼓勵弱勢團體同時來進行細分、組織和宣揚等活動。

在這個三位一體的組合中，「交叉性」（intersectionality）這個概念是最沒有吸引力的。這可說是一項邀約，要我們把餘生投入在釐清我們自己和他人所宣稱的每一項身分認同和脆弱性，然後沿著我們發現的這個不斷變動的階級中所浮現的正義體系來進行組織。這套系統非但不可行，而且愚昧不已，提出根本無法實現的要求。但是今天，源自於人文學科的交叉性概念已經從社會科學中爆發出來，深受這一代年輕人的重視，並且，正如我們將在本書中所看到的，這已經透過就業法（特別是對「多樣性的承諾」）深深根植在大型企業和政府組織。

需要有一套新的教學方法來迫使大家吸收這些新的假設，而這套教學策略主流化的速度相當驚人。正如數學家兼作家艾瑞克・偉恩斯坦（Eric Weinstein）所指出的（谷歌的圖書搜尋結果也是如此顯示），諸如「LGBTQ」（性別平權團體）、「白人特權」（white privilege）和「跨性別恐懼症」（transphobia）之類的短語，全都從乏人問津而躍然成為熱門用語。當他在撰寫這種現象的圖表時，曾提到千禧世代和其他人目前正在用這「喚醒的東西」來「消除千百年來的壓迫和／或文明……而這些全是約莫在二十分鐘前製造出來。」他繼續指出，儘管嘗試新的想法和短語並沒有錯，但「必須要有天大的膽子，才敢依靠這麼多未經測試的啟發式方法，這些都是在你父母那一代，甚至不到五十年的時間裡所構思出來的，尚未經過任何測試。」[5] 格雷格・盧基亞諾夫（Greg Lukianoff）和強納森・海特（Jonathan Haidt）在二〇一八年共同出版的《美國的玻璃心世代》（*The Coddling of the American Mind*）一書中，也論及同樣的問題，提到這些新的啟發式教學法的規範和實踐，真的是非常晚近才出現。事實上，諸如「觸發」和「感覺不安全」之類的短語，還有不適合此新宗教的用語會造成「傷害」的主張，一直到二〇一三年才開始大量出現，為人使用。[6] 彷彿是這套新的形上學在弄清楚自身意圖後，又花了五年多的時間來研究要如何恫嚇其追隨者，以便成為主流。而在這點上，它確實成效卓著。

在每天的新聞中都可以看到成果。這些新聞背後有美國心理學會（American Psychological

Association），這個組織認為有必要建議其會員如何訓練男孩和男人，擺脫有害的「男子氣概傳統」。[7]這就是為什麼，默默無聞的谷歌工程師詹姆斯・達摩爾（James Damore）寫了一份備忘錄而遭到解雇，這是因為他在文句中暗示，科技業的某些工作比較適合男性而不是女性。而這也是為什麼美國在二〇一一年至二〇一七年，認為種族歧視主義是個「大問題」的人數增加一倍。[8]

透過這些提供給我們的新鏡片來觀看一切後，每樣東西都成了武器，其造成的後果既錯亂又愚昧。這就是為什麼《紐約時報》（*New York Times*）決定刊登〈我的孩子可以和白人交朋友嗎？〉這篇由一位黑人撰寫的文章。[9]而另一篇由女性為文，探討在倫敦騎自行車導致死亡意外的文章，也是基於這個緣故而能夠登上頭條，其標題是：〈男人設計的道路正在殺害女人〉。[10]這類誇大聳動的言辭加劇了目前現有的種種分裂，而且每出現一次，又會產生許多新的分裂。這到底是基於什麼目的？非但沒有以過去十年的經驗教訓來教導世人要如何融洽相處，反而在強化我們實際上不太善於與他者相處的感覺。

對大多數人來說，這套新系統的價值早已很明顯，但這並不是從試驗中學到，而是來自每一個公眾錯誤。因為近年來每個人多少都開始意識到，有一套地雷絆索漫天蓋地的架設在整個文化中。不論是由個人、群體，或一些自以為了不起的諷刺作家所設下的，它們全都在那裡等著人們一個接一個步入其間。有人不經意觸到這些絆線，立即引發爆炸。偶爾也會看到一些勇敢的瘋子，充分意識到自己的作為，努力直奔無人之境。每次引爆後，都會發生一些爭執（包括偶爾展現的敬佩之情），然後世界繼續前進，等著另一個陷入當今這時代即興即用、臨時湊合的奇特價值體系的受害者。

經過一些時間才確定這些絆網的所在，但現在已經很清楚了。首先是牽扯到同性戀。在二十世紀下半葉，爭取同性戀平權的戰鬥獲得巨大成功，扭轉了歷史上不公正的可怕過往。在戰爭勝利後，抗爭活動顯然是沒有停下來的意思。它實際上進入了變形階段。先是從GLB——即男同性戀、女同性戀和雙性戀（Gay, Lesbian, Bi）的英文首字母——改為LGB，以免削弱女同性戀的可見度。然後又添加一個T——即跨性別者（trans）的英文首字母。接著是Q——即酷兒（queer）的英文首字母，最後還有一些星星和星號。隨著這一串字母的發展，這項運動中的某些事物也開始發生變化。在勝利中，它開始展現出過去打壓他們這群人的作為。當局勢逆轉時，就是會發生一些醜陋的事情。十年前幾乎沒有人支持同性婚姻。就是連石牆（Stonewall）這樣的同性戀平權團體也不贊成。幾年後，這已成為現代自由主義的基本價值。在同性婚姻議題上表達反對之意，等於是將自己推入天地不容的處境——但不過在幾年前，幾乎每個人都不贊成（包括同性戀平權團體）。對於這種權利的主張，會有贊成或反對的人，但是要如此迅速地改變社會風俗常規，需要極度敏銳的感知，並且經過深思熟慮。然而，我們似乎滿足於無所作為，既不認真感受，也懶得思考。

結果，其他議題也依循類似的模式發展。在整個二十世紀，女權就跟同性戀權利一樣穩定地積累，似乎也達到某些成果。然後，這輛看似快要到達目的地的火車突然之間又吸滿蒸汽，在鐵軌上揚長而去，駛向遠方。在昨天都還不會引起爭議的事，到了今天卻成為破壞某人生涯的原因。隨著這輛火車繼續行駛下去，有人的整個職業生涯就因此分崩離析地散落開來。

提姆．杭特（Tim Hunt）就是這樣活生生的例子，這位七十二歲的諾貝爾獎得主，因為在南韓的一場研討會上開了關於男女在實驗室墜入愛河的笑話，他整個學術生涯就此毀於一旦。[11]「有害的男子氣概」（toxic masculinity）這類詞彙逐漸普遍起來，進入日常用語。讓兩性關係變得如此緊張，搞得這物種的雄性好像會致癌似的，這究竟會有什麼好處呢？又或者是，發展出男人無權談論女性的說法，這觀念會帶來好處嗎？為什麼當女性在職場上取得史無前例的突破時，「父權制」（the patriarchy）和「男性說教」（mansplaining）的討論，又從女性主義的邊緣滲入到澳洲參議院這類政策核心之處？[12]

美國的民權運動也是以類似的方式展開，這場旨在糾正歷史錯誤中那些最恐怖行徑的活動，當時看起來也是朝著一些可望解決的方向發展。但是又一次，在靠近勝利時，一切似乎都變調了。正當情況似乎變得比以往任何時候都來得好時，卻開始傳出情況從未變得那麼糟的言論。在大多數人都希望種族議題已塵埃落定之際，突然間，一切似乎都與種族扯上關係。就跟所有觸發其他議題的地雷絆索一樣，只有傻瓜或瘋子才會貿然去推測何以會出現這樣的轉折，更不用說是挺身出來爭論了。

最終，我們全都迷迷糊糊地踏進這片鮮少有人涉獵，充滿最多未知的領域。有人聲稱，有為數可觀的人出生在錯誤的身體裡，而這說法造成的一個後果是，在我們社會中尚存的那些確定性（包括基於科學和語言的確定性）都必須重新徹底地架構。跨性別議題的辯論，以某些角度來看，就是當中最具有這種暗示的。儘管這項最新的權利問題影響到的人數最少，但幾乎是以無與倫比的殘暴和憤怒手法來進行抗爭。在這個議題上，選錯邊的女性會受到曾是男兒身的人所煩擾。那些表達出在昨日之前仍普遍接受的觀點的家長，現在都會受到是否有能力為人父母的質疑。在英國和其他地方，警察會勸導那些不承認男人可以是女人（反之亦然）的人。[13]

這些議題有個共同點，它們全都是從合理的人權運動開始。這就是為什麼能夠持續至今的原因。但是到了某個時間點，它們全都衝過柵欄。光是平等還不夠，他們的立場開始轉變成要求「更好」的待遇，這樣無以為繼的目標。有些人可能會對此辯護，表示設定這樣的目的，只是要花一些時間在「更好」上，才能平反這類人過去的遭遇。在「#MeToo」（「我也是」）運動之後，經常聽到這樣的說法。正如美國有線電視新聞網（CNN）一位播報員所說：「也許會出現矯枉過正的情況，但這沒關係。應該要糾正我們。」[14]到目前為止，還沒有人提出何時會出現矯枉過正的情況，或是誰有資格來宣布這情況的到來。

唯一能夠確定的是，要是有人稍稍碰到這些剛鋪設好的地雷絆網，立即就會被抓出來。被標記各種標籤，如「偏執狂」（Bigot）、「恐同」（homophobe）、「性別歧視」（sextist）、「厭女情結」（misogynist）、「種族歧視」（racist）和「跨性別恐懼症」（transphobe），這些都還只是基本款。我們這個時代的權利鬥士，紛紛圍繞在這些有害的爆炸性議題。但是在爭取權利的過程中，這些平權問題已從一個系統的產物變成另一個新系統的基礎。要證明自己隸屬於這個系統，人們必須拿出他們的資歷和承諾。在這個新世界中要如何表現自身的德行？顯然是要成為「反種族歧視主義者」，成為LGBT的「盟友」，還要突顯想要推翻父權制的期望——無論你是男還是女。

而這就產生了一個做假戲的問題，無論是否需要，公眾必須對這套系統宣誓效忠。這是自由主義中一個眾所周知的問題的延伸，即使那些曾經打過高貴戰鬥的人也有這樣的體認。已故澳洲政治哲學家肯尼斯．米洛格（Kenneth Minogue）將此趨勢稱為「退休聖喬治症候群」（St George in retirement）。聖喬治是一位勇敢的屠龍戰士，但是在屠殺巨龍後，還是繼續在大地上埋伏，想要尋找更多光榮戰鬥的機會。他需要他的龍。他所能追殺的龍越來越小，最終只能對著空氣揮劍，想像有龍隱身在其中。[15]要是這是對真正的聖喬治的誘惑，試想一個不是聖徒的凡夫俗子，在沒有馬匹或長矛，也不會有什麼人注意的情況下，會做什麼。他們要如何說服他人，要是遇到這樣的大好機會，他們也會毫不懷疑地殺死那條龍？

本書引用的各種主張及其支持論點，有很多可以證實前言所述的狀況。在我們的公共生活中，現在擠滿了在革命結束很久後急欲參與抗爭的人。他們之所以這樣做，通常是因為誤將這些阻擋他們的柵欄視為家園，不然就是因為他們沒有其他的家可去。而不論是哪一種情況，要證明一己的德行，需要做的就是去誇張和渲染問題，而這又導致問題的擴大。

不過，除了所有這些之外，還有更大的麻煩，這就是我為什麼要在本書中探討這些新形上學的每一個基礎，不僅是嚴肅看待，而且要逐一加以檢視。有越來越多的人，因為法律目前站在他們那一方，就假定他們所提的議題，甚至其他的議題都已塵埃落定，達成了共識。但完全不是這麼回事。實際上，這些議題在本質上就是無法達成共識。當中每一項的複雜度和不穩定性都遠超過目前社會所願意接受的。這就是為什麼當這三者聚在一起，成為新的道德和形上學基礎時會構成這一普遍瘋狂的基礎。實際上，就社會和諧來說，很難再想像出有什麼比這個更加不穩定的基礎。

因為儘管種族平等、弱勢族群權利和女權是自由主義的最佳產物，但它們同時也是最不穩定的基礎。試圖將它們當作社會的基礎，就像是將高腳凳倒過來，然後嘗試在上面保持平衡。這套系統的產物無法再複製出原先製造它們的這套系統的穩定性。就算不考慮其他原因，這些問題本身就是一個非常不穩定的組成。目前呈現這些議題的方式好似大家都已對此達成共識，沒有再討論的必要。然而，每一項議題的內部都可見到無窮盡的矛盾、捏造和幻想，指出這些人非但會受到勸阻，甚至還真的會遭到警戒。就這樣，要求大家同意我們根本無法相信的事情。

這就是導致網路上和現實生活中出現這麼多醜陋討論的主因。因為這兩者都要求我們做一系列我們不會做的「跳躍」，也許還會提供一些不明智的建議。要求我們去相信那些難以置信的事情，告知我們不要反對大多數人抱持強烈反感的事情（例如給孩子服藥，阻止他們進入青春期）。在某些重要問題上保持沉默，又要在其他問題上做出難以達成的飛躍，這樣的期待為我們帶來莫大的痛苦，尤其是因為問題（包括內部矛盾）已經如此明顯。那些曾生活在極權統治下的人都能為此做見證，要符合這樣的期望，去認同那些自己不相信，也覺得不可能成立的主張，最終只會使人感到羞恥，甚至任由靈魂毀滅。如果那些信念宣揚的是全體人類都應具有同等價值，並享有同等的尊嚴，那麼這可能是件好事。但如果是要求世人去相信同性戀與異性戀，男性與女性，乃至於種族主義與反種族歧視主義之間毫無區別，那這會立即讓人陷入混亂。這樣的混亂，或是群眾瘋狂，正是我們現在的寫照，也是我們需要設法擺脫的困境。

要是我們無法由此脫身，這條路線要去的方向已經很清楚了。在那個未來，我們不僅要面對日益加劇的分裂、憤怒和暴力，在爭取一切權利時（包括好的權利在內）還可能遭遇到強烈的抵制。在那個未來，會以歧視種族的手法來回應種族歧視主義，也會以歧視性別的方式來反應那些來自於性別的詆毀。主流群體在遭受羞辱到某個程度時，根本沒有不反擊的理由，玩一場本來就對他們較有利的遊戲。

本書提出許多擺脫這困境的出路。不過，要從中解脫出來的最好方式並不只是要了解當前發生的，還要能夠自在地對此進行討論。在寫這本書的時期，我得知英國陸軍有一個暱稱為「大蟒蛇」（The Python）的掃雷設備，不過在早期設計階段，曾以「巨蛇」（The Giant Viper）來稱呼它。這套系統安裝在拖車上，在地雷區發射時，會釋放出一枚火箭，在火箭後面會張開一條數百公尺長的拖繩，這拖繩類似軟管，但是當中裝滿炸藥。穿越地雷區時，就會引起所謂的「交感爆炸」（sympathetic detonation，這場景就跟其他一切一樣，都可以在網上找到影片）。也就是說，在整個東西爆炸時，在火箭及其拖曳物行經路線的一大段半徑內的地雷，都會被引爆。儘管這無法清理整個地雷區，但可以清出一條穿越地雷區的路，讓其他人、卡車，甚至是坦克車安全地穿過以前無法通行的地方。

本書是盡我個人微薄之力，研發出來的大蟒蛇系統。我並不打算清除整個地雷區——即使我恐怕也做不到。但是我希望這本書有助於清理出一些地方，讓其他人在之後可以安全地通過。

第一章

同性戀

這是二〇一八年寒冷的倫敦二月天，在皮卡第里圓環（Piccadilly Circus）附近的一家電影院外正在進行一場小型的示威活動。示威者全身包裹著溫暖的衣物，安靜地舉著以大寫字母拼成的「被消音」的海報。大多數去公車站或穿過蘇活酒吧的倫敦人都沒有注意到他們。一對經過的伴侶說這群人主要是中年和老年人。一個對另一個說，「我猜是英國獨立黨（UKIP）抗議。」但事實並非如此。在這裡聚集的數十人是為了來看一部影片，片名是《沉默之聲》（*Voices of the Silenced*）。不過，就跟他們手上拿的立牌所顯示的，連這部影片也遭到消音。

影片播放的主辦單位在三個月前就預約好場地，準備要在當天包下電影院，而且表示他們會遵守所有在電影院進行私人放映的規則，包括提前將影片傳送過去。但是在放映前一天，一個英國線上的小型同性戀節目《粉紅新聞》（*Pink News*）發現相關的放映內容，並呼籲要立即取消放映活動。他們的呼籲成功了。觀點電影院（Vue cinema）為了避免負面宣傳，迅速宣布，若是放映的影片與電影院「價值」產生「直接矛盾」，他們有權取消私人放映活動。電影院還警告租用場地的組織，要是他們放映這部片，可能會受到「公共秩序」的阻撓，甚至是「安全」威脅。

因此，在這個首映之夜，主辦單位得趕緊為他們的一百二十六名觀眾——當中有人遠從荷蘭前來——尋找另一個可以讓他們看影片的場地。策劃這個影片之夜的組織是核心議題信託基金會（Core Issues Trust），該會的主要負責人是麥克．戴維森博士（Dr Michael Davidson）。戴維森不是醫學博士，他擁的是教育學博士學位，但就跟其他一些使用「Dr」這個英文略語的公眾人物一樣，並不會因為有人分不清楚他到底是醫師還是博士，或是誤解他確切的資歷而感到不悅。

六個月前，戴維森受邀參加由皮爾斯．摩根（Piers Morgan）共同主持的獨立電視台（ITV）的《早安英國》（*Good Morning Britain*）的錄影，在節目上討論同性戀和所謂的「轉換療法」，結果這節目引發全英國的關注。戴維森承認自己曾經是同性戀，或至少有過「同性戀經歷」。但是到了某個時候，他認為這不適合他。現在的他有個妻子，他們結婚三十五年，並育有兩個孩子。他認為自己所走過的這段路，可以供其他人追隨，因此透過他的團隊，自願提供諮詢給那些想要跟他一樣從同性戀轉變為異性戀的人，儘管他自己也承認，現在的他仍然會有些「衝動」——只是沒有採取行動。

在國家電視台遭到質疑時，戴維森冷靜而禮貌地表示，他認為同性戀是一種「畸變」（aberration），而且是一種習得的行為。當問及是否可以擺脫這樣的學習時，他聲稱「在某些個案身上，這是可以逆轉的，如果那個人真心希望改變自己生活軌跡的話。」戴維森博士好不容易講完，接著他的主要訪談人在攝影棚中，當著其他人的面譴責他。「你知道我們怎麼稱呼這些人嗎？麥克博士？」皮爾斯．摩根問，「在現代世界中，我們稱他們是可怕的小頑固。只是些固執己見的人，實際上只會講些譁眾取寵的話，在我看來，他們是我們社會中邪惡而危險的分子。你到底有什麼問題？怎麼會認為沒有人天生就是同性戀，而且他們全都腐壞了，都得接受治療？你憑什麼說這種垃圾話？」

戴維森並沒有因這番話而顯得驚慌失措，他請摩根拿出證據，證明人天生就是同性戀，並指出不論是美國心理學會，還是英國皇家精神醫學院，都不認為同性戀是與生俱來的，也沒有說這是不可改變的性狀。講到這裡時，他的這位訪談人命令他「停一下，不要講話」，並且說「不要再拿美國那些抽大麻的科學家來煩大家。」然後，摩根繼續對他這位來賓大喊：「閉嘴！老頑固」，最後他用「我受夠他了。麥克博士，閉嘴！」這句話來結束整段採訪。[1]節目就這樣結束了。獨立電視台清晨派車到這位來賓的家中接他，將他帶到國家電視台的攝影棚，難道只是為了在訪談中教他閉嘴。

這件事過後六個月，戴維森顯然沒有因為那些鬧得沸沸揚揚的非議而受到動搖。在皮卡第里被取消的電影院外講著手機，他如釋重負地對觀眾宣布，他終於找到另一個放映影片的場地。所以，聚集在此的男男女女便往西敏寺方向移動，抵達國會大廈附近的伊曼紐爾中心（Emmanuel Centre）。

那地方的大門緊閉，但是在一側門，如果你報上姓名，而且你的名字在清單上，那麼整個夜晚就會在你眼前開放。確實，一進入內部，氣氛就變得相當愉快。我們全都拿到一杯普羅塞克氣泡酒和一袋爆米花，可以帶進場看影片。一位老婦人走過來，感謝我的光臨。她補充說道：「當然我知道你的背景，」我意識到她並不是在談論我的成長背景，「正如你經常談論的，」她簡單地補充道，但帶有點謎樣的意味。不過她旋即解釋，她會這麼說僅是因為她很高興在這裡見到我。確實，在這場放映治癒同志的電影會上，我可能是唯一的外人。但是我猜想我不是整間放映廳裡唯一的同性戀。

《沉默之聲》這部片的連貫性並不如我原先的期待。影片的主要觀點（正如戴維森本人在開場時所解釋的）是在呈現「古代的意識形態和現代的意識形態正逐漸融合起來」。但影片並沒有清楚呈現這將會如何發生，整部片看起來像是在剪輯過程的後期，將兩部不同的影片以勉強而笨拙的手法結合起來。一部是關於古代世界，帶有非常恐怖的世界末日圖像。另一部則納入一些非常具體的證詞，有來自醫師和患者談論擺脫男同志身分的轉變經歷。現身說法的除了戴維森博士外，還有史蒂芬・巴斯克維爾博士（Dr Stephen Baskerville）以及一位來自美國德州，名叫大衛・皮克普（David Pickup）的專家。

所以，每次影片中出現關於公元七〇年的神廟和古羅馬廣場上，用以紀念在當年征服耶路撒冷的提圖斯凱旋門（Arch of Titus）的消失時，就會切回男同性戀，或是之前曾是男同性戀者的畫面。影片告訴我們，「新的正教慶賀著同性戀」。然後，一群來自美國的「專家」提供他們的證詞。但這些與提圖斯凱旋門到底有什麼關係，這點從來沒有解釋得很清楚。也許是同性戀導致古羅馬文明的崩毀？但就算真是如此，從頭到尾也沒有提出任何指控。然後有一位目前已婚並育有五名子女的「前女同志」出現，談到十年前她「軟弱」的那一面再度浮現，但她得到一個單位的幫助。一些證人談到他們的自殺念頭、酗酒經驗，以及「自我中心」。有個人（名叫約翰）提到他的母親是「猶太人」，這個用語近年來已經很少聽到。一位二十九歲的英俊德國人馬塞爾也做了許多見證。他描述自己的苦難。他說，小時候，他的母親會在姐姐面前把他脫個精光，然後痛打一番，他認為這可能是過去自己受男人吸引的一項原因。一些受訪者來自父母離異的家庭。其他人則不是。有幾位受訪者似乎與母親非常親密，有的則沒有。

影片中的要角約瑟夫．尼科洛西（Joseph Nicolosi）醫師提出一個想法，認為他的許多「病患」實際上是討厭他們的母親，不知道該如何與男人打交道，從而導致某些幻想。針對那些受到同性誘惑所困擾的人，他建議的一種治療方法是考慮以健康的方式來改善，比如說「去健身房」。這也許暗示著尼科洛西醫師可能從未去過健身房。

當然，要嘲笑這一切是很容易，而且要惹火某些人也很容易。然而這影片當中確實有活生生的故事在那裡。約翰和林賽說，他們倆都遭受過所謂的SSA（Same-Sex Attraction，即同性吸引力的英文首字母縮寫）所苦，但能夠共同應對，現在是一對成功的異性戀伴侶，一起養育著五個孩子。「不僅是我們，」林賽向觀眾保證：「我們知道還有好幾個人（也遭遇SSA的問題），但都開心地結婚了。這是艱苦的工作，」她繼續說，約翰略微尷尬地坐在她旁邊。「這不是為膽小的人準備的。我認為你必須堅持到底。特別是在當今這個時代，在這個所有的媒體和所有的文化壓力都建議採取其他方式的時代。」

比這對伴侶更令人難過的是，有幾位曾是同性戀的受訪者的臉遭到模糊處理。這樣做也許有點假惺惺，更無法反應在此之前不久，處理與他們的經驗不同的人，都是讓他們的臉部模糊，或是拍攝頭部後方。

在影片的結尾，一位愛爾蘭牧師總結影片的部分觀點。他解釋，他並不介意有人堅持同性戀是天生且不可改變的觀點，他只是想要獲得保持他的觀點的許可。正如巴斯克維爾博士在影片中一再重中的，在這一問題上，學術界和媒體似乎只能接受一個立場，那就是「推動」同性戀。在影片的最後，則是告訴我們，「性正在被政治化」。然後，在莫名其妙地再次提起古代猶太人後，這部影片以相當戲劇性但相當審慎的一句話來作結：「是接受差異的時候了。」

毫不令人意外，現場觀眾對這部影片的反應非常好，接受度很高。然後，一件難堪的事情發生了。影片中的幾位受訪者也在觀眾席中，他們應邀上台接受更多掌聲。其中有一位來自英國名叫麥克的年輕人，他看上去似乎有點抽搐和緊張，十分苦腦。就他這個年紀的人來說，額頭上的皺紋未免太多了。基於種種原因，他在影片中已經闡述過他不想繼續同性戀生活的原因，因此走上一條顯然讓他內心十分掙扎的路，試圖向異性戀一樣的生活，並脫離同性戀（如戴維森博士），也許將來還可以娶妻生子。最後，他們以禱告來結束這個夜晚。

在回家的路上以及隨後的日子裡，我常想到我與這批同性戀轉變志工治療師共度的這個夜晚。我特別想知道，為什麼我不會對此感到反感或困擾。

首先，我必須說，我並不懼怕這些人，當然也沒有對他們產生多大的憤怒，不至於像同性戀媒體那樣失態地出手譴責。如果真要說有什麼原因讓我一直掛念這件事，那是因為我看不到事態是朝著那天晚上在伊曼紐爾中心的那批人的方向發展。不論是在今天，還是在可預見的將來，他們都是在失敗的那一邊。

當他們出現在電視上時，會受到輕蔑的對待——也許有點過頭。他們發現難以製作可供觀看的紀錄片，而且難以放映。他們被迫躲藏在某個祕密地點，似乎可能隨時被暴風雨襲擊。

當然，如果我是一個年輕的同性戀，在美國農村或英國的某些地區長大，我也許會有不同的想法。要是我在美國極其保守的聖經帶這一區的某些地方長大，或者曾經經驗到（或被威脅）接受那裡所進行的強迫轉換治療──到今天這種做法在世界上的某些地方仍然持續著──那麼我肯定會對麥克（戴維森博士）和他的朋友們另眼相看。

但是今天晚上，齊聚在這裡的他們，是一群失敗者。想到這情況也有產生恐怖逆轉的可能，在面對他們時，我不願以勝利者自居，如同抱持他們這種意識形態的人當中，有些可能也會在不同的局面下這樣對待我。人和各種運動在勝利時刻的所作所為可能是最能說明其本質。你是否允許你拿來使用的論點也為他人使用？採取的是互惠和寬容原則還是掩人耳目的遮羞布？當那些過去遭到審查的人大權在握時，是否會去審查其他人？今日，觀點電影院決定選邊站。幾十年前，他們可能選的是另一邊。《粉紅新聞》和其他慶祝成功驅逐《沉默之聲》到一哩外的人，在二月的這個晚上似乎已經準備好動用這樣的力量，對待一場私人活動。如此一來，他們等於是推翻了最初爭取同性戀權利活動者的平權主張，也就是，任何人都不應過問一個「知情同意」的成年人私下要從事的任何活動。若這樣的原則適用在爭取同性戀團體的權利上，那麼它當然也應該適用於基督教基本教義派人士和其他團體，這也是他們的權利。

還有另外兩件事。首先，要對當天晚上發生的事感到懼怕，必須從中做出推斷。你勢必會懷疑，戴維森說他只想處理那些來尋求協助的人時，其實只是一個幌子。你理當會相信，這實際上只是一道門面，是一項更大的計畫的開端，企圖將自願的變成強制性的，從強制某些人擴展到所有人。而那將踐踏政治寬容的一大基石。這念頭會賦予你驟下結論的權利，不僅是關於人的，還牽涉到那些你看不到但是所懷疑的動機。這就帶來一個問題，在一個真正多樣化和多元化的社會中，到了某個時間點，每個人都會問：「我們是要從表面來認識別人，還是要察言觀色，試著了解其言行背後的真正動機？」

如果是上述這個狀況，那我們將如何應對呢？我們是否堅持認為對方心懷不軌，有所圖謀，除非他們能夠完全讓我們心悅誠服地相信他們並不具有這樣的動機？還是我們必須學習某種程度的容忍與信任？況且這問題目前也沒有一個固定的答案，它們會隨著時代、地點、環境和運氣而變動。那些現在七十多歲，過去曾經被迫接受轉換療法（尤其是以古典制約理論發展出來的「厭惡」療法）的那一個世代，勢必會比日後越來越幸運的任何一代人更有理由抱持懷疑的心態。越早設定警報器，或是在條件惡劣的時代進行設定，那就會越早發出警報。

也許隨著時間過去，這些世代和地理隔閡造成的差異將會逐漸減少，而社群媒體的平化效應（flattening effects）將使每個人抱持一樣正面樂觀的心態。又或者是，這些網絡剛好產生相反的效應，能夠在二〇一九年的阿姆斯特丹讓同志社群相信自己永遠都處於水生火熱中，和一九五〇年代的阿拉巴馬州的同性戀的遭遇沒兩樣。沒人知道事態究竟如何演變。在我們今日生活的世界中，每一種可以想像得到的恐懼、威脅和希望，都有可能成真。

要避免這樣永久的對峙局面，先決條件就是要能夠聽取他人的說法，並對他們保持一定的信任。的確，在極端情況下，當警覺到或許事有蹊蹺時，可能有必要去深究這些說詞後面的意涵，確保不會有什麼事情發生。但是，如果已經檢視過又沒有找到任何與之相左的事證，那麼就必須信任這些說法。沒有一家打壓《沉默之聲》的媒體有找到戴維森或其同事強迫非志願者接受轉換成異性戀的情事。也沒有人去探究影片中提及的細節，或是他的「輔導」工作是如何進行。就這樣僅憑藉著對其發言人的印象，就平白無故地對他的團隊做出一系列假設，並且以不同角度來解讀賦予他們的話語。在這樣的校正中，「自願」是指「強迫」，「諮詢」成了「迫害」，而且每個去找他的人一定是那種天生無法扭轉的同性戀。

正是最後這一項假設讓戴維森及其同事的作為對我們這時代構成一項大挑戰。在一八五九年發表的《論自由》（*On Liberty*）中，約翰·史都華·彌爾（John Stuart Mill）提出四大原因來解釋，何以在自由社會中言論自由是必要條件。前兩項講的是與自己相左的意見可能是對的，或者有部分為真，因此，可能需要聽取他人的意見，以糾正自己的錯誤觀點；第三和第四項主要著重在，即使這個相反的意見是錯的，提出來還是可能有助於提醒人們一個真理的存在，避免它淪為愚昧無知的教條，在無人挑戰的情況下，日子久了難免為世人所遺忘。[2]

今天，對於許多人來說，要遵守彌爾的原則似乎很困難。實際上，索性將一觀念直接變成教條比較容易。近年來，在美國、英國和大多數其他西方民主國家，關於同性戀權利的公認觀點發生了不可思議的變化，皆是往更好的態勢發展。但是它發展得太過迅速，因此出現了以一種教條取代另一種的情況。從原先對同性戀抱持道德譴責的立場迅速轉變，改成為對任何抱持不同觀點者的譴責，哪怕他們的觀點只是稍微落在這個新採用的立場外一點點的地方。這所帶來的問題有兩個層面，其一是我們面臨到無法聽到錯誤觀點的風險，再來就是這可能讓我們聽不到那些有部分是正確的論點。

這部影片正是這樣一個例子，儘管拍攝手法令人困惑，還包含很多可能令人討厭的世界觀，但戴維森和他的同事確實觸及到性吸引的本質。他們一腳踏入有害的深水區。但光是找出這些有害的水域，卻不涉入其中，是沒有意義的。

每當牽涉到與性相關的事物，目前採用的一系列的假設看起來與它們所取代的概念一樣，都相當的教條。二〇一五年六月，當時英國的保守黨教育部長妮基．摩根（Nicky Morgan）宣稱，英國學生的恐同言論是可能發展出「極端主義」的證據。在英國廣播公司（BBC）的報導中，摩根確實曾表示過：「攻擊英國的核心價值觀，或是難以容忍同性戀，這類行徑都是會引發警報。」她提到，有證據顯示學生可能被「極端主義者」所「引導」，還有當學生說他們認為同性戀是「邪惡」的時候，可能有報警的需要。[3]有趣的是，在二〇一三年五月的同婚公投中，摩根卻是投票反對將同性婚姻納入英國法律。一年後，在二〇一四年時，她則表示現在的她支持同性婚姻，並稱要是現在還未立法，她會投下贊成票。再過一年，到二〇一五年時，她宣布自己兩年前的觀點不僅是「極端主義」的證據，而且是徹頭徹尾不符合英國風格。

希拉蕊．柯林頓（Hillary Clinton）在一九九〇年代曾支持她的丈夫「捍衛婚姻法」，防止同性婚姻在美國有合法化的可能。她看著柯林頓總統支持美軍對同性戀實行「不問不說」（Don't Ask, Don't Tell）的政策，也就是任何同性戀士兵若是向他人透露自己的性傾向，都可以立即將其從武裝部隊中解職。正如羅伯特．山繆爾（Robert Samuels）在《華盛頓郵報》所寫的，「希拉蕊．柯林頓過去曾有機會為同性戀權利史寫下新頁，但她拒絕了。」[4]然而，在二〇一六年她第二次角逐總統大位時，美國大半社會對同性戀的觀念發生明顯變化，LGBT社群（這是同性戀的新稱號）是希拉蕊自己特別想要爭取的票源。政治人物改變立場並不罕見，只是沒想到隨著時代變化的速度，政界竟會出現如此劇烈的立場變化。

在其他國家，許多人見風轉舵的速度更快、更招搖。幾乎就在德國將同性婚姻合法化之後，巴登符騰堡邦（Baden-Württemberg）政府立即表示，要取得該邦公民身分的一項條件是接受同婚。昨日有一個教條，今日則有另一個。

近年來，遭到斥責的不是只有一些政客而已。過去對同性戀絕對不友善的報紙現在也會報導同性婚禮，就像報導其他社會新聞一樣。不過在幾年前還對合法性交年齡大放厥詞的專欄作家，現在卻譴責那些沒有完全敞開胸懷，接受同性婚姻的人。二〇一八年，微軟國家廣播公司（MSNBC）的節目主持人喬伊．瑞德（Joy Reid）遭人起底，發現她在十年前的評論中曾對同性婚姻加以批評，她因此遭到公開羞辱，最後還當眾道歉——問題是，在那個年代幾乎沒有人支持同婚。世局變化得如此迅速，確實可以彌補過去很多事情，但對於那些跟不上時代的人，卻沒有抱持一點憐憫之心。

一切都扯上同性戀

因此，有些個人、政府機關和公司行號，似乎相信他們的職責就是要彌補過去的遺憾。他們迫使大家談論同性戀問題，以接近「這樣對你比較好」的口吻，讓大家半推半就的接受。

到二〇一八年，BBC決定不僅要在新聞報導中納入同性戀這個類別，還應將其列為重大新聞。當年九月，在BBC網站上有一天的主題報導是潛水員湯姆．戴利（Tom Daley）曾對自己的性傾向感到「自卑」，但這給了他邁向成功的動力。[5]在戴利出櫃後五年，他們才做出這則報導。

在過渡期，戴利並未隱藏自己的私生活。然而，這則關於個人故事的報導卻放在ＢＢＣ網站上的頭條新聞欄，就在報導造成八百多人喪生的印尼地震和海嘯的那則新聞下方。隔天，ＢＢＣ網站在熱門新聞中放了一篇報導，提到一位電視實境秀的小咖演員奧利．洛克（Ollie Locke）宣布要改名，將他和他未婚夫加里斯．洛克（Gareth Locke）的姓氏合寫起來，在婚後，兩人都改名為洛克—洛克斯（Locke-Lockes）。[6]當天其他的頭條新聞是，印尼地震的死亡人數在一夜之間大幅上升。

也許改名這種事需要一個同性戀來做才有新聞價值，但有時這類「新聞」報導讀起來根本不像是新聞。這似乎是在傳達某種形式的訊息給公眾，或是那些媒體所認為的掌權者。這已經超越了「這樣對你比較好」，繼續往「老頑固，接招吧」的境界邁進。新聞傳媒日益增加同性戀新聞的報導，讓人有時也會想知道異性戀對此作何感想。

隨便挑《紐約時報》一個平常日子的報導來看看好了。二〇一七年十月十六日，《紐約時報》國際版的讀者可能會決定暫時跳過社論這一版，轉向內容更豐富的版面。可能會翻到商業版。在這裡，他們會發現「商業」版的主要報導是「日本同性戀不再隱身」。會看《紐約時報》商業版的一般讀者，也許從未想過日本同性戀出櫃與否的問題，甚或是日本的同性戀。所以這是他們學習的機會，讓他們長點知識。這其實是一篇關於中村俊輔（Shunsuke Nakamura）的報導，他最近在他任職的保險公司的晨間會議上，在同事面前宣布出櫃。這是在一個逐漸對同性戀抱持「無所謂而不是仇視」態度的國家（如文中一位東京大學的教授所言）。因此，《紐約時報》決定做一篇跨頁的報導，當作是商業版的主題，探究一個男人如何在一個對同性戀沒有特別好惡的國家中的一間不會對同性戀有差別待遇的公司宣布出櫃。通常這樣的新聞報導必須在市場異常安靜的一天才能成為「商業」版上最重要的主題。

翻到下一版，同樣的報導繼續，還下了一個標題「日本公司更歡迎男同志」。讀到這裡，隨意瀏覽的讀者可能對日本公司男同性戀地位的認識已感到心滿意足，開始帶點罪惡感地將目光投向隔壁的「文化」版。那裡的主題報導和頭版頭條是什麼呢？「更寬廣的愛情舞台」。

可以從隨文所附的半版照片猜出本文的主題，照片中兩名男芭蕾舞者的手臂和身體纏繞在一起。「芭蕾的變化速度比大多數藝術形式要慢」，但這篇報導激動地告訴讀者，「在最近兩週，全球知名的紐約市立芭蕾（New York City Ballet）舞團推出同性雙人舞，由兩名男舞星擔綱。」

造成轟動的這齣芭蕾舞《時代競賽》（*The Times Are Racing*）是紐約芭蕾舞團的最新舞作，當中由一名男舞者演出最初是為女性創造的角色。《紐約時報》繼續解釋，指出迄今為止為異性戀主導的芭蕾舞界是如何「因應當代世界，並將其搬上芭蕾舞台。」一位參與製作的男性編舞家在他的Instagram上承諾要在舞作中進行「性別中立的探索」，這篇發文的標籤有「愛就是愛」、「性別中立」、「平等」、「多樣性」、「美麗」、「自尊」和「自傲」。另有一位異端的外部編舞家遭到點名，他因為提出「傳統芭蕾舞中存在性別角色」以及「男女儘管具有相同價值」但是承擔「不同任務」的觀點而受到批評。紐約芭蕾舞團的舞星以及《紐約時報》，並不同意這一點。

參與這齣舞碼的幾位紐約芭蕾舞團男舞星，有幾位本身就是同性戀，這點毫不令人意外，其中一位向《紐約時報》解釋，說他的舞伴在排練初期就對他說過：「能夠扮演這角色真是太好了，能和一位我覺得自己有可能愛上的人共舞，而不用假裝自己是一位會愛上公主的王子。」關於這點，也許有人會說，任何覺得王子愛上公主的表演很乏味的人，可能都不適合看芭蕾。彷彿覺得芭蕾舞台上爆發的這種多樣性還不夠，報導中還添加一日五蔬果式的道德養分，指稱這種製作「不僅探索同性關係，還觸及種族議題。」編舞家在描述兩個男人一起跳舞的整體效果時，宣稱就這樣「炸死了她」。整篇報導以「突然間，他們得以做自己」作結。這時，《紐約時報》的讀者還有機會讀「文化」版上的另一篇主題報導，這是在講一則關於拿懷孕和母職開玩笑的女性漫畫終於大受歡迎了。7

一家大報紙決定將其「商業」與「文化」版面以及其大部分的社論和版面，用來報導同性戀的故事固然沒有錯，但是有時這一切讓人覺得整件事似乎沒有那麼單純，而是別有用心。在報導同性戀特別利益時，除了將其當作實際新聞外，還有其他目的，也許是為了彌補過去的遺憾，也或者只是讓那些尚未適應時代變化的人正視這一切。無論如何，這隱約散發著一些詭異的報復心態。

當然，人會改變、學習，並經常改變自己的立場。大多數人都靜悄悄地完成，通常是在其他人辛苦完成當中最繁重的部分後。但是，迅速改變社會立場所產生的一個問題是，那些尚未解決的，或是尚未爆發的議題和爭論，就此抛到腦後。當皮爾斯．摩根問他的來賓，「你怎麼能夠認為沒有人天生是同性戀」時，答案是其實很多人都這樣想，他們可能是對的，或是他們的觀念中有部分是對的。關於這一點，沒有人能夠確定。不論是否有人天生就是同性戀，或者每個同性戀都是天生的，這完全不意味著成為同性戀是一條單行道。

單行道？

這個想法只是我們的文化目前進展到一個詭異之處。一般來說，在我們的社會中，當人們以同性戀身分出櫃時，他們會獲得喝采，慶祝他們到達其自然終點。對大多數人而言，這是社會的一種認可，意味著做自己是沒有問題的：他們到達了一個自然又適合他們的地方。但是這立場有一個詭異之處，任何一個同性戀若是在日後又決定自己其實是異性戀時，不僅會受到一定程度的排斥和懷疑，而且會遭到普遍的質疑，認為他們無法坦然面對真正的自己。直人（straight）轉變成同性戀毫無問題，但是一個同性戀成為直人卻會遭到永久的質疑。目前的文化已經從長久以來對異性戀的強烈偏愛，轉變為溫和支持同性戀。

在一九九〇年代後期創作出深具突破性的同性戀戲劇《同志亦凡人》（*Queer as Folk*）後，編劇家拉塞爾．戴維斯（Russell T. Davies）隨後又推出另一部電視連續劇《鮑伯與羅絲》（*Bob and Rose*, 2001），講述一名同性戀男子愛上一個女人的故事。戴維斯當時對媒體說，這部戲取材自他本人對同性戀圈的認識，那些轉變成直人的男同性戀，比起由異轉同的出櫃者，經常會在朋友圈中引起不滿。8

也許這就是為什麼，很少對整個變動方向進行研究的一項原因。對於許多同性戀而言，說他們的性取向不穩定，可能會來回擺盪（凡是上升的必然下降），是對他們這群人的攻擊。而他們對此的恐懼也不是無的放矢，毫無根據的。很多同性戀會在這樣的建議中聽到一些喚起他們內心恐懼感的回音：「這只是一個階段」。同性戀對這種建議非常反感，而且這破壞了他們與父母、家人和其他人的關係。由於「這只是一個階段」會惹火某些人，因此儘管這對有些人來說可能確實如此，但卻就此成了不可言說的禁忌。

對於千禧世代和在一九九〇年代中葉至二〇〇〇年代中葉出生的「Z世代」來說，他們自有一套方法來解決這問題，那就是對性取向流動（sexual fluidity）的強調。意見調查顯示，這些現在正處於青少年階段的年輕人對於性傾向的觀念漸漸開始鬆動，一項二〇一八年的研究顯示，只有三分之二的Z世代聲稱自己是「完全的異性戀」。[9]雖然這仍然佔多數，但與前幾代人的相比，他們的態度出現明顯的轉變。

不過，對於那些千禧世代之前的人來說，「流動性」仍然是一個複雜的概念，而且常常讓他們感到苦惱。他們當中有許多人認為，曾經出櫃而又走回頭路的人，比起那些從未表態的人，更容易受到譴責。在研究調查中，可能不會出現他們的聲音，他們當然也沒有國家發言人或「社群領袖」，但是很多同性戀都知道這種情況。有些人不太適應同性戀世界，不喜歡這場景，但也找不到其他的。有些人進去後又跳出來，也有人想要在生活中追求其他可能。比方說，那些想要孩子、婚姻保障，以及那些想要抽身或只是旁觀，以便尋求其他東西的人。或是那些一生中大部分時間都與同性發生關係，但突然間，就像《鮑伯與羅絲》中的主角，愛上了異性（而且沒人知道他們佔的比例有多少）。

現在有了合法的民事伴侶關係和同性婚姻，還允許同性戀收養小孩，日後同性戀或許還能親自生養孩子，那麼這類走回頭路的行為會減少嗎？會有越來越多人採用Z世代那種寬鬆的性認同概念嗎？也許吧！或許不是。因為大家都認識一些不是這樣的人：曾經嘗試過怪異的同性之吻或更多其他行為的人，後來又變回直人。然而，在晚近文化中曾被視為畸變的偏離常規的同性戀之吻，在今日的文化中卻意味著真相大白的時刻。

今天，一般相信曾經有展現出任何一種同性戀行為的人，他們過去都活在謊言中。因為目前對同性戀的認知是，成為同性戀就是回到自己真實的本質，而之後再轉變為直人，就算一直維持這樣的狀態，也不是活在真我之中。這與雙性人所主張的不同。今日對同性戀的基本假定是，性的蹺蹺板不是平衡的，實際上是往同性戀傾斜。而且，儘管過去的時代可能將這道蹺蹺板往異性戀的方向傾斜，今日的則決定要朝另一個方向斜去。也許是為了糾正過去的錯誤（希望蹺蹺板在將來的某個時候到達一個平衡的位置）。但是要如何得知蹺蹺板到達正確位置呢？這實在難以辨別。因為就像其他事情一樣，我們都是一邊做，一邊自圓其說。

目前，千禧世代之前的人，以及這世代大多數的人，對於性認同都保留至少有一些固定的觀點。也許特別是因為他們知道其他人的立場，這多少會讓他們更明白這期間的關係和潛在的關係。但是，所有這一切可以從一固定性取向反變為另一個，然後再發展出性取向流動的概念，這意味著，他們也會從一種教條跳到另一種。這顯示出對於為何有人會成為同性戀的根本原因，還存在著極大的不確定性，而且鮮少提出來討論，目前對此甚至沒有太多或任何想法。在經過數十年的研究後，認同問題一直是個沒有解決的棘手問題，而且本身可能產生很大的破壞力，但現在這問題已經直抵我們抱持的價值觀的最前線。

整個主題會出現一些敏感的地方，這完全是可以理解的。畢竟在一九七三年，美國精神病學協會（American Psychiatric Association, APA）表示沒有科學證據讓我們繼續將同性戀視為一種疾病。那一年，他們將其從APA的精神疾病詞彙表中刪除（對那分不斷累積的巨冊來說，此舉相當罕見）。世界衛生組織在一九九二年也做出相同的決定。這都是沒多久以前的事，這也是為什麼有人仍對醫學或精神病學的語言或實踐存疑，擔心他們會想方設法進入同性戀的討論。

然而，承認同性戀不是一種精神疾病，並不盡然就等於是接受同性戀是與生俱來的特質，是一種不會變動的狀態。二〇一四年，倫敦皇家精神醫師學院（Royal College of Psychiatrists, RCP）發表一篇相當精彩的「性傾向聲明」。值得讚許的是，他們堅持譴責試圖汙名化出櫃同性戀的任何行徑。他們解釋，在任何情況下，皇家精神醫師學院都不認為改變性傾向的療法是有效的，不論是在哪一個方向上。皇家精神醫師學院不能將同性戀轉變成異性戀，也無法讓人由異性戀轉為同性戀。然而，他們也承認相當重要的一點，那就是「皇家精神醫師學院認為，性傾向是由一人的生物特性和出生後的環境因素共同決定。」在這份聲明中，他們引用一系列的研究文獻來支持其論點，[10]之後並再次重申：「目前沒有證據可以超越這一點，將任何種類的選擇歸咎於性傾向的起源。」[11]

但是，由於擔心既有的「轉換療法」會導致「偏見和歧視氾濫」的環境，產生一種「全然無醫德」，且假意的方式來試圖解決「非病症」的問題，皇家精神醫師學院說明：

> 性傾向並非不會變動，或是在人的生活中不可能有所變化。但是，對於大多數人來說，性傾向似乎是圍繞著異性戀或同性戀這一點來設定。雙性戀者在性的表達上可能有一選擇範圍，他們可以專注於異性戀或同性戀。

對自己性傾向感到不滿意的人（無論是異性戀、同性戀還是雙性戀），也還是有治療選項可供嘗試，幫助他們更加舒適地生活，減少痛苦，盡可能接受他們自己的性傾向。12

美國心理學協會對此表示同意。他們對於此議題的最新建議是：

目前科學家對於何以一個體發展出異性戀、雙性戀或同性戀傾向的確切原因，尚無共識。儘管許多研究檢視性傾向的可能因素，諸如遺傳、荷爾蒙、發育過程、社會和文化影響，但沒有一項發現可以讓科學家對此下定論，確認性傾向是由一個或多個特定因素所決定。許多人認為，先天和後天都在這當中扮演複雜的角色。大多數人幾乎不會感受到自己的性傾向是一種選擇。13

就他們試圖減少歧視，或是降低過往那種想要「矯正同志」的虐待式和不成功的態度這點來看，這一切努力都相當令人欽佩。不過這也突顯一個事實，即何以有人會成為同性戀的這個大問題仍然無解。法律或許已經改變了，但是和過去相比，現在幾乎沒有多出什麼相關知識，我們還是不知為何有人會變成同性戀，或是做出這樣的選擇。

這不是在說，過去這麼多年來完全沒有一些有用的發現。在一九四〇年代，性學專家阿爾弗雷德・金賽（Alfred Kinsey）進行了迄今為止最縝密、最廣泛的田野調查，探究人類的性偏好。儘管他的方法有很多爭議，但多年來還是公認他的發現大致正確。集結他研究成果的《男性性行為》（*Sexual Behaviour in the Human Male*, 1948）與《女性性行為》（*Sexual Behaviour in the Human Female*, 1953）這兩本書中，金賽及其同僚宣稱，他們發現一三％的男性在十六歲至五十五歲之間，至少有三年的期間「主要是同性戀」；大約有二〇％的女性曾有過同性戀經歷。金賽這份著名的人類性經驗「量表」足以登上頭條新聞，他統計出在總人口中，大約有一〇％的人是同性戀。自金賽以來，這些數字就跟這領域的其他一切一樣，都是炮火猛烈的戰場。宗教團體歡迎任何一項顯示同性戀的比例低於這數字的研究調查。比方說，他們挑出一九九一年的《全美男性調查》（*US National Survey of Men*），當中聲稱只有一・一％的男性是「完全的同性戀」，而英國的國家統計局（Britain's Office for National Statistics, ONS）則在二十年後得出相同的數字。一九九三年，美國的艾倫古特馬赫研究所（Alan Guttmacher Institute）進行一項面談訪問的調查，最後發表的結果，直接納入他們報導的標題中，表明同性戀人口的比例只有一％。這個數字——迄今為止最低的數值——為同樣一批宗教團體所接受。因此，傳統價值觀聯盟（Traditional Values Coalition）的主席為此歡呼，「事實終於浮現」。一位右翼電台的主持人宣稱，「我們的說法獲得證實」。14

不過，正如有人歡迎所有盡可能降低一般人口中同性戀數量的統計數據，顯然也有另一些人會希望將這數字盡可能提高。同性戀人權組織石牆認為，同性戀佔總人口的五％至七％的統計數字是「合理的估計」，但這與當初金賽的估計還有相當大的距離。新的技術可以結束這場辯論中的一些論戰，或至少澄清一些事實。就像英國國家統計局在處理家庭資料時的麻煩一樣，這調查也遇到方法學上的問題（在這個例子中，難題在於要如何估計那些未出櫃的同性戀）。不過，由於鮮少有人在使用搜尋引擎時會習慣性地欺瞞自己的性傾向，因此從大數據中蒐集到的同性戀相關資訊非常可觀。之前在谷歌擔任數據科學家的塞斯・史蒂芬斯—戴維多維茨（Seth Stephens-Davidowitz）透露，約有二・五％的男性臉書用戶在註冊時表示對同性臉友感興趣。

就網路色情片搜尋的資料來看，史蒂芬斯—戴維多維茨也得到相當接近的數值，當中包括那些不太會公開討論自己性慾的人。在這些數據中，有一點相當讓人吃驚，那就是這個比例在美國各州之間相當一致。例如，儘管羅德島的同性戀臉書用戶數量是密西西比州的兩倍（這在一定程度上可以用大量移居到此的同性戀來解釋），但網路色情片的搜尋比例卻非常接近。在密西西比州的網路色情搜尋中有四．八％是同性戀色情，而在羅德島則是五．二％。考量過所有必須排除的因素後（例如，有人出於好奇而進行搜尋），史蒂芬斯—戴維多維茨得出的結論是，美國同性戀人口的合理估計約是五％。[15]

然而，就像其他統計數據一樣，這些繼續被當作像是足球一樣的東西來使用。二〇一七年，英國國家統計局表示，英國的男同性戀、女同性戀、雙性戀或變性者的數量首次達到一百萬。英國的《粉紅新聞》稱此是「這個社群的指標性數字，」並補充道，這數字「很高，但還不夠高。」[16] 那你到底希望它有多高？

儘管如此，近幾十年來，公眾持續對此事表達自己的看法，而他們的觀點也出現重大變化。一九七七年，只有超過一〇％的美國人認為有人天生就是同性戀。到二〇一五年，約有一半的美國人認為確實如此。在同一時期，認為同性戀是「由於某人的成長和環境」造成的美國人，卻從一九七七年的六〇％減少一半。在同一時期，美國人對同性戀的道德觀也出現巨大變化，這當然不是巧合。蓋洛普（Gallup）在二〇〇一年和二〇一五年進行的兩次民調顯示，二〇〇一年有四〇％的美國人認為同性戀關係在「道德上是可以接受的」，到了二〇一五年這比例上升到六三％。而那些認為這是「敗德」的比例則從五三％降至三四％。[17] 民調顯示，造成公眾輿論對此事改變的唯一因素是他們在生活中（家庭成員、朋友或工作同事）認識某人是同性戀。這一因素對其他的平權運動也產生重大影響。第二項造成大眾態度改變的因素也很明顯，那就是在公共生活中的同性戀能見度不斷提高。

不過，造成公眾對同性戀態度明顯改變的是道德因素，過去他們認為同性戀是一種習得的行為，但現在轉變成相信這是與生俱來的特質。在同性戀這個例子中，這樣的認知非常重要，而這也對其他平權運動產生深遠影響。在這裡，我們可以瞥見當代道德中最重要的一項組成基石：這是一項基本認知，強調因為人無法控制的特徵而加以懲罰、貶低或輕視是錯誤的。這一點看來似乎理所當然是道德建構的的基石，但是在人類史上卻不是如此，過去經常有人因為他們所具有的不可改變的特徵而受到異常對待。

硬體與軟體，與「天生如此」的必要性

然而，當代世界開始確立起一種道德觀念，而且就紮根在這一爭端上，可將這視為硬體與軟體的問題。

硬體指的是人無法改變的特性，因此（按照這樣的推理）不應以此來評判他人。而軟體是可以改寫的，因此可能會招致包括道德判斷在內的各種評判。在這樣一個系統中，不可避免地會將原本可能是軟體的問題推向硬體問題，特別是為了爭取更多的同情心給那些實際上是軟體出問題的人，而不是真正硬體出錯。

比方說，如果一個人酗酒或吸毒，一般可能會認為他們是沒有好好控制自己應該能控制的。臣服在癮頭之下，那是他們自身軟弱，做出錯誤決定或其他一些道德鬆懈的結果。但若是他們難以掌控自己的行為，那就不應責怪他們，反而應將他們當作這種情況下的受害者，並以這樣的方式來理解他們的行徑。一個戒不了酒的人可能會給周圍每個人帶來痛苦，但如果說他天生就有酗酒的傾向，或更好的說法是帶有「酗酒基因」，那麼大家可能會以截然不同的眼光來看待他。非但不會遭到批評，反倒有可能得到不同程度的同情。要是他的酗酒是一種習得的行為，那麼就有可能認為他這人軟弱，甚至是個壞人。一般來說，現代人比較能夠對於無法改變的行為展現同理心，但是對於我們認為能夠選擇的生活方式，還是會加以批評或質疑——特別是當這種行為對其他人造成不便。同性戀——以其無法繁衍後代這一點來看——可以說是給社會帶來麻煩，因此社會對此提出問題，探究其本質為何，完全是合理的。

在西方，改變公眾對同性戀看法的一項最大因素，顯然是認定同性戀實際上是「硬體」出了差錯，而不是「軟體」的。有些人（主要來自宗教保守團體）持續在暗地裡提倡相反的觀點。例如，他們當中有些人依舊會將同性戀描述為一種「生活方式的選擇」，暗示著同性戀是自己選擇這一程式。

出現大力主張同性戀應是硬體問題的地方和時代，往往剛好都有制定打壓同性戀活動的相關法律。因此，不難理解為何會出現反對這是「在選擇生活方式」的主張，而去鼓勵大眾認定同性戀其實是硬體問題，或者如女神卡卡（Lady Gaga）所言，他們是「天生如此」（Born this way）。

實際上，由於同性戀擺脫傷風敗德這個類別的時間太短，而且願意接納的地方也有限，因此難以對此做出什麼長期結論，更不用說由此發展出任何道德理論。目前可以肯定的是，這究竟是天生的，還是人們可以作主的選擇，也就是到底是硬體還是軟體問題，其結果勢必會深深影響世人對這問題所產生的同理心。如果人是「選擇」當同性戀，或者說這是「習得的行為」，那麼在一定程度上確實有可能學著改正，甚或是想辦法把它弄成沒人願意選擇的生活方式。

主張這不是「生活方式的選擇」而是「天生如此」的想法，近年來確實受到一股力量所推動，但這並非來自科學界。在每個人的生活中，同性戀日益增多，這意味著要去「隱藏」同性戀變得更加不可行。再加上同性戀名人的故事日益流傳開來，尤其是當中許多人都曾經歷過恐懼、霸凌和歧視，這顯然說服了許多人，讓大家相信沒人願意選擇過這樣的生活。哪個孩子會想當同性戀者，讓自己更容易受到霸凌？又有哪個成長中的成年人，會想要為已經夠複雜的生活再加深一層複雜度呢？

因此，目前的時代精神似乎傾向於「天生如此」這個論調，忽略那些會動搖這一立場的事實，不願正視科學界目前並沒有累積多少證據來支持女神卡卡的這種說法。

在表觀遺傳學（epigenetics）領域，已經出現一些有趣的研究，試圖找出可能引起同性戀基因的變異。最新的研究聚焦在基因分子的甲基化。二〇一五年，加州大學洛杉磯分校（UCLA）的科學家宣布，他們發現在同性戀和異性戀的親兄弟身上找到基因組中的差異，他們身上有某些部分的DNA產生不同的修改形式。但由於這項研究的樣本數很少，因此在學界引起強烈爭議，儘管如此，仍然帶來希望，並且成為頭條新聞。還有許多類似的研究，但都因為證據力不足，無法以此得到定論。

到目前為止，是否有所謂的「同性戀基因」仍然是個謎。這並不是說之後沒有機會找到，只要在這方面的論戰持續下去，遲早會揭露出真相。一般來說，基本教義派的基督徒和其他保守人士都希望不要找到這樣的「同性戀基因」，因為發現這樣的基因會嚴重動搖他們世界觀的基礎（「莫非是上帝造出同性戀？」），也勢必會影響到他們在這方面的立場。另一方面，同性戀陣營顯然希望能找到這樣的基因，這樣一來，他們就可以一勞永逸地擺脫所有關於軟體問題的指控。所以這類研究繼續進行，主要是以同卵男嬰雙胞胎為主，他們的性取向似乎是相同的。

另一個問題也許更值得關注，若真如那些最希望發現「同性戀基因」的人所期待的，那會出現怎樣的局面。就目前展現出來的跡象來看，並非都是好的。十年前，奧勒岡健康與科學大學（Oregon Health & Science University）的神經科學研究員查克．羅塞利（Chuck Roselli）以綿羊進行一項研究，主要是以那些看似喜歡與其他雄性綿羊而不是雌性發生性關係的公羊來進行。他的研究變得廣為人知（這要歸功於一個動物權利慈善機構，他們試圖煽動同性戀活動人士加入他們的抗議行列），據稱羅塞利的研究將會當作是推動優生學的基礎，阻止人類變成天生的同性戀。

數以萬計的電子郵件和投訴湧進羅塞利的人事主管的信箱，要求將其解雇，甚至連網球明星馬丁娜．納芙拉蒂洛娃（Martina Navratilova）在內的知名男女同性戀也紛紛跳出來，在媒體上抨擊羅塞利及其研究單位。問題是，這項關於羊的研究從來沒有這樣的意圖。[18] 如果人們對研究綿羊同性性行為就出現這樣激動的反應，那麼他們將對在人類身上發現的同性戀基因做出怎樣的反應？如果真的發現了所謂的「同性戀基因」，父母是否可以及時對孩子的DNA進行編輯，來解決這個問題？有什麼正當的理由可以阻止他們這樣做？

在遺傳學中，不論是在哪個層面研究這個主題，都十分受到矚目，這正是為什麼在同性戀研究中鮮少會去探究其他面向的一項主因。例如，很少有研究去探討同性戀在演化方面可能扮演的角色。一九九五年，六位美國學者和一位英國學者就此進行交流。19 紐約州立大學奧爾巴尼分校（State University of New York at Albany）的高登．蓋洛普（Gordon G. Gallup）和中央蘭開夏大學（University of Central Lancashire）的約翰．亞契（John Archer），在一份學術期刊上發表他們的交流結果。這篇文章的重點放在對同性戀的負面態度是承繼於天擇，還是經由文化傳遞的偏見。這場精彩的辯論圍繞在蓋洛普所提出的論點，即「以最簡單的話來說，那些擔憂孩子性傾向的父母所留下的後代，可能會比那些不在乎的人還要多。」蓋洛普還主張，所謂的「恐同症」（homophobia）可能是源自於父母擔心正發展出性慾的孩子，可能會受到外界影響的結果。這一點會展現在他們生活中的兩個地方，其一是這些家長會高度關注那些在工作中會經常接觸到孩子的同性戀者；其次是，一旦他們的孩子長大了，這些父母在與同性戀相處時就變得放鬆許多。

這樣的論點，也許是對的，或者有部分是對的，或者完全都不對。蓋洛普提出的意見是依據他在幾十年前收集的數據，當時我們對同性戀的態度與今日截然不同。耐人尋味的地方是，關於同性戀是否具有演化角色，有什麼樣的演化論證可以支持同性戀的存在，以及基於哪些演化論證可以質疑同性戀的存在，這類研究在生物學辯論中早已煙消雲散。在私底下，有些生物學家願意承認這是他們這個領域的失敗。但是，圍繞這個主題的當代潮水如此之深，又非常危險，讓那些想要尋求穩定的終身教職的學者，望之卻步，沒人想蹚這渾水。要是我們心中已有定見，不能或是難以接受某些答案，除非真的是基於探究真相的熱愛，不然似乎沒什麼理由再去深究這問題。

哲學困惑

如果科學家不能或不願探討關於同性戀起源的問題，那麼討論這主題的責任勢必會落到其他領域。通常會是哲學。但是多年來，哲學在這問題上幾乎沒有任何進展。實際上，這狀態已經持續了幾千年。

亞里斯多德在他的《尼各馬可倫理學》（*Nicomachean Ethics*）中僅是稍微提到同性戀。他將這種情況納入在一份讓現代人看了不甚開心的列表中。在這本倫理學的第七書，在討論「病態」（morbid）和「生病」（diseased）的狀態時，他舉了一些例子，如經常有女性將其他孕婦開腸剖腹，吃掉其胎兒，還有一名男子在殺害母親後將其吃掉，以及一個奴隸吃了另一個奴隸的肝臟。亞里斯多德認為，這些行為是包括「瘋狂」在內的「疾病」的產物。但是其他狀態則來自於「習慣」或「習俗」，包括拔頭髮、啃指甲和同性戀。或性悖軌（Sodomy，或稱雞姦）。可能還包含所謂的古希臘「少年愛」（pederasty）。對於亞里斯多德所探討的確切問題，目前仍存有一些歧見（主要是由於他對同性關係的本質提出不同觀點，讓人感到困惑）。但是，如果我們認定亞里斯多德當時所探討的就是同性戀問題，那麼相當令人震驚的是，他在公元前三世紀所抱持的立場，基本上與二十一世紀的美國心理學會和英國皇家精神醫學院不無二致。他認為在某些人身上這是與生俱來的，而在另一些人身上則是居住環境造成的。古今唯一的區別是，在二十一世紀實事求是的論點中，所用的資料來源不太可能會是亞里斯多德所謂的「居住環境」的例子。亞里斯多德舉例時，提到「好比那些從小就被虐待的人」。[20]

晚近的哲學家在這個問題根源的探究上，也沒有比亞里斯多德更深入多少。今日，米歇爾・傅柯（Michel Foucault）是西方社會科學中最常為人所引用的一位學者。[21] 儘管享譽盛名、備受推崇，但就算是傅柯最著名、最有影響力的著作《性意識史》（*History of Sexuality*, 1976），他對同性戀的看法也讓人感到困惑不已。傅柯指出，只有歷史文盲才會在談論同性戀時，把他們當作是一特定群體。在十九世紀的男女開始思考同性戀時，那些過去被指控犯下同性戀罪行的人並不是一獨特的類別。正如他所描述的，在十九世紀末期才出現變化，「性悖軌過去只是暫時的畸變；同性戀現在則成了一個物種。」[22]

但是，除了利用這個例子來進一步發展他關於權力和性之間的關係的理論之外，傅柯關於同性戀的想法則充滿爭議。有時他似乎認為，這對於身分認同至關重要。但其他時候（即使是在同一個研究中），他卻認為這並不重要。那些如門徒般跟隨他腳步，引述他論點的人，都將性——就像其他事物一樣——當作是一種群體認同的手段，以此相對於常規的異性戀族群。傅柯在麻省理工學院的追隨者大衛・哈珀林（David Halperin）就說了句非常有名的話，「沒有一次的高潮是不帶有意識形態的」。[23] 這除了暗指乏味的床第之事，還彰顯出一個事實，若是想要透過傅柯的眼光來認識同性戀，無異於是在不穩固的地基上堆疊搖搖欲墜的基石。

在他的著作中，少數看似清楚的一件事是，即使是傅柯本人也似乎意識到，在建立任何正式的身分認同時，以性的認同當作基礎，可能不是明智之舉。確實，在《性意識史》的第一卷末，他驚嘆於過去幾個世紀來，理應成為我們「理智」核心的卻一直被認為是一種「瘋狂」，而我們現在的「身分認同」在「過去則被認為是晦澀、無以名之的衝動」的源頭。他聲稱，性變得「比我們的靈魂更重要，幾乎比我們的生命更重要。」這份浮士德式的條約「已將誘惑灌輸到我們身上」，（他聲稱）這是「用整個生命拿去與性本身，以及性的真理與控制權交換。性是值得生死相許的。」[24]儘管他的門徒似乎並不作如是觀，而且儘管傅柯並未對此深入探討，但就此看來，即使是傅柯也注意到，以性甚至性慾來當作是身分認同的基礎，是相當不穩定的。

同性戀與酷兒

儘管如此，同性戀在今日絕對是身分、政治和「身分政治」的關鍵核心基石。LGBT現在是主流政客經常談論並與其對談的團體，彷彿他們實際上是一個種族或宗教團體那樣。這是一種荒謬的形式。就其本身而言，這樣的組成是無以為繼而且自相矛盾。男女同性戀幾乎沒有共同之處。男同性戀和女同性戀很少會形成什麼緊密的關係，就連提起這一點也許都顯得多餘。男同性戀經常將女同性戀描述為沉悶和無聊。女同性戀則經常將男同性戀形容成愚蠢、幼稚。他們對彼此沒有什麼用處，而且幾乎不會在任何「公共」空間相遇。男同性戀有自己聚集的地方，女同性戀也是，自同性戀解放以來的幾十年，幾乎沒有任何地方會出現男女同性戀的定期組織或聚會。

況且，男女同性戀都對那些自稱「雙性戀」的人多所懷疑。LGBT中的B（來自英文字雙性戀（bisexual）的首字母）不時還會在同性戀傳媒間引起麻煩。而且，在同性戀「共同體」中，雙性戀仍舊不太算是當中的一分子，比較類似當中的叛徒。男同性戀多半認為那些聲稱自己是「Bi」的男人，實際上是處於某種形式的自我否認（「現在是雙性戀，之後再成為同性戀」）。偶爾會與女性同睡的女人經常也會與異性戀交往，但是很少有女性對自己的伴侶與其他男性同睡做出什麼正面的反應。至於這些人（男同性戀、女同性戀或雙性戀）是怎樣看待那些決定嘗試轉換性別的人，又完全是另一回事。

不過，談論LGBT社群或是基於任何政治目的而納入LGBT社群時，最好將這些內部摩擦和矛盾銘記在心。這當中每個字母所代表的團體，其實都不算是真正存在，而且彼此之間幾乎沒有共同點。在一九六〇年代同性戀合法化之前，情況可能略有不同。但是在今天，L不需要G，並且G也不太在乎L，而幾乎每個人都可以團結起來懷疑B。至於T，就連是否真有這一類人的存在都還具有很大的爭議，很難說跨性別算是他們的同路人，還是對他們的侮辱。而且仍然沒有人對其中任何一類，或是所有人的起源有什麼明智的看法。但是大家仍然願意以這稱號來作為一大群人的身分界定，並以此當作是建構自由社會的論據和基礎。

當這樣一群充滿矛盾立場和背景的人聚集起來，發現他們運動中幾乎每項要素都充滿嚴重的緊張關係也毫不奇怪。從同性戀抗爭活動的起源開始，就算到現在，對於到底要主張什麼，仍然存在著各種可想而知的緊張關係。這可歸結到一個目前尚未解決的問題，即同性戀除了性慾這項特徵之外，是否與其他人完全一樣。或者，並不可能單憑這一特徵就將同性戀完全與社會其他成員區分開來。這一問題造成了兩大陣營。

第一個陣營是那些相信同性戀跟其他人一樣——而且理應如此。透過展現出與其異性戀朋友和鄰居毫無差別，他們想要以此贏得在爭取平權的運動中尚未得到的權利。就像異性戀一樣，同性戀可以住在外面架有圍欄的房子裡，可以結婚，擁有單一配偶制的關係，最終像其他人一樣養育子女。從本質上講，這些可以受到尊重。這至少是一種選擇，正如杭特．麥德森（Hunter Madsen）和馬歇爾．科克（Marshall Kirk）在一九八九年的著作《舞會之後：美國如何在九〇年代克服對同性戀的恐懼和仇恨》（*After the Ball: How America Will Conquer its Fear and Hatred of Gays in the'90s*）中提出的。[25] 但是這類正常化同性戀來提升社會其他成員接受度的努力，最後總是被他們所謂「共同體」的另一批重要成員抵制。

這一陣營可能不算是（也不會這樣自我描述）「同性戀」，他們是自稱「酷兒」（queer）。這群人過去認為——現在還是——為同性所吸引的意義不僅於此。他們認為，被同性吸引只是展開更為瘋狂的旅程的第一步。邁出第一步後，不僅要繼續生活下去，而且要超越常規生活的模式。同性戀可能只是想要為大眾所接受，將他們當成是其他人一樣，但酷兒卻希望世人能承認他們與其他人之間有根本的差異，並利用這種差異來破壞同性戀努力進入的這種秩序。這樣的分歧，自從「同性戀」被認定為一種身分以來，幾乎從未有人點出來，但卻是自始自終就存在的差別。

打從同性戀革命一開始，就有人試圖建立統一的「解放陣線」，如此才能將「同性戀解放陣線」向其他運動靠攏。受到像吉姆．富拉特（Jim Fouratt）這類活動分子的影響，這些同盟擴展成黑豹黨（Black Panthers）這類民間運動（但不限於此），在海外則有越共、中國的毛澤東政權、古巴的卡斯楚。這些運動對同性戀展現出種種反對的鮮明立場（例如，中國的毛澤東政權就表明會公開閹割「性墮落者」），但這看在他們眼中，只是整個運動潮流中需要克服的一項矛盾。[26] 同性戀權利運動不僅不斷地向革命運動靠攏，而且還是反社會的，反對這項運動原本尋求獲得接受的社會。自一九六〇年代以來，同性戀世界每隔十年就複製一次這樣的內部鴻溝。

在一九八〇年代爆發愛滋病危機期間，歐美同性戀出現相當大的劇變（這一點是可以理解）。「行動」（Act Up）這類團體認為，他們選出來的代表不夠認真，沒有意識到隨著這場「瘟疫」帶來的難以置信的苦難。這類團體決定採取直接行動，但其他的「同性戀」則另有想法，他們認為這是他們為自己的所作所為付出的代價。在一九九〇年代初期的一本重要著作中，美國作家布魯斯．鮑威爾（Bruce Bawer）反對某些「酷兒」接手爭取同性戀權利的事業，提到「行動」這類組織的「不妥協」態度。在《浮上檯面》（*A Place at the Table*）中，他提起一篇發表在現已停刊的同性戀週刊《QW》上的讀者投書，當中批評了這個組織的行事方法，並引起相當大的反應，針對此批評的一則留言是：「你這個自我憎恨的人，這樣虛偽，是搞不清楚狀況的一坨屎。」這是相當典型的回應。還有一則是：「你是酷兒國度的恥辱。」[27] 什麼是「酷兒國度」？那個國家是否只允許一種聲音，僅有一套既定目標？是要尋找與眾不同的生活，還是尋找和其他人一樣的生活？從那時到現在，這問題一直沒人處理，也沒有解決。同性戀是像其他人一樣，還是自成一格，想要刻意地將自己區分出來，就像是一個城邦，就算還稱不上是一獨立的同性戀國家？

整個一九九〇年代，「同性戀」和「酷兒」一直處於衝突狀態。在英國，那些尋求長期接受和尊重的人常常對「義憤」（Outrage）這類組織的行徑感到震驚。一九九八年復活節的那個星期天，彼得．塔切爾（Peter Tatchell）和他的小組成員衝上坎特伯里大教堂（Canterbury Cathedral）的講壇，打斷了在復活節布道的坎特伯里大主教，並揮舞著標語牌，上面寫著英國國教對於同性戀權利抱持怎樣的態度。問題是，把同性戀權利鬧得沸沸揚揚真的是明智之舉嗎？這些人顯然是同性戀中的「基本教義派」，他們會不會有可能弄巧成拙，嚇跑其他人？在其他地方也出現類似的辯論（並且繼續下去，只是規模較小）。過去二十一年來，紐約州沒有通過一項正式在法律上禁止歧視同性戀的法案。一名參與此事的人在一九九二年描述那裡的狀況，提到「在劍拔弩張的衝突期間，許多議員與同性戀團體接觸的情況」，好比說其中一個基進（radical）團體酷兒國度（Queer Nation）帶著「參議院多數黨領袖拉爾夫・馬里諾（Ralph J. Marino）的雕像遊行」，然後當街把參議員的雕像燒掉。其他團體則以較為有效的方法進行遊說，採取比較「禮貌」的方式。28

不過，基進的態度仍然存在。有些同性戀只是想要爭取平等，另外一些則只是將同性戀當作是打破其他秩序，或形成某種新型社會的第一步，這兩群人之間一直存在很深的鴻溝。只是很少像在一九九三年四月二十五日的「華盛頓大遊行」中那樣公開展現出來。這場遊行原本是為了爭取同性戀權利，就像馬丁・路德・金恩（Martin Luther King）在三十年前的民權運動那樣。但是一九九三年的那場遊行卻陷入一片混亂，其中包括「淫穢漫畫」和「僅代表小部分同性戀的噴火基進分子」，正如鮑威爾所言，「這場遊行的籌畫者好似在為世人確認，關於同性戀的每一種刻板印象」：

> 我一直將這起事件與一九六三年三月在華盛頓舉行的爭取黑人公民權利的運動相比較。在那個場合，馬丁・路德・金恩發表他畢生最重要的演講，不僅感動了他的追隨者，也打動每個虔誠的美國人的心，讓他們感受到他嚴正的使命感，以及平權事業的必要。他沒有要求進行革命，也無意譴責美國的民主制度，或是在講台上嬉笑怒罵……在一九六三年的那一天，他為種族平等的願景發聲，打動了美國的良知，發揚追隨者的至善精神，而且這一席話也打動對手的良善本能。29

這正是同性戀權利運動持續惡化的另一面向。正如另一位同性戀作家安德魯・蘇利文（Andrew Sullivan）在一九九〇年代所指出的，「去參加任何一場爭取同性戀權利的遊行活動，就會明白要把他們組織成一個口徑、一致的遊說團體，根本不可能，這類的嘗試總是因為他們嘲諷的話語、暴露張揚的舉動，或是不負責任的作為而失敗。」30

在今日，幾乎所有爭取同性戀權利的示威活動——最著名的是在世界各地舉行的「同志驕傲」（gay pride）大遊行——都將法律平等的呼籲（如今在大多數西方國家都已達成）與那些讓許多同性戀，甚至是異性戀感到臉紅尷尬的活動混雜在一起。在自己隱密的家中想要如何享受自己喜歡的事物都可以，這並沒有錯，但是在這類抗議活動中，看著大批人穿著裸露挑動的衣物或皮褲，不用經過什麼審慎評估也看得出來，無論這群人希望推動什麼，都只會產生適得其反的效果。要是當初的黑人民權運動納入一段性癖好的展示，很有可能讓人忽略掉它的道德力量。

但是同性戀者是不會受到束縛的。不會受其自身團體的限制，更不可能受到其他團體的約束。在那些呼籲平等的行列中，總是會有人將暴露挑動的行徑誤認為是採取行動，覺得直到他們有權穿上小狗的衣服，趴在大街上被「主人」牽著，才會感到自由或平等。自由主義思想家保羅・柏曼（Paul Berman）提起在一九九〇年代初期，同性戀組織「石牆」舉辦的紀念活動「高聖日」（high holy day），他描述那場面是「冷峻嚴正的同性戀政治人物」在遊行中一邊前進，一邊訴求公民權利，而跟在他們身後的是一批大跳艷舞的「光著膀子的年輕男子」、上空的女性，穿著皮衣的裸露者，以及性施虐受虐狂在大街上相互揮著皮鞭抽打對方，然後呼喊著「肛門驕傲」、「陰道驕傲」口號。這樣做的理由，根據專精交叉性研究的社會學家亞琳・史坦（Arlene Stein）的說法，是因為如果同性戀看上去就像其他人一樣，那麼他們就會消失。只有在眾目睽睽之下這樣做，他們才能確保自己的存在感。史坦最後將自己描述為「性專家」（sexpert）。這樣一個稱號，正如柏曼所指出的，「任何人都希望成為這樣的人，但可能不是一天二十四小時。」[31]那些推動同性戀「酷兒」觀點的人，確實傾向於將同性戀呈現為一種全職工作。而那些身為同性戀的人，往往不喜歡他們。

平等還是更好？

就算是同性戀權利運動較為保守的要求，還是存在尚未解決而且充滿風險的問題。比方說，要是同性戀真的享有與其他人相同的權利，那麼他們是否應該受到相同標準的約束？還是說，在同性戀平權中內建某種退場的選擇機制？現在同性婚姻已經合法化，那麼是否應該期待同性戀伴侶就像異性戀伴侶那樣依循一夫一妻制？少了生養孩子的束縛，可以期待在接下來的六十年或更長時間，兩個在二十多歲就結婚的一對男人或女人的性關係僅侷限在彼此身上嗎？他們會願意嗎？如果不是，那造成的社會後果是什麼？畢竟一定會有某種後果產生，不是嗎？在美國第一批的同婚伴侶中，已經有一對在受訪時就坦承他們有開放的性關係。在這種情況下，其他人（包括異性戀）會怎樣看待同性婚姻？這問題爭議不斷，但卻完全沒有人提及。在英國，一對傑出的知名同性戀伴侶，竭力隱瞞他們處於開放關係的事實。大概是因為他們意識到，要是主流的異性戀發現這對備受矚目的已婚伴侶的「不忠」行為，可能會對同性戀運動造成傷害。

在所有關於「平等」的話題中，根本沒有大多數同性戀真心想要達到完全平等這回事，這想法幾乎可以確定是不存在的。許多人似乎想要完全平等，但又希望多拿一點同性戀的好處。美國電視名人艾倫．狄珍妮（Ellen DeGeneres）在一九九七年以女同性戀身分出道時，得承擔相當大的風險。但也正因為這是一種風險，而且大幅提升女同性戀的能見度，所以讓她備受各界尊重。這難道不是身為女同性戀的某種優勢嗎？難道不是因為產生的剩餘社會資本，讓她享有直男沒有的那種自由嗎？比方說，在「速配二選一」（Who'd you rather）的遊戲中，艾倫邀請她節目的來賓（男女皆有）同時看兩位名人的照片，然後問「你會選誰」。

二〇一七年「#MeToo」性侵醜聞爆發後，不僅曾經不當觸摸過女人的男人有麻煩，即使曾將女性物化的也都受到波及。但艾倫．狄珍妮似乎不受這一規則的束縛。在十月下旬，也就是身陷性侵醜聞的好萊塢製片人哈維．偉恩斯坦（Harvey Weinstein）失寵的那個月，她在社群媒體上張貼自己與凱蒂．佩芮（Katy Perry）的合影。這位流行歌星穿著一件緊身連衣裙，突顯出她的胸部。在這張照片中，狄珍妮用一隻手臂摟著佩芮，視線望向她的乳房，並張著嘴巴瞪著它們。「生日快樂，凱蒂．佩芮！是拿出大氣球的時候了！」在狄珍妮的官方推特帳號上，附上這則留言。32 儘管在那個時候，大家普遍同意男人不能隨便將女人物化，但看來名人女同志還在免責條款中。

同性戀育兒

在西方自由民主國家，吹捧同性戀權利運動的成功，基本上是情有可原。但是慶祝之餘，還存在一個沒那麼光鮮亮麗的面向，那就是對其他問題產生的道德勒索。在今天，還可能有處於那種狀態的人，相當於是過去的同性戀，等到世人在日後回顧時，會因為曾經將其視為一種罪行，而對自己的作為感到羞恥難堪？目前有不少選項可以填補這一空缺。不過，在同性戀其他權利的爭取上，這段不堪的過去還產生連鎖效應。因為過去將其定罪是一項嚴重的錯誤，因此同性戀現在可以在大家面前為所欲為，不會遭到太多非難，或是任何指責。

在美國和英國，同性婚姻合法化後，緊接而來的就是同性戀伴侶大力爭取育兒的權利。不僅是收養子女的權利，還包括擁有自己子女的權利。像是艾爾頓・強（Elton John）和大衛・弗朗西（David Furnish），以及湯姆・戴利和達斯汀・蘭斯・布萊克（Dustin Lance Black）這類名人同性戀伴侶，他們經常將這樣的訴求描繪成生活中最簡單的期待：「我們決定建立一個家庭」。二〇一八年二月，戴利和布萊克公開一張照片，當中他們兩人共同拿著一張超音波照片。報紙的頭條是：「湯姆・戴利宣布他和丈夫要準備迎接新生兒」。[33] 過去有個同性戀的老笑話：「我們還沒有孩子，但這並不意味著我們不能繼續努力。」但這則新聞意味著同性戀史上的突破，而且風向顯然轉變得很快，任何人提出「兩個男人可以生孩子嗎？」都會得到「為什麼不行？老頑固。」《每日郵報》（*Daily Mail*）的專欄作家自然而然地會踩上早已鋪設好的地雷。但是「到底要怎麼生？」這個問題一定是於理有據的其中一點，過去幾年，大家公認在任何題材中抹殺女性的存在，都是走上非常錯誤的一步。而這裡寫的是兩個男同性戀，完全排除在這整件事中一定會牽扯到的一位女性。的確，這裡漏掉一位可能是發生在她生命中最重要的故事的女性。第二個要停下來仔細考慮的原因是，這個「戴利—布萊克嬰兒」的故事是經過精心編排，是在向年輕的同性戀世代說謊。因為事實上，要生出自己的孩子對於女同性戀而言，相對容易得多，但兩個同性戀男人要能夠獲得和他們有血緣關係的嬰兒，這確實異常困難，即使真的去做，也只會帶有其中一位的生物烙印，這會造成問題以及潛在的緊張局勢，而且不是還在遠方。這謊言更貼近日常的部分是，即使他們真的達到這樣的條件，即兩名男同性戀生出一個帶有其中一位DNA的孩子，但大多數男同性戀伴侶仍無法做到。這僅適用於非常有錢的同性戀。卵子和代理孕母所費不貲。但是直到有人對他們的孕事產生些許反彈前，這一切都不會浮上檯面。一個名為「停止資助仇恨」（Stop funding Hate）的團體公布一份在《每日郵報》買廣告的公司名單，試圖以此讓公眾對這些公司施壓，要求這些公司停止跟這家在他們看來刊登的報導都在宣揚與「英國主流社會越來越脫節的觀點」的報紙買廣告。[34] 而這只是因為這份報紙要大家「停下來想想」，兩個男人可以生孩子的主張。

就跟其他議題一樣，「不僅平等，還要稍微好一點」的態度，也出現在這場同性戀爭議中。二〇一四年，墨爾本大學的研究人員進行一項調查，發現由同性伴侶撫養的孩子比異性伴侶的孩子更健康、更快樂。這計畫的主要研究員西蒙・克勞奇（Simon Crouch）博士聲稱，產生這種高幸福感的一個原因是，同性伴侶沒有陷入傳統的「性別刻板印象」，因此讓「家庭更和諧」。[35] 這樣的主張並不罕見。BBC在二〇一〇播放莎朗・弗格森（Sharon Ferguson）牧師執導的短片，她是男女同性戀基督徒運動的執行長。在影片中，她聲稱像她這樣的女同性戀者，在為人父母時，不會像異性戀伴侶那樣。根據她的說法，女同性戀可以比異性戀伴侶做更稱職的父母。[36] 這些具有疑點的統計數據所提出的類似主張，聽起來比較像是在宣傳而不是分析，卻相當頻繁地出現。

例如二〇一八年三月，加州大學洛杉磯分校法學院的威廉姆斯研究所（Williams Institute）的研究人員，在十二年長期追蹤研究佛蒙特州五一五對伴侶後，發表了他們的發現。根據這項研究，男同性戀伴侶繼續維持關係的可能性比女同性戀或異性戀伴侶來得高。[37] 這消息立即被同性戀媒體和其他傳媒大肆報導，標題直接寫成「研究顯示，同性婚姻比異性婚姻更持久」。[38]

可能有人認為，在同性戀與酷兒這樣涇渭分明的對立關係中，育兒將完全落在同性戀這一端，但在這些報導之外，酷兒平權運動的邊緣總是可以聽到一些似曾相識的回音，也是最醜陋的雜音。這些聲音主張的是，光是平等還不夠，因為同性戀在某種意義上比異性戀來得「好」。基進的美國同性戀活動分子羅伯特．拉夫斯基（Robert Rafsky），曾經在一場抗議活動中被人拍攝到向場上的其他同性戀抗議人士喊叫，表達他對異性戀的看法：「我們比他們更重要！」正如布魯斯．鮑威爾所寫，這種態度「比那些認為他們比同性戀更重要的異性戀還要醜陋」。[39] 但是這一點以及其他眾多事，都讓人感到困惑莫名。

在最後這兩類困擾中，有些仍值得拿來討論，其中有一點可能是問題最大的。身為同性戀者是意味著你為自己的同性所吸引，還是意味著你是一項重要政治計畫的一分子。

同性戀是政治議題嗎？

在二〇一六年英國脫歐公投前，演員伊恩．麥克連（Ian McKellen）爵士接受採訪，談到他打算要投哪一方。最後這段訪談的標題是「如果你是同性戀者，那麼脫歐對你來說毫無道理可言」。過去幾十年來，伊恩爵士在推動爭取同性戀基本權利的活動上不遺餘力，他說，就同性戀的角度來看這場公投，「只有一個要點，那就是繼續留在歐盟。如果你是同性戀者，那麼你就是國際主義者。」[40]這樣說來，那些自認是同性戀者卻投下「脫歐」一票的人，這些年來是不是都弄錯了？至於在美國的同一戰場上，就跟往常一樣，那裡發動的戰事更為糟糕。

對於美國同性戀權利支持者來說，二〇一六年七月二十一日應該是個重要的日子。那天，彼得．泰爾（Peter Thiel）登上俄亥俄州克利夫蘭（Cleveland）共和黨全國代表大會的講台，在會議廳演講。過去也有同性戀者出現在共和黨的講台上，但並不是獨自一個人，也沒有公開自己的性取向。但是這位臉書的早期投資金主以及PayPal的聯合創始人，在表態支持唐納．川普（Donald Trump）代表共和黨競選總統時，明確提及自己的性傾向。泰爾在演講中說：「我為身為同性戀者感到自豪。我為身為共和黨員感到自豪。但最重要的是，我為身為美國人感到自豪。」這些話在大廳裡受到支持者的歡呼。這樣的場面在前幾場總統大選，根本無法想像。許多主流媒體以正向的態度報導這一切。NBC在報導時所用的標題是「彼得．泰爾在共和黨大會上締造歷史」。

但是同性戀傳媒對此不以為然。美國最重要的同性戀雜誌《倡導者》（*Advocate*）在一篇冗長而令人費解的文章中對泰爾的行為大加撻伐，表示他已遭到同性戀教會驅逐。這篇文章的標題是「彼得．泰爾展現出同性之性與同性之戀的差別」。這篇由康乃狄克大學歷史系副教授吉姆．唐斯（Jim Downs）執筆的一千三百字文章，其副標是「當你放棄酷兒身分的各個面向時，還算是LGBT的一員嗎？」

唐斯頂多只願意承認泰爾是「與其他男人發生性關係的人」，而且他質疑從其他面向看來，很難說泰爾實際上真的是「同性戀者」。在文中，這位作者坦承：「這樣的質疑看似心胸狹窄，但是在我們的性慾、身分和社群的概念中，引發了一個我們必須做出的廣泛而關鍵的區別。」在貶低那些曾經將泰爾的演講讚譽為是一個分水嶺的重大時刻的評論，並且打臉那些宣稱這是一大「進展」的人之後，唐斯表露他對此的反感：「泰爾是一個與男人發生性關係，但不是同性戀者的例子。因為他並沒有擁抱這場為了擁抱自己獨特身分而發動的抗爭。」

他認定泰爾是同性戀中的異端，舉出的第一大罪證就是他那段在共和黨代表大會上的演講內容，泰爾批評當時針對跨性別廁所無休無止的爭論，諸如誰應該用哪種廁所，以及應該在哪裡放置哪種設施。儘管泰爾曾說過，他並不同意「在我們的黨的講台上所講的每一項政策準則」，但他的確聲明「假的文化戰爭只會分散我們對經濟衰退的注意力」。他還說：「小時候，重大的爭論是關於要如何打敗蘇聯。我們贏了。現在則告知我們，重大的辯論是關於由誰來使用哪間廁所。這分散我們處理實際問題的注意力。但誰在乎啊？」在克利夫蘭的這場演講效果非常好。而且，若是相信民調的話，那麼這一聲明顯然在全美都受到歡迎。顯然，擔心經濟狀況的人數遠多於擔心廁所使用狀況的人。但是對於《倡導者》來說，這種論調是一大偏差。

儘管泰爾再次重申他自己的「性選擇」，但還是犯下了「脫離同性戀身分認同」的罪行。他那段跨性別廁所在廣泛文化中無關緊要的談話，「無異是否絕了LGBT需要透過政治鬥爭來捍衛其文化認同的概念」。泰爾理當屬於自一九七〇年代以來展開的運動，這運動沒有「像他們的前人那樣，投身在創造文化認同。」同性戀解放運動的成功，顯然早已讓他們停下這項「文化工程」。但這很危險，正如最近一篇報導指出，一家同性戀夜總會屠殺事件所展現的跡象，儘管看似沒有什麼關連，但記者義正嚴詞地提醒讀者：「同性戀解放運動給我們留下強大的遺產，要守護這份遺產，就需要理解『同性戀』一詞的含義，而不是簡單地將其用作對同性的慾望和發生親密關係的同義詞。」[41]

實際上，二〇一六年六月在奧蘭多的脈動（Pulse）夜總會的屠殺事件，是由宣誓效忠伊斯蘭國（ISIS）的一名年輕穆斯林所為。然而，這一細節並沒有讓《倡導者》或「同志驕傲」延緩當月之後在紐約舉行的大遊行。那時，遊行隊伍以巨大的彩虹旗為首，上面寫著「共和黨的仇恨在殺人！」他們顯然忘了犯下謀殺罪行的奧馬爾．馬汀（Omar Mateen）根本不是共和黨人。

那些自詡為「同性戀社群」的組織者，不僅具有特定的政治觀點，他們還對身為同性戀要擔負的「責任」有特定看法。二〇一三年，同性戀組織GLAAD嚴詞譴責小說家布雷特．伊斯頓．艾利斯（Bret Easton Ellis），並禁止他參加他們所主辦的年度媒體頒獎晚宴。GLAAD表示，他的罪行是在推特上不當發文，傳達同性戀的電視角色具有愚蠢本質的觀點，因此「同性戀社群對此做出負面回應」。[42] 這種像是小學校長的嚴厲語氣，與《粉紅新聞》在二〇一八年發布的嚴峻訊息如出一轍，為異性戀者制定了在「同志酒吧中的禮儀規範」，列出十條「該做與不該做」的清單。[43] 在面對這些情況時，正常的本能反應會是「你以為你是誰啊？」但因自己的錯誤思想而遭到譴責後，艾利斯總結出目前演變出來的一些新的同性戀問題。他指出，如今我們生活在「同性戀魔幻精靈的統治下，每次出現在我們面前時，就像某種聖人般的外星人一樣，其唯一目的是要提醒我們，關於寬容和我們自己的偏見，並且讓我們對自身感到滿意，並當成一個象徵。」

目前這個魔幻同性戀精靈的統治確實很穩定，找出讓社會可以接受的方法，與同性戀和平相處。同性戀者現在可以像其他人一樣結婚，也可以假裝他們得到孩子的方式與其他人一模一樣，並且還可以證明同性戀一點都不可怕，實際上也可以花時間烘焙可愛的蛋糕——如達斯汀．蘭斯．布萊克和湯姆．戴利在YouTube頻道上所做的。正如艾利斯所寫：「只要同性戀沒把事情弄得一團糟，或展現性慾，或讓人覺得很難搞，那麼那些甜蜜可人、沒有性威脅和超級成功的同性戀者，勢必會把直人轉變成熱愛同性戀的崇高保護者。」[44] 這位過去在美國小說界驚世駭俗的作家，一語中的直指核心。

「恐同症」的可能原因是什麼？

但這些都不足以說明為何會對個人甚或是整群人產生仇恨，或是暴力相向。不過，從一派祥和到產生暴力攻擊的慾望，這中間包含許多階段。事實上，一些異性戀確實對同性戀的存在感到不安。也許有很多，或是大多數，甚至所有的異性戀都有這樣的感覺。這不是討厭，而是感到不安。關於「恐同症」的大部分文獻和研究，大多集中在人們是基於哪些錯誤而產生這樣的恐懼，但卻對於會產生這類反應的合理原因略而不談。男同性戀者在這方面又比女同性戀者遭遇更多問題。基於各種歷史和社會原因，女同性戀者很少像男同性戀者那樣被當作是動搖社會秩序根本的問題。這可能是因為男同性戀者在本質上直接觸及一個極為重要的根源，這不是某些人的性事，而是每個人的性事。

在異性相吸的男女情事間，其底部幾乎都是一系列懸而未決的問題，可能根本就無解。在約會儀式中，存在著種種神祕和困惑。從古早到現在，這些幾乎都是喜劇和悲劇的主要材料。不過，長久以來，最大的問題還是在求愛和約會儀式上，通常就是在交配儀式的階段充分表達出來。女人想知道男人倒底在追求什麼、想要什麼，以及在做愛時可能有怎樣的感覺（如果有的話）。這些問題會是朋友間談話的一項主題，也是大多數人從青春期開始，在某個階段（有時是整個生命）極為私密的關注以及焦慮的根源。

如果說，在社會中有什麼可以和女人對男人所產生的困惑和焦慮相提並論的，那當然是男人對女人的那份疑問清單。幾乎所有喜劇的戲劇性主題都圍繞在男人無法理解女人的問題。她們在想什麼？她們想要什麼？為什麼那麼難以解讀她們的行為？為什麼每個性別的人都希望異性能夠解碼自己的言語、行為和沉默，即使他們根本沒讀過異性解碼手冊？

在異性戀中，男性對女性的關注和疑問在根本上和女性對男性的疑問是一樣的。他們怎樣做愛？對方感覺如何？他們從中得到什麼？性別如何融合在一起？古人當然也有思考過類似的問題。他們思忖著柏拉圖的想法，最有名的要算是亞里斯托芬斯（Aristophanes）編纂的《饗宴》（*Symposium*）。但是當中並沒有解答任何問題。這個謎團仍繼續下去，而且很可能永遠都解不開。

而這正是男同性戀登場時令人特別不安的原因。因為在提供給那些自認為出生在錯誤身體（在更後來）的合宜外科手術問世前，在這些游移在兩性之間的人之中，最令人感到不安的就是男同性戀。不是因為他們天生具備的強烈女性特質，而是因為他們通曉一些女人性生活的祕密。這個問題，也是一項憂慮，已經存在數千年。

奧維德（Ovid）在《變形記》（*Metamorphoses*）中重新講述關於提爾西亞斯（Tiresias）的傳說。他提到喬夫和朱諾的故事，有一天他們無聊沒事，拿做愛開玩笑。喬夫對朱諾說，「我敢肯定，你們女人比男人更能在做愛中獲得快感。」朱諾不同意，所以他們決定找提爾西亞斯來評斷，因為「他兩邊都知道」。提爾西亞斯的故事很複雜。奧維德告訴我們，提爾西亞斯曾經碰到兩條在綠色木偶上交配的巨蛇。他拿起權杖攻擊牠們時，自己突然從男人變成女兒身。在當了七年的女人後，第八年時他又碰到這對蛇，並且再次攻擊牠們。他對著牠們說：「如果攻擊你們會產生魔力／讓攻擊者變性／那我現在將再次攻擊你」。他再攻擊後，就變回男兒身。

喬夫和朱諾召喚提爾西亞斯，因為他們想要讓他來評斷究竟是男人還是女人，更能享受做愛。這位跨越性別的人表示，喬夫是對的，女人在做愛的過程中更享受。這樣的說法冒犯了朱諾，於是她讓提爾西亞斯失明，為了補償他的盲目（因為沒有神可以回復另一位神的作為），宙斯賦予提爾西亞斯預言的能力，他後來就以這項天賦預測水仙納西瑟斯（Narcissus）的命運。45 除了神、蛇和權杖之外，提爾西亞斯的傳說挑起一個最深層的問題，也順帶提出一個答案，而且是透過同性戀者回答。

僅有少數人延續探討這個問題。近年來丹尼爾．孟德爾頌（Daniel Mendelsohn）這位古典主義學派（顯然不是巧合）的作家就是這少數人當中的一位，他在一九九九年的著作《難以捉摸的擁抱：慾望和身分之謎》（*The Elusive Embrace: Desire and the Riddle of Identity*）中觸及這個問題。在這本回憶錄式的家族史中，他深入研究這個主題，扣問在兩個男人發生性關係時的情況，他寫道：

就某方面來說，這就像提爾西亞斯的經歷。這正是男同性戀讓人感到離奇莫名的真正原因，就是讓男同性戀這個想法深具破壞性且令人感到不自在的原因。所有發生肉體行為的直男在性交時都知道進入伴侶身體內部的感覺；所有進行過性交的女性都知道讓對方進入自己內部是什麼感覺。但是，男同性戀在進入伴侶或讓對方進入的那一刻，完全知道他的伴侶的感受和經歷，即使他本人正在做的是完全相反的互補行為。兩個男人的性關係將他者化解，進入同等的狀態，將兩個男人轉為歸屬關係（*men into de*），一個完美的支承系統：雙方的感受沒有什麼是任何一方不知道的。如果性交的目標在情感上是為了全然地了解另一方，那麼就此而言，男同性戀的性關係可能是當中最完美的，因為在這情況下，終於有可能全面了解另一方的經歷。但是，由於雙方早就完全了解這感受，因此性行為本身，在某種程度上也成了多餘。也許正是基於這個原因，我們當中有許多人不斷地重複，好似永遠也達不到那深度。

孟德爾頌接著提到他朋友寫的一首詩，描寫年輕的同性戀男子在看另一個男人踢足球時，心中默默產生的嫉妒與慾望。這首詩的結尾是一段淫蕩而充滿想像力的場面，描繪球員與他們的女友一同做愛，當中一個男人「透過她來陷入自己的激情」。孟德爾頌描述他自己早期的異性戀經歷，儘管他承認這些經歷沒有什麼不愉快的，但他說，這「就像是選了不適合自己身體類型的運動」。他補充說道：

在過去那些對我來說感覺都差不多的性交活動中，我確實記得一點：當男人與女人發生性關係時，他們會陷入女人之中。她是他渴望的，有時甚至是他所恐懼的，但無論如何，她是他們前進的終點。她是目的地。但是在男同性戀的性行為中，則是一次又一次透過伴侶回到自己的內部。

他繼續說：

我和很多男人發生過性關係，當中大多數人看起來都是同一類型。他們身高中等，通常都長得很順眼。可能是藍眼睛。若是從對街或在房間的另一頭，望向他們，看起來都顯得有些莊重。當我抱著他們，就像是透過反射回到我自身的慾望中，進入能夠定義我的事物，進入自我。46

這是一段相當精闢的見解，也令人感到不安。因為這意味著，同性戀（尤其是男同性戀）總是有點怪，而且可能會帶來威脅。這不僅是因為同性戀是個不穩定的身分認同的基礎，對個人來說是如此，而對任何形式的群體身分更是如此，另外也是因為同性戀始終都在挑戰社會上大多數人先天所具備的某種特性。

所有女人都有異性戀男人想要的東西，她們彷彿擁有某種魔力，能夠施法。而同性戀看似能夠知道這祕密。這對於某些人來說可能是解放。有些女人喜歡和男同性戀者談論各種與男人有關的問題，包括性方面的問題。就像一些異性戀男人也會喜歡與這種算是會說雙語的朋友往來，這或許可以幫助他們學習另一種語言。但是對於其他人來說，則永遠對此感到不安。因為在他們看來，同性戀永遠是一群知道太多的人，尤其是男同性戀。

【插曲】

馬克思主義的基礎

我相信，因為這太荒謬了（Credo quia absurdum）

——基督教神學家特土良（Tertullian）

一九一一年出現一張著名的海報，名為「世界的工業工人」，描繪所謂的「資本主義體系金字塔」。在金字塔底層的是勇敢的男人、女人和工人階級的孩子，以他們自傲、結實，但帶點掙扎的肩膀支撐起整個建物。在這套系統的最底層，同時也是最基礎的部分，寫了兩句標語：「我們為所有人服務」和「我們餵養所有人」。在工人所支撐的上一層是富裕的資本家階級，他們身著黑色領帶和晚禮服，在那裡喝酒用餐，而他們能夠享樂全是靠著工人的勞動。「我們為你吃飯」，這一層的人這樣說。在他們上方的是軍隊，附文是「我們向你開槍」。在他們上方的是神職人員（「我們愚弄你」），再上一層的是君主（「我們統治你」）。最後到了金字塔的頂端，這個地位甚至高於君主的是一大袋錢，袋子上標示著美元符號。「資本主義」是這個最高層的標籤。

如今，這樣的舊日印象早已讓位給以社會正義意識形態為中心的想像。然而，資本主義仍然穩坐在這座以壓迫和剝削為基礎的金字塔頂端，光是從這一點就可看出這種新結構的馬克思主義基礎。不過在這座金字塔中的其他高層部分，則換了一批不同類型的人。在這階層的頂端是異性戀的男性白人。他們不需要很有錢，但是如果他們剛好是富人，那就會變得更糟。在這些暴君般的男性霸主之下是所有弱勢族群，主要是同性戀、有色人種、女性與跨性別者。在這順性別（cisgender）的異性戀系統中，這些人被父權制的異性戀白人所貶低、壓迫、排擠，或是把他們打壓得無足輕重。馬克思主義的本意是要解放勞工，分享財富，所以在這個舊主張的新版本中，也必須奪回掌握在父權制白人男性手中的權力，將其公平地分給弱勢族群。

這種新意識形態在一開始並沒有受到對手特別重視。由於當中的某些主張看似荒誕可笑，還有明顯的內部矛盾，因此幾乎沒有什麼相應的評論產生。這樣等閒視之是一個錯誤。這個意識形態很明顯只是一個意識形態的前驅物，但仍然是一種意識形態——無論要怎麼稱呼它——這都提供了一個用以理解世界的鏡片，並為在這世界行動和生活的個人提供了一個目的。

長年研究、琢磨那些演變成相互交錯的特殊利益群體理論的學者，毫不令人訝異地，他們都具有相同的歷史興趣。在致力於推動身分政治和交叉性的學者中，沒有一位是來自保守的右派。有幾個原因可以說明為何這現象不足為奇。其一是學術界內部本來就有意識形態傾向。一項二〇〇六年的研究發現，在美國的大學中，有一八%的社會科學領域的教授，很開心地自認為是「馬克思主義者」。儘管這領域當中有些科系的馬克思主義者相對較少，但是在其他領域發現將近五分之一的教授相信廣受爭議的教條（這還是客氣的說法），這難免會啟人疑竇吧？這項調查還發現，有二一%的社會科學教授願意接受活動分子（activist）的稱號，而二四%的人還是基進的。[1] 遠遠高於在任何領域願意承認自己是「共和黨」的教授人數。

即使這個圈子不是這樣認定自身，但還是可以輕易辨認出來，在政治左派中的這股馬克思主義和後馬克思主義趨勢。比方說，從這群思想家所引用和推崇的思潮來看，或是看他們是在應用誰的理論來剖析所有學科，乃至於生活各個層面。這些思想家從米歇爾．傅柯那裡所吸收到的社會觀，不是經過長時間演化而成的一套無限複雜的信任和傳統體系，而僅是透過「權力」稜鏡，在無情的光線下看待一切事物。從這種角度來看所有人類的互動關係，是在扭曲而非澄清，最後呈現出來的，是對我們生活的虛假詮釋。當然，權力是存在於世的一種力量，但慈善、寬恕和愛也是。如果問大多數人在他們生活中有什麼是重要的，很少有人會提到「權力」。這不是因為還沒有吸收到他們的傅柯思想，而是僅從這樣單一偏執的眼光來看生活中的一切，實在有違常情。

然而，對於某些就是想要責怪他人而不願寬恕的人來說，傅柯可以幫助他們解釋一切。而且傅柯和他的仰慕者不僅試圖在個人關係中做出這樣的解釋，這些人也企圖將其套用在廣大的政治層面。對他們而言，生活中的一切全都是政治選擇和政治作為。

試圖解釋當今世界樣貌的後馬克思主義者，不僅緊抱著傅柯和馬克思這兩片扭曲的稜鏡不放，還從義大利共產主義思想家兼共產黨創始元老安東尼奧．葛蘭西（Antonio Gramsci）那邊吸收了文化作為一種「霸權力量」（hegemonic force）的概念，掌控這分勢力的重要性不亞於對工人階級的掌控。另外還從與傅柯同時代的法國後現代主義哲學家吉爾．德勒茲（Gilles Deleuze）那裡吸收到一種觀念，即個人的角色是看穿並且解開出生環境中纏繞在周圍的文化網絡。從法國文學理論出發，無時無刻、無處不在的目的就是「解構」一切。在學術界「解構」事物，就與在社會其他領域的「構建」一樣重要。實際上，近幾十年來學術界出現一種詭異的現象，除了自身之外，幾乎沒有發現任何不想解構的東西。

在許多領域都出現解構的過程，但沒有一個地方比社會科學不斷增生分派的更快或更全面。像是「酷兒研究」、「女性研究」、「黑人研究」，以及在各自領域中開設的其他課程，自始自終都在各個地方實現相同的目標。他們總是引用同一批顯然在解構過程中不可或缺的思想家。過去幾十年，這部分的學術界的首要任務——也就是第一批要「拆解」的——便是攻擊、破壞，然後最終是摧毀過去學界建構起來看似早已確定的一切，包括生物學的既定概念。因此，對於雌雄兩性的認識轉變成有兩種不同性別的暗示。而從那裡開始，悉心發展出之後廣為人所接受的論點（至少在大學裡是如此）：實際上根本沒有所謂的性別。性別不是真實存在的，只是一種「社會建構」（social construct）。在這方面，柏克萊大學的朱迪思．巴特勒（Judith Butler）的著作特別受歡迎。在巴特勒看來，特別是在她的《性別問題：女性主義與認同的顛覆》（*Gender Trouble: Feminism and the Subversion of Identity*, 1990）一書中，女性主義犯了一個錯誤，那就是認為有男性和女性等類別。男性和女性都是「文化預設的」。實際上，性別本身不過就是一種「反覆重申的社會展演」（reiterated social performanc），絕對不是「先驗現實」（prior reality）的結果。在同一時期的黑人研究中也進行同樣的練習，以相同的路數來研究——引用同一批思想家，並且斷言種族實際上也是一種文化結構，是「文化前提」，並且僅與「反覆重申的社會展演」有關。

只有在進行這種「拆解」後，才得以開始進行新的織造。這正是社會正義和交叉性的基礎文本上場的地方。在大肆解構，清理出一片空間後，才發現他們是為了自己的想法才進行這番整頓的工作。

一九八八年，以「女性」研究為主的美國知名女子文理大學衛斯理學院（Wellesley College）的佩吉・麥金托什（Peggy McIntosh）發表新作：《白色特權：打開隱形背包》（*White Privilege: Unpacking the Invisible Knapsack*）。這不像是一般的論文，而是幾頁的索賠清單。麥金托什在其中列出她聲稱受到「白人特權的日常影響」的事物。當中包括「如果我想要的話，我可以在多數時間裡安排，周遭都是與我相同族裔的人。」和「大部分時間我可以放心地獨自去購物，不會被跟蹤或騷擾。」[2] 麥金托什在一九八八年提出的許多主張，如今看來似乎荒唐而過時。大多數都不是僅適用於白人的例子，而且沒有一項稱得上是系統性的觀點，根本沒有達到麥金托什想要呈現的效果。但是《白色特權》的書寫方式異常清晰，並提出明確的主張：人必須承認生活中是看得出那些所謂的特權。她說，從現有權力結構中受益的人並不是靠自己「贏得」的。最重要的是，她聲稱有許多族群（包括不同性傾向和種族的人）都遭受「相互交錯的壓迫」。這好像是集結了所有關於過往冤情的研究學門，將他們全都聚集在一場大型研討會上。

不論是麥金托什，還是提出交叉性研究方法的金柏利・克倫蕭（Kimberlé Crenshaw）和其他抱持類似主張的人，在他們看來，必須要弄清楚這些相互交錯壓迫的本質。大家都覺得，一旦解開這條錯綜交結的線，就會有神奇的事情發生，而這就跟那些尋找烏托邦的人經常出現的狀況一樣，在這類計畫中並沒有走向烏托邦的地圖。儘管如此，麥金托什還是敦促世人「提高對特權性質的日常意識」，並嘗試用「我們分得的權力在更為廣泛的基礎上重新建立權力系統」。這段話意味著麥金托什並不反對權力，只是支持要按照不同路線來重新分配。但這一切全都定義不清，這樣的索賠清單，在任何平凡的日子裡，都不可能有機會出得了衛斯理學院的校門。而且多年來，這當然也沒有打破學術界的壁壘。但是在進入這個非比尋常的時代，當人們爭相解釋各種事物的時候，《白色特權》卻起死回生。事實證明，在知識分子混亂的時期，這樣主張自我意識和重新分配的簡單呼籲，確實非常有效。

與此同時，其他人則從稍微不同的角度來進行相同的工作。出生於阿根廷的後馬克思主義傑出學者安涅斯托．拉克勞（Ernesto Laclau），在整個一九八〇年代都在嘗試解決一些他認為可以說是浮上檯面的問題（他於二〇一四年去世）。與他的伴侶，也是共同研究者香塔爾．墨菲（Chantal Mouffe）一起合作，他為日後發展成身分政治的觀點奠定最早的一項基礎。在他們一九八五年發表的《霸權與社會主義戰略》（*Hegemony and Socialist Strategy*）一書中，在一開頭便承認社會主義已經受到「新矛盾出現」的挑戰。他們說，「馬克思主義的傳統論述」是「集中在階級鬥爭」和「資本主義的矛盾」。但是，「階級鬥爭」這個概念需要修正。他們問道：

> 階級鬥爭的概念有必要做多大程度的修改，才能夠納入包括女性、國族、種族和性弱勢團體、反核和反制度等運動在內的新政治主題，這些明顯帶有反資本主義特性，但是在其身分認同方面，卻是圍繞在特定「階級利益」上來構建？[3]

這裡應該要說明一點，他們的這本書不是什麼晦澀的研究，而是經常受人引用的參考資料。確實，谷歌的學術搜尋顯示它的引用次數超過一萬六千次。在《霸權與社會主義戰略》與包括《社會主義戰略：下一步為何？》（*Socialist Strategy: Where Next*）等其他著作中，拉克勞和墨菲直言不諱地寫出他們認為可以實現的目標以及實現方式。

資本主義制度尚未崩毀的事實不能當作它永遠不會崩毀的證據。在拉克勞和墨菲看來，迄今為止，這項計畫的失敗只是意味著有更多必須克服的矛盾。其中之一是，「在成熟的資本主義中，政治鬥爭的條件離十九世紀的模式越來越遠。」[4]這個時代的政治鬥爭必須納入其他族群。

他們當然有注意到這些新運動可能會自相矛盾。比方說，他們認為「白人工人的階級政治主體性」可能會受到「種族歧視主義或反種族歧視的態度所主導」，這顯然對移工的鬥爭具有重要意義。[5]但這兩位作者在長篇大論地討論後，卻沒有清楚解釋要如何解決這種複雜的難題。他們不斷地寫道「某些活動」、「組織形式」，有時每個詞的意思似乎都是「局部」的。[6]儘管拉克勞和墨菲含糊不清地歸結出他們的一整套結論，但有一件事他們倒是寫得很清楚，那就是以女性運動這類「新社會運動」來進行社會主義鬥爭的用處。

這類團體的用處顯而易見，他們有「高度多樣的鬥爭：城市、生態、反威權、反體制、女性主義者、反種族歧視主義，以及種族的、區域的弱勢性別團體」，這讓需要新能量的社會主義運動有了目的與推動力。而且，除非將這些團體結合起來，不然他們可能各自為政，只會追求自己的需要。因此需要將所有這類運動整併起來，全都納入社會主義鬥爭這個大傘之內。拉克勞和墨菲寫道，「我們對這些新的社會運動很感興趣」，並解釋這「引導我們將這些運動視為民主革命的延伸，對應於一系列新的社會關係。它們的新意在於質疑種種新的從屬形式。」[7]

拉克勞和墨菲在《今日馬克思》（*Marxism Today*）上發表那篇預告他們新書的文章，當中寫道，他們對這些運動的用處更加清楚了。除了他們可能也反對社會主義者所反對的，但這些「新的政治主體」(「女性、學生、年輕人、種族、性弱勢和區域少數族群,以及各種反體制和生態鬥爭」)具有明顯的直接優勢。主要是:

他們的敵人不是由其具備的剝削功能來定義,而是由其所掌握的某種權力。而且,這種權力也不是來自於生產關係中的一處,而是現代社會特有的社會組織形式所造成。這個社會確實是資本主義的,但這不是它唯一的特徵。它還充滿性別歧視,而且受到父權宰制,更不用說是種族歧視。8

拉克勞和墨菲清楚表態,要著手尋找或創造一個新的「被剝削」的階級。工人階級也許一直都遭到剝削,但他們自身無法意識到這一點,這讓他們的理論家大失所望,而且工人也沒有遵循為他們鋪設的進步道路前進。對於拉克勞和墨菲來說,這種進步是顯而易見的,經過第二國際(Second International)、列寧主義(Leninist)、共產國際(Comintern)、安東尼奧.葛蘭西、帕格羅.托利亞蒂(Palmiro Togliatti),最後到歐洲共產主義(Eurocommunism)複合體。但並不是每個人都有跟隨他們的腳步,走上這條路。無論如何,若是沒有將這批令人失望的工人換掉,現在至少可以加進新血。

在他們動筆寫作時,拉克勞和墨菲意識到很多左派都深受打擊,士氣低落。在布達佩斯、布拉格、越南和柬埔寨留下來的成果(這僅是其中一些例子),讓許多社會主義者感到不解。不過,在「一系列積極的新現象」中,有一股新的能量可以利用。儘管對於拉克勞和墨菲來說,顯然首要的工作是緊急進行「理論反思」:

新女權運動的興起；民族、國家和性弱勢族群的抗議運動；邊緣族群發動的反體制生態鬥爭；反核運動；在資本主義外圍的國家所發動的非典型社會鬥爭形式——所有這些都意味著將社會衝突擴大到更為廣泛的領域，從而創造一股潛能，而且不僅是潛能而已，還會朝向更自由、民主和平等的社會發展。9

關鍵在於這些新的人民團體可能會有用。

那些接受建議並嘗試將所有這些團體召集在一起的人，當然會遭遇各種問題。除了假定的工人階級種族主義外，一九八〇年代和一九九〇年代的解構主義者，也創造出新的緊張情勢。比方說，在批判性的種族理論和性別研究完成任務後，要如何解釋為什麼某些看似固定的特性（尤其是性別和種族），實際上是由社會建構出來的，而另一些看似較為流動的特性（特別是性行為），反而被視為全然的固定？

如果說這些問題確實曾讓任何人停下腳步思忖一番，他們也沒有停留很久。長久以來，馬克思主義思想家的一項特徵就是在面對矛盾時，不會像那些以探究真理為目標的人那樣，亂了陣腳或是自我質疑。馬克思主義者一直衝向矛盾。黑格爾的辯證法就是靠著矛盾來推進的。因此，一路上遇到的所有複雜難題（也可說是荒謬之處），全都受到他們的歡迎和擁抱，彷彿這些對他們的大業有所幫助，而不是構成困擾。任何希望交叉性能夠因為內部的矛盾而不攻自破的人，都無法明白何以馬克思主義者能夠隨時在腦中容納這麼多矛盾。

他們在身分認同政治和交叉性中誕生的意識形態的孩子，似乎滿足於居住在一個充滿矛盾、荒謬和虛偽的思想空間中。比方說，女性研究和女性主義研究的一項基本概念，是應該要相信遭到性虐待的受害者。關於強姦、虐待、家暴和不當使用的權力關係的討論，就是所有女性和女性主義研究的基礎。然而，當紐約大學知名的文學教授阿維塔爾．羅奈爾（Avital Ronell）於二〇一七年遭到指導學生投訴，指控她對他性騷擾時，這位遭受騷擾的人發現羅奈爾在學術界的同僚還是站在支持她的那一邊。朱迪思．巴特勒與斯拉沃伊．齊澤克（Slavoj Žižek）等人一起連署，譴責對羅奈爾的調查，並且信誓旦旦地擔保她的人格（「恩典、敏銳的機智」），還試圖順便詆毀她的男性學生的名譽。具體來說，他們的要求是，羅奈爾「應享有符合她國際地位和聲譽的尊嚴」。[10]所有這一切都意味著，確實得認真對待每一次遭受虐待的指控，除非受害者是個男人，或者遭受指控的是女性主義文學理論教授。就各方面來看，只要對這類矛盾釋懷就好了。

相較之下，任何阻礙往這個方向前進的人，都會發現自己遭到大力圍剿。這個陣營所用的武器俯拾即是（如種族歧視、性別歧視、恐同症，最後是跨性別恐懼症），而且即便是不公正、不合理，甚或是輕率地使用這些武器，也不用付出什麼代價。凡是批評這項新興正統的人都會遭到指控，說他們是受到最原始的動機所驅策，即使是科學家也不例外。正如史蒂文．平克（Steven Pinker）在二〇〇二年所寫的，「許多作家都極力否認任何關於人類與生俱來的特質的可能性，這無異是揚棄了邏輯和文明……觀念分析多半為政治抹黑和人身攻擊所取代……對人性的否認已經在整個學界之外蔓延開來，導致知識和常識間出現脫節。」[11]

當然是如此。因為大半學術界的目標，早已不再是對真理的探索、發現或傳播，而是轉變成為創造、培育和宣傳獨特的政治品牌。這樣的目標不是學術，而是行動。

這一點可由多種方式透露出來。首先是佯裝這些學術的政治主張，實際上與科學無異。過去幾十年來，社會科學界為交叉性奠定基礎，在呈現其主張時，好似「社會」這個字眼已經消失，他們是如假包換的「科學」。而這一次，他們是透過蘇聯的馬列主義理論家、國際共產主義運動活動家尼古拉·布哈林（Nikolai Bukharin）、號稱是俄國馬克思主義之父的革命家格奧爾基·普列漢諾夫（Georgi Plekhanov），以及第二國際，這個又回到馬克思麾下的世界各國工人政黨組成的國際組織。而所有這些，在提出主張時，都把它們自身包裝得好像科學一樣，但實際上這連政治都不算，而比較接近魔術。這是虛假的，偽裝成科學。

關於交叉性運動另一個讓人費疑猜的地方是它所用的偽裝。除了麥金托什廣受歡迎的文本外，所有社會正義和交叉性意識形態的主張者還有一個共同點，那就是他們的著作根本無法閱讀。他們都刻意採用艱澀難懂的寫作風格，這通常是當人無話可說或需要隱瞞虛偽不實的內容時才會採用的文體。下面完整節錄朱迪思·巴特勒的一個如段落般的長句：

> 從理解資本的結構主義者的觀點轉變到以相對同源的方式來建構社會關係，再到權力關係受到重複、融合和重新安排的霸權主義觀點，在當中將時間性問題帶入結構思想中，這標示著從以結構性調性為理論對象的阿圖塞理論（Althusserian theory）的形式轉變為一種對結構的附帶可能性的洞察，從而產生一種新的霸權主義觀念，這種觀念與權力的重新確定的條件和策略有關。12

一個人只有在試圖隱藏什麼時，才會寫得這樣冗長。

一九七九年獲得諾貝爾物理學獎的理論物理學家謝爾頓・李・格拉蕭（Sheldon Lee Glashow），絕對不會寫出這樣艱澀難懂的社會科學散文。他需要以盡可能簡單和清晰的語言來傳達異常複雜的事實。當他在評估弦論的最新主張時，他對此的結論是，這「沒有解決我們的任何問題，沒有做出任何預測，也無法加以否證。」彼得・沃伊特（Peter Woit）的觀察更是直率，「要是一個理論什麼都無法預測，那就是錯的，應該嘗試其他的。」[13]這樣對清楚和誠實的要求可能還存在於科學中，但是在社會科學中早已死去——就算過去真的有存在過。況且，若是進行女性研究、同志研究，和種族研究的人在他們的理論無法進行預測，或是證明為錯誤時，就去嘗試其他方法，他們的系館恐怕早就空無一人。

話雖如此，提出社會正義理論的人還是完成一項工作，他們累積一個文獻資料庫（儘管難以閱讀），呈現出知識框架，以及據此可以採取的政治立場，並提出政治化的主張。任何認為性別或種族是社會建構的人都可以引用這一整個資料庫，支持他們的主張，並引用可以「證明」這一觀點的那些位居終身教職的一大堆學者。X獲得神一般的地位，然後成了Y的研究題材，要不了多久就來了個Z，開始撰寫關於時間性的重新構架，只要將他們的著作透過隨便一種阿圖塞式的比較法來展現即可。任何一個對此心生懷疑，質問世界是否真的如此運作的學生，都會立即被帶到這座充滿令人震懾的證據的資料庫前，讓他明白他未能理解這些冗長艱澀的著作是自己的錯，而不是作者的錯。

當然，面對難以分辨的內容時，有時候幾乎什麼話都可以說出來，利用這樣複雜的文體來偷渡一些極為不誠實的論點。這就是為何巴特勒和其他人寫作風格這麼差的主要原因。要是他們寫得清楚明白，就會引來更多憤怒和嘲笑。這也是為什麼在這個領域很難區分真誠和諷刺的原因。近年來，社會科學提出的主張早已與現實脫節，因此當他們的城牆遭到真正的入侵者襲擊時，毫無招架之力，既沒有防禦力，也難以偵查或擊退。

近年來發生最棒的一件事，就是〈概念性陰莖作為社會建構物〉（The Conceptual Penis as a Social Construct）一文的出現。這是在二〇一七年發表的一篇學術論文，當中提出：

> 陰莖相對於男性是一種不連貫的建構。我們認為最好不要將概念性陰莖理解為解剖學上的器官，而是具有性別表現力、高度流動性的社會建構。14

這篇文章是經過同儕審查，並發表在《說服力社會科學》（*Cogent Social Sciences*）學術期刊。唯一的問題是，這是由彼得．博格西安（Peter Boghossian）和詹姆斯．林賽（James Lindsay）兩位學者惡搞的一場騙局，他們埋首於我們這個時代的學術文獻中，編造出這篇文章。他們承認自己的騙局後，出包的期刊立即撤回那篇文章。不過，在那以後，他們又成功地惡搞其他幾分學術期刊。

二〇一八年，在海倫．普拉克羅斯（Helen Pluckrose）加入他們的行列後，這夥人竟然還可以在「女性主義地理學」的期刊上發表一篇論文，題為〈人類對強姦文化的反應以及俄勒岡州波特蘭的城市狗公園的酷兒表現〉（Human Reactions to Rape Culture and Queer Performativity at Urban

Dog Parks in Portland, Oregon）。這篇文章聲稱，在波特蘭公園出現的狗狗騎乘行為是「強姦文化」的進一步證據，這個主張當時有不少學者和學生買帳，還說這是觀看我們社會最具敏感度的一種鏡頭。在另一篇發表在「女性主義社工」類的期刊上的論文，名為〈我們的奮鬥就是我的奮鬥〉（Our Struggle is My Struggle）。在這篇文章中，他們成功地將希特勒的《我的奮鬥》（*Mein Kampf*）和女性主義社會正義理論的術語融合在一起，改造成一篇學術研究論文。他們在「性角色」（Sex Roles）發表的第三篇惡搞論文中聲稱，是以「餐桌對話的主題分析」進行為期兩年的追蹤調查，研究為什麼異性戀男性會想要在美式連鎖波霸餐廳呼特斯（Hooters）用餐。[15]在作者群表示他們投稿的其實是篇惡搞文章後，不僅期刊迅速撤下他們的文章，他們同行的主要反應竟然是譴責，並試圖將博格西安趕走，逐出大學。

博格西安和他的同儕策劃的騙局其實突顯出許多重大的嚴肅觀點。這些學術研究領域不僅已成為欺詐的遊樂場，而且，凡是符合這類領域的既有理論和假設，並且使用他們一貫的災難性用語，沒有什麼說詞、研究或主張是不可以的。只要願意宣稱我們生活在父權制的社會，是一種「強姦文化」，一種恐同、仇視跨性別者和充滿種族歧視的文化；只要控訴自己的社會，並且流露出對其他社會的讚美之情（只要在他們的核可名單上），那麼幾乎可以暢所欲言。只要願意相信這座壓迫金字塔真的存在，並對此大做文章，四處傳播，要名列這個難以理解而且多半沒有什麼人引用的學術正典文獻庫之內，基本上是輕而易舉。

不過，這裡最大的錯誤不在於允許這種情況在公共經費資助的機構中持續數十年，真正的錯誤是沒有意識到有一天它的果實會擴散到整個社會。美國心理協會在二〇一八年發給其會員的指南中，納入該如何治療具有「傳統陽剛氣質」的男孩，當中寫道：

目前已證明，在意識到主流父權制力量的特權層面，以及其信念和行為造成的有害影響後，可以減少男人的性別歧視態度，而且這與參與社會正義活動有關。16

確實如此。如果男孩能夠意識到自己的性別是「表演性的」，而非自然的，那麼在社會正義的活動中，他們可以成長，扮演更大的角色，達到拉克勞、墨菲和其他基進分子夢寐以求的目標。

第二章
女人

知名心理學家史蒂芬·平克（Stephen Pinker）在二〇〇二年出版的《白板》（*The Blank Slate*）一書中指出，性別已成為當今甚具爭議性的敏感議題。儘管如此，他似乎依舊對科學觀點充滿信心，認為科學終將勝出。在書中，他僅以幾頁的篇幅列出男女間的一些生物學差異，例如，儘管男人「大腦更大，神經元更多」（就算是經過體型校正），但女人的「灰質比例更高」，而且性別間的許多心理差異恰好符合演化生物學家所預測的（男性體型平均比女性來得大，因為演化史上充滿對配偶的激烈競爭）。[1] 在論及那個不久後發展成另一大議題的主題時，他則指出男孩和女孩大腦的發育差異，以及睪固酮和雄性激素對大腦造成的影響。科學這樣直白的反嗆，對於聲稱不存在性別差異的人來說，確實相當緊張。正如平克所言，「主張男孩和女孩除了生殖器官之外，生來都是一樣的，其他差異都來自社會對待他們的方式，這一理論的前景看來不是很樂觀。」[2]

只是近二十年後，這一理論依舊健在。事實當然是在平克那一邊的，但喧嘩的眾聲卻不在。結果反而是，自平克寫了《白板》以來，我們的社會對這種錯覺的認定不減反增，更加相信生物差異（包括能力差異）是可以拋開、否認或忽略。在社會差異上也發生類似的過程。父母都可能注意到自己兒子和女兒的差異，但是這種文化告訴他們，根本沒有男女有別這回事，或者說，這純粹是「表現」的問題。

這一點，以及其他許多的觀點，所造成的後果是有害的。大多數人都不是同性戀。男人和女人必須找到相處的方式。況且，罔顧生物現實的社會性自我欺騙，只是今日社會決定參與的其中一項工作而已，還有一系列自欺欺人的計畫在進行。更糟的是，我們已經開始拋棄科學事實，而改用社會科學活動分子推動的政治性謬論來重新建構社會秩序。在製造社會混亂的一切事物中，凡是跟性有關的，尤其是兩性關係，也許是當中最令人感到錯亂。因為事實明明擺在我們眼前，但我們就是不想去注意，或者就算我們注意到了，最好也對此保持沉默。

二〇一一年，電影獨立精神獎（Independent Spirit Awards）在加州的聖塔莫尼卡（Santa Monica）頒發。要經過漫漫長路才能參加這個電影界的自我祝賀之夜，當天由保羅．路德（Paul Rudd）和伊娃．門德斯（Eva Mendes）上台頒發最佳編劇獎。門德斯（三十六歲）說她和路德（四十一歲）原本安排要在台上做些有趣的表演，但整個典禮的進度已經落後。門德斯向觀眾解釋：「保羅原本要抓住我的胸部。你們會嚇一跳感到震驚恐懼，會歇斯底里地大笑。但是顯然我們現在沒辦法做，因為我們沒有時間了。所以……」

然後，路德刻意盯著門德斯的胸部，將他的手推到右乳房，用力握住它，然後板著臉說：「最佳劇本獎入圍的有……」觀眾頓時歡聲雷動，大笑不已地歡呼著。門德斯看起來很震驚。當路德握住她的右乳房時，門德斯用她空著的那隻手把頭髮向後攏。畢竟，隨時保持好儀態是很重要的。

這情況持續一段時間後，另一位女士也加入他們的舞台。女演員羅莎里奧・道森（Rosario Dawson）（三十一歲）跳上講台，用力抓著路德的褲擋。觀眾大聲喊叫、歡呼，笑聲變得更大了。「噢，天哪！發生什麼事？」門德斯以不是讓人很信服的困惑聲重複說了幾次，畢竟她也是這場景中的一部分。她打開信封。在這期間，道森的手始終猛力抓著路德的褲襠，並且同時揮舞著另一隻手，彷彿擺出主導或勝利的姿勢。後來，路德不再玩弄門德斯的胸部，不過道森仍然持續抓著路德的褲襠。觀眾繼續歡笑和尖叫。因為這橋段是發生在二〇一一年，那時性騷擾仍然算是一件趣事。

之後，道森在後台接受採訪，講到她是怎樣為了爭取男女平等的機會而湧現這股摸索的動力：

> 我是很愛保羅的。從看了一九九五年他主演的那部《獨領風騷》（*Clueless*）和其他作品後，我就是保羅的忠實粉絲。但是他像惡魔般抓著她的乳房，我覺得「這還滿好笑，就是這樣哈！哈！的笑一下」大概一秒鐘。但是之後他沒有停止，然後燈光暗下來，節目開始進行，他的魔爪仍然抓著……所以我心想「好吧！那我要去抓他的。」為什麼不呢？那看起來挺好的。還不錯，實際上是相當不錯。自從我十幾歲看《獨領風騷》以來，就一直感到很好奇……但是，沒錯，後來他停了下來……我只是要倡導女權，因為他在舞台上摸了她的胸部半個小時，我對這舉動感到有點厭倦。這沒什麼，就是搞笑而已。

訪問她的男性記者對她保證：「那是他看過最……的一幕……這引起很大的反應。」「那很好，」她回答：

我在舞台上抓住了他外掛的那一包。這感覺還不錯。為什麼男人就是可以吃女人的豆腐？女人也可以吃男人的吧！你知道我的意思吧！。我只是在強調。要讓機會均等。[3]

那個時代就是這樣。在獨立精神獎的頒獎典禮上出現這樣慘不忍睹的畫面並不罕見，也沒有人會特別拿此來大做文章。在廣大社會中，亂摸、亂抓異性或是在其面前暴露，可能會引來多年的蔑視。但是在好萊塢，這仍然算是整個娛樂產業的一部分。在這個行業中，裸露算是常態，甚至還有「試鏡沙發」（casting couch）這種陪睡的潛規則，娛樂圈的界限從來都很難分辨。

這就是為什麼好萊塢可能不會是宣揚道德模範，鼓勵大家效法的好地方，也不會是除了娛樂之外，能夠作為任何一套道德規範的象徵。

在好萊塢，始終有好幾套不同的標準在同時運行。在這一行，有人因為性侵兒童而逃亡在案時還會受到稱讚，甚至被同行視為受害者，在二十一世紀，應該只有這個行業是如此。要是一個四十多歲的會計師、社工，甚至是牧師逼迫十三歲的女孩肛交，或許可以像知名導演羅曼·波蘭斯基（Roman Polanski）那樣逃過制裁。他們可能找到朋友掩護。但是在逍遙法外的期間還能夠在黃金時段上電視，並且在節目中被譽為是這一行的佼佼者，那實在是令人不可思議——即使是在天主教會也不會有這種事。但是在好萊塢，尤其是二〇〇三年奧斯卡金像獎頒獎典禮的觀眾，在聽波蘭斯基的同儕致詞時，顯然都沒有這種束縛的壓力。

那裡始終是化外之地，稍微有點與世分離，長久以來藝術和娛樂中心都是這樣，也難以從中確定什麼社會常規，尤其是像兩性關係這樣複雜的社會規範。只有在好萊塢，伍迪・艾倫（Woody Allen）這樣的著名導演才會因為被發現與養女有染而與妻子分開。但這是一個小鎮，一個企業，是在一九四〇年代培育出傳奇女星葛洛莉亞・葛拉罕（Gloria Grahame）的地方。在她的四任丈夫中，最後一任（東尼・雷）是她的第二任丈夫（尼古拉斯・雷）和他的第一任妻子所生的兒子。葛拉罕和東尼・雷暗通款曲的關係是被捉姦在床時發現的，首次曝光時葛拉罕還不到三十歲，而雷才十三歲。

就此看來，在任何時代，要求好萊塢或電影人成為道德榜樣可能都是一大錯誤。但是二〇一七年爆發的哈維・偉恩斯坦醜聞案，顯然就是抱持這樣的期待。不過特立獨行的娛樂產業總是有讓人借鏡之處。就算這不是行為典範，肯定也是一面彰顯這時代諸多困惑的鏡子，特別是關於女性可能扮演的角色——而且是每個人都知道她們可以扮演的角色，在這個看似在放蕩和謹慎之間徘徊，找不到任何平衡方式的時候。

就拿女演員茱兒・芭莉摩（Drew Barrymore）來說吧，她在一九九五年四月的《大衛深夜秀》（*David Letterman Show*）的舉動，贏得大眾喜愛：四月十二日是大衛・萊特曼的生日，那天剛好芭莉摩來上節目，她在那裡聊了很多，還提到近來喜歡上裸體舞蹈。儘管當時芭莉摩才二十歲，在訪談間卻生動扮演各個角色，從自信的性感女人到調皮的少女。

最終，芭莉摩在現場觀眾面前問萊特曼是否想要她為他跳一支舞，當作是生日禮物（觀眾頓時歡聲雷動）。沒有等他回答，她就要求現場樂隊奏樂，爬到主持人的桌子上，為年齡是她兩倍的已婚男子萊特曼跳了一支桌上豔舞。芭莉摩上下擺動，雙手高舉過頭，露出腹部，最後的高潮是她掀起短上衣，在一臉震驚的萊特曼前裸露乳房。由於角度的關係，觀眾並沒有看到裸露出來的乳房，儘管錄影機捕捉到《線上每日郵報》（*Mail Online*）在八卦欄中經常討論的側露胸。現場觀眾大呼過癮。他們很愛這個橋段，整個過程都充滿歡笑和歡呼，當芭莉摩在主持人面前掀起上衣裸露胸膛時，還有人發出讚賞聲。

之後，芭莉摩立即轉過身，揮舞著手臂，感謝觀眾的激賞，然後雙手和膝蓋跪在桌上，向萊特曼爬去，在他的臉頰上吻了一下，並輕撫一下他的後腦。當她回到座位上時，瞬間放掉這樣大膽的行為，整個人縮起來，還將雙腿盤起，放到椅子上，膝蓋縮到頭的下方，就像一個知道自己犯了大錯的小女孩一樣。

當然，我們可以說一九九五年是另一個時代。但並不是這麼回事。當芭莉摩在二〇一八年三月又來上《大衛深夜秀》時，這節目的主持人已經換成史蒂芬．荷伯（Stephen Colbert），他們再度播放當年的這段影片，還是引起觀眾熱烈歡迎。這時的芭莉摩就算沒有長智慧，也增長不少年歲，她在那裡回想起那天的舉動，那天「真的，像是，一張卡片。」她特別回想和萊特曼錄製的那集。她說：「就是在這個攝影棚裡，我對萊特曼先生做了一些特別的事。」聽眾聽到這段過往，也發出懷舊的笑聲。在幾個月前爆發並一直延燒的「#MeToo」的諸多指控中，荷伯一直嚴守分際，這時他努力喚起芭莉摩的記憶。「在他的生日，在他生日那天，」他這樣提示，那可是「轟動一時。」

芭莉摩決定來談記憶這個主題，「我那時真的是在想『怎麼會這樣？』」她說：

我有時會想。那感覺不像我。那像是遙遠的記憶，似乎不是我做的。但那就是我，而這還滿酷的。我仍然對此感到沮喪。我現在是兩個孩子的媽。我完全是那樣的，你知道的，我不知道該怎麼說。現在我是完全不同的人了，因此感覺那不像我，但我仍然像是那樣。

她所講的這一切，贏得觀眾的歡笑和掌聲，還有荷伯的鼓勵。荷伯隨後提到芭莉摩是好萊塢最早創立自己製片公司的著名女性之一。他藉著這個介紹的機會提問，就好萊塢的女性賦權和「我們現在所處的時刻」，可以從芭莉摩身上學到什麼。[4] 回頭看一九九五年的這個橋段，在當時除了好玩之外，什麼都沒有。

為什麼會這樣呢？女人在男人面前暴露自己的身體，讓男人感到不舒服，或是以「女性主義者」自居，來猥褻或騷擾男人，多年來這種舉動從未遭到刁難質疑。史蒂芬・荷伯對此也是感同身受。

二〇〇七年五月，當他採訪珍・芳達（Jane Fonda）時，他只是個剛出道的電視新秀。芳達息影多年後，重新展開自己的演藝事業，在當時熱門電影《野獸婆婆》（*Monster-in-Law*）中扮演珍妮佛・羅佩茲的婆婆。不過芳達上荷伯的節目是為了宣傳即將上映的她的另一部新片《家有辣嬤》（*Georgia Rule*）。時年六十九歲的芳達顯然很渴望向觀眾展現她還是「有性致的」。因此，在訪談時，她來了一段意圖染指主持人的表演。她所宣傳的電影其實是關於性虐待，但這似乎並沒有讓她認為現在可能不是展現性慾的好時機。

訪談一開始，她就爬上荷伯的大腿，一直坐在那兒。到了某個階段，她給他一個嘴對嘴的親吻，還跟他說她知道他在幻想她。主持人說，這並不是我所期待的訪談方式。荷伯多次試圖改變話題，甚至包括反戰的抗爭。但就算是河內也轉移不了芳達的心意，她對此無動於衷，繼續輕撫荷伯，親吻他的臉頰，然後撫摸他。她開始談論早洩。這情況一直持續下去。

當時的媒體似乎並不認為這一幕不合時宜，或是令人難堪。實際上，他們完全買單。美國的多語網路傳媒《哈芬登郵報》（*Huffington Post*）以「沒錯！珍・芳達依舊『性』致勃勃」的標題當成頭條新聞來報導這個事件。週三的《荷伯報告》（*Colbert Report*）也播出這段熱鬧——可以說是性感——的畫面，珍・芳達看似很想挑起史蒂芬・荷伯的性感區段（「是你褲襠中的性感區段很興奮，還是你只是很開心見到我？」）。《哈芬登郵報》繼續朝這方向鬼扯一番，並且附上一個聯結到他們旗下網站《沙龍》（*Salon*）的一篇貼文，他們也說「做得漂亮」，顯然「對芳達的精彩作為沒有多少指教批評」。[5] 因為在二〇〇七年，不意欲的性挑動不僅看上去熱鬧有趣，而且火辣性感，同時也是很棒的。

多年後，到二〇一四年時，荷伯大可講他當時在這整個過程中「完全不舒服」。然而，他仍按耐著性子，沒有提起這件事，也沒有將那次訪談讓他妻子大為光火的細節爆出來，傳達給他現在為數更多、歡笑和掌聲更大的觀眾群。[6] 因為在二〇一四年，不意欲的性挑動仍然很可愛。

當然，到了二〇一七年，整個局勢丕變，最初發難的是針對哈維・韋恩斯坦發起的「#MeToo」的控訴活動。在這一階段，大家似乎迅速達成共識，即對他人的任何性挑逗都是不能容忍的，而且任何理由都不能當成他們的藉口。這些新路線似乎開得很深，而且速度非常快。但是在最近這段時間，他們留下許多不愉快的事。韋恩斯坦事件後，在好萊塢乃至於廣大社會，一切與性別互動有關的舉動，在媒體上都看似極其容易、理所當然。然而，無論是在好萊塢，還是在其他地方，都不是這麼回事。

女演員馬伊姆．拜力克（Mayim Bialik）是娛樂圈少數對此略有微詞的人，她稍微批評這樣明顯畫分界限的作為。二〇一七年十月，當「#MeToo」活動爆發時，她因為之前在《紐約時報》發表一篇評論而接到不少強烈抨擊。在文中，她坦率地談到她最初入行時，她是個「長著鷹鈎鼻，看起來古怪又不討喜的十一歲猶太女孩」（這是她自己的話）。她描述過去的自己「在面對這個將女性物化來獲益的行業，一直感到不舒服。」

接著，她又提到自己年輕時何以做出「保守」選擇，並且在她移民第一代的父母的指導下，始終對業內人士保持謹慎的態度。這一點，再加上她的宗教信仰，在她自己的解釋中，是她與好萊塢女星不同的原因。

拜力克的演藝事業發展確實非比尋常。實際上，她離開演藝圈多年，去攻讀神經科學博士學位。在重返娛樂業後，參與情境喜劇《宅男行不行》（*Big Bang Theory*）的演出。二〇一七年，她說：「身為一名四十一歲的女演員，我每天仍然得做出選擇，做出我認為是在自我保護的明智選擇。我的決定是，我要把我的性生活保留給最親密的人與私密的場合。我穿著得宜。我的原則是不與男人打情罵俏。」[7]

沒想到這段話卻讓拜力克陷入某種麻煩，好萊塢的其他女星聲稱她是在「責備受害者」，尤其是她暗指女性的穿著打扮是造成男性不當行為的論調。拜力克被迫道歉，並對她文章中造成的某些詮釋表示遺憾。不過更奇怪的是，拜力克在文章中所說的與她一年前的作為完全衝突。

二〇一六年二月，拜力克參加《詹姆斯柯登深夜秀》（*The Late Late Show with James Corden*）。另外一位來賓是資深媒體人皮爾斯・摩根。在節目進行到某一階段時，柯登要求他的這位英國同鄉解釋一下，最近流行的推特標籤「乳溝門」（Cleavagegate）。摩根說，他和蘇珊・莎蘭登（Susan Sarandon）最近因為他的一則推文而陷入爭執。在最近舉行的電影演員協會頒獎典禮上，時年六十九歲的莎蘭登在主持緬懷已故傑出藝人的「致敬」段落，穿著一襲深V禮服，大刺刺地露出乳溝。摩根在社群媒體上發文抱怨，認為在向已故的朋友和同僚致敬時，穿得這樣暴露實在不得體。結果這評語引起一陣強烈反彈——摩根想必始料未及，而且引起的關注勢必讓他非常痛苦——其中一個回應是莎蘭登發給摩根的一則推文，當中是一張她穿著胸罩的照片，並指著米開朗基羅著名的大衛像上的小陽具。摩根在柯登的節目上對現場觀眾提到，他還收到上千則自稱是「女性主義者」的回應，全都向他傳送自己的乳溝照片，以表抗議。

在整個解釋過程中，身穿低胸綠色連衣裙的拜力克，一直坐在柯登和摩根之間。這時，她把手放在摩根的胳膊上，想要打斷他。「你知道嗎？我也自認是女性主義者。我也要這樣做。」然後她站起來，背向觀眾，將衣服拉開，向摩根露出乳房。頓時攝影棚裡的觀眾歡聲雷動，大力鼓掌叫好。拜力克一旁的主持人和來賓也拍手大笑。事實上，摩根看上去臉紅了，似乎有點尷尬的樣子。他再次強調他也喜歡乳溝，但他不認為在向死去的同僚致敬時應該展示乳溝，不過他確實是喜歡乳溝，這時拜力克重新站起來。「你需要再看一次嗎？」並再次拉開她的上衣（這次的時間較為短暫）。[8]

所有這些舉動都引起不可能再好的反應。不論是現場棚內的觀眾，還是在家裡觀看的，都為此喝采。在二〇一六年，暴露乳房是一種「女性主義者」的行為，特別是暴露給沒有要求要看的男人，更是一種「女性主義者」的作為。甚至對一個因為宗教和社會因素而自稱是行為「得宜」的女人，也能夠泰然自若地在沒有要求的男人面前，匆匆展現乳房，取悅整場觀眾。

這樣說，並不是指女人不應該用她們的身體來做自己想做的事情。這也不是說名人不能向人展現乳房，引起別人的笑聲或注意，或是說，向男人露乳房的女人跟向女人露鳥的男人沒兩樣。但是平心而論，女性，尤其是那些知名以及為人頌揚的女人，都在向世界散發一則令人困惑的訊息。「混淆」一詞甚至無從描述這個問題。更重要的是，就是連拜力克這樣的人，也在散發這些混淆的資訊，儘管就其他方面看來，她在這種漩渦之中算是很能把持自己。

愛你

娛樂界向全世界散發的訊息之所以可能讓人感到困惑，其中一項原因是，這產業本身也對正在發生的事情困惑不已。不過就在幾十年前，那時大家對男女關係的複雜性多少還有一些意識。一九八九年發行的《印第安納．瓊斯與最後的遠征》（*Indiana Jones and the Last Crusade*）電影，有個相當著名的場景。扮演瓊斯的哈里遜．福特（Harrison Ford）在影片開始不久，在教室裡給全班都是年輕女孩的學生上課，教授基礎考古學。班上大多數人似乎只是把他當作夢中情人一樣盯著看，其中一位打斷瓊斯講課，在一隻眼皮上寫「愛」，另一隻眼皮上寫「你」。她不斷緩慢且意有所指地向他眨眼，好讓他能夠讀到這兩個字，並且吸收其所傳達的意涵。

這一幕有兩個我們非常熟悉的迷因（meme），但直到最近，大家一直假裝沒這回事。首先，求學生涯的師生關係中可能暗藏有性活動。古希臘人知道這一點，不過那時就和現在一樣，都知道必須抵抗這種如潮水湧來的性暗示。但是這種現象還是存在。第二個主題，比較接近本章討論的重點，是掠奪性的關係，甚至可說是吸血鬼般的年輕女性要去獵捕年長、較為脆弱，甚至可能無助的男性。這在整個歷史的大部分時間都是公認的主題，而且至少在一九八九年之前也是如此。人們早就意識，不是只有男人會騷擾女性，男人也可能成為女性騷擾的對象。每個男人都知道這種事，就算他們沒有親身經歷，不過大多數男人在生命的某個時候都會遭遇。或是像芭莉摩頑皮小女孩的溫和版本，僅是傳達：「我這樣做很傻，甚至有點頑皮」的訊息。但是也有更強硬的版本：女人可以很積極地跟蹤男人，從他那裡詐取她想要的。

若這樣還不算是女人在這類行為的具體實踐，那再想一下女性服裝和配飾市場，這些商品的目的都是要在男人眼前賣弄風騷，而且是採行比過去任何時代都來得性感的方式。想想前一段時間流行的黏貼式人造乳頭。像「堅挺」（Just Nips）這類公司經常在他們的網站上展示這些物品，儘管他們主要的銷售對象是切除乳房的女性。但是在廣大的市場行銷以及公眾對此趨勢的認知中，眾所周知「露點」是挑動男性的一大利器。一九九〇年代的電視劇《慾望城市》（*Sex and the City*），有一集米蘭達在晚會上使用黏貼式乳頭，結果確實獲得她想要的關注，晚宴上的男性都忍不住看了晚禮服裡面挺出的乳頭，深受吸引地朝她而來。受到名人加持後，「露點」造型變得更具吸引力，製造商紛紛投入製造價格合理的自黏乳頭。在二〇一七年，「平價激突貼」（Just Nips for All）推出許多產品，當中有「涼感」和「略小」尺寸的人工乳頭，宣稱這對「正在下垂」的乳頭來說，是「完美的提振」。正如網站上所寫的：「當你的外觀需要增加一點什麼時，可搭配一對！涼感乳頭就是你想要的一切……還有更多！你想知道還會帶來更多什麼嗎？它們很微妙。它們很性感。它們就是這樣可愛！」

當然，這可以採用女性中心的視角來呈現。這一切都是為了讓女人對自己感覺更好：絕對與男人無關。就算沒有男人，女人仍然會穿著涼感的自黏假乳頭。不過在這類產品的行銷手法中，可以很清楚看出真正的目的和對象。在「凍結款」的這個型號中，製造商自誇：

> 這些小東西絕對比填充物便宜！要怎麼說呢……凍結款乳頭是讓乳頭堅挺的大規模毀滅性武器。厲害無比。是致命武器。無堅不摧，不論是玻璃、鋼片還是鐵氟龍，所有你想得到的，都可以切開——同時又製造話題，讓派對上的每個人在妳背後談論妳——是讚美，讓人嫉妒莫名。搭配上你最喜歡的圖形T恤，便能輕鬆打造出模特兒的那種性感動態，不過讓我們現實一點，你還是會想要搭配最緊身的毛衣，才能在這遊戲中獲得最火熱、最酷炫的外觀。[9]

確實。除了讓自我的整體感覺良好之外，女人為什麼會想要使用讓乳頭堅挺的大規模毀滅性武器呢？還有更好的原因嗎？

儘管這產品沒有引起男性多大的關注，但市場上充斥著這類產品。更常見的是托高集中的胸罩這類東西。況且，這市場的潛力無窮，正如同女性想要的也同樣沒有極限。

近年來，市場開發出「駱駝趾」造型內褲。一位女記者對此的描述是：

每個女人都會擔憂一個最大的時尚問題，就是自己的陰道不夠豐滿，不足以吸引公眾的視線。你的屁股和胸部可能都不錯……還有大腦，但要是你沒有突出的陰唇，那有什麼意義呢？但是現在有好消息了，我扁平的姐妹們。要是你曾經擔心穿短褲或瑜伽褲時，自己的陰道不夠突出，現在不用擔心了。

確實，在二〇一七年，已經開發出一款「為你的陰唇準備的托高式撐罩」。這產品推出時，有一系列的顏色可選，「看起來你的褲子正陷入你的大陰唇中」。[10]當然，還是可以聲稱這產品與男人無關，這只是女人想在家中穿睡衣或在工作時穿著寬鬆的褲子或裙子所穿的。這完全只是關於女人對自己的感覺。但是還有其他一些更為明顯的原因，可以解釋為何會有一些女性可能會想要讓褲子看起來剛好是服貼在大陰唇上。

近年來，即使稍微談到這話題的一小部分，也幾乎可以毀掉一個人的職業生涯。二〇一八年二月，加拿大作家兼精神病學家喬登・彼得森（Jordan Peterson）博士接受加拿大數位媒體《*Vice*》新聞台的傑伊・卡斯潘・康恩（Jay Caspian Kang）訪問。訪談到某個階段，康恩提出一系列的主張，但遭到彼得森反駁，表示他沒有觸及到這當中最困難的問題。比方說，他問主持人：「男人和女人可以在同一個工作場所一起工作嗎？」主持人驚訝地表示，他不覺得有問這個問題的必要，並說他確實知道答案，而且可以肯定地回答，因為「我和很多女人一起工作」。但是彼得森指出，男女一起工作的情況不過才發生四十年左右，算是現代史上相當新的事物，因此我們仍在努力建立當中的規則。「工作場所是否存在性騷擾？是。應該遏止嗎？那樣會很好。真的是這樣嗎？好吧，但目前不會，因為我們還不知道要怎樣規範。」而這裡就是彼得森進入險境之處。

「若是有個規則要求，在工作場所不準化妝，這會如何？」他如此提議。康恩開始大笑，然後回答：「為什麼要有這條規定？」彼得森反問他：「為什麼要在工作場所化妝。那不算是性挑逗嗎？」康恩不同意這樣的講法。「那麼化妝的目的是什麼？」彼得森再發問。「有些人就是想化妝。我不知道為什麼。」彼德森向他解釋，塗口紅和腮紅的目的是為了刺激性慾。更糟的是，他指出高跟鞋是加強性吸引力的工具。彼得森解釋，他絕對不是說女性在工作場所不應該穿高跟鞋或化妝。他的意思是，我們不應對她們試圖獲得的反應抱持任何幻想。這是那些會化妝和穿高跟鞋的女性在玩的遊戲。[11]在整場訪談中，康恩有時看起來很困惑，有時感到無聊，因為彼得森提出的問題簡單到難以置信，而且答案似乎顯而易見。他完全沒有嘗試與他的來賓打開的那個令人害怕的潘多拉盒子相抗衡。

也許那正是這位主持人明智的地方。畢竟，這次訪談後引起非常狂熱的回應，即使光是拿平常對彼得森訪談的標準回應來看。線上論壇充滿對此的評論，說他表示在工作場所化妝和穿高跟鞋的女性是自己要求性侵犯。部分媒體也一起跟風。這樣的時刻很有趣。因為如果有人說這樣的討論並不意味著女人不應該打扮自己，穿喜歡的衣服，但是仍然有很多人表示，這就是他們聽到（或聲稱聽到）彼得森所講的，而且他這樣說等於是在為性侵犯開脫，這顯然是嚴重的錯誤。這個事件的癥結不是關於聽錯或誤解，而是突顯大家為了避免原本必須進行的艱難討論，而刻意並懶惰地採用簡化的版本，扭曲他人的論點。

這樣的困難討論是沒有終點的。如果某個文化基於這種觀念，認為不論是遭受性侵，還是遇到不意欲的挑逗，都必需相信女性這一方的說詞，這樣一定會引起社會混亂。遇到賣弄女性特徵的女人時，應該要怎樣思考，如何應對？一邊是要人們相信女性說法，另一邊是幫助女性愚弄男人，處在這兩者之間，又要如何調和呢？或是採取更積極的做法，直接吸引人們的眼光呢？畢竟，那些針對女性推出的「今夏轉頭」廣告的目標是什麼呢？是讓她們轉動誰的頭？難道是為了吸引購買相同衣服或比基尼的一個隨意經過的女人嗎？還是男人？

讓他流口水

針對女性的行銷手法，透露出很多女性的實際購買動機，真正驅動她們的是，她們認為男人沒有在看。回想一下，女性雜誌無數的廣告和文章，多數是專門針對「讓他流口水」的主題所設計的。如果針對男性的汽車廣告或刮鬍刀產品推出類似的主題，暗示購買這些產品會讓女性流口水，這不僅會受到譴責，而且很可能根本無法吸引男性客戶。要了解這層關係，谷歌一下就會了解。輸入「讓他流口水」，會搜尋到大量的相關文章、廣告和線上討論。相比之下，「讓她流口水」這一字串，找到的多數文章則涵蓋許多主題，從如何避免在睡覺時流口水，到解釋為什麼有些貓從嘴巴裡滴出水。

這一切意味著，我們的社會似乎進入到發揮整個產業實力來否認的階段。我們決定忘記或刪除前天才看到的內容，儘管那時都認為是沒問題的。而且我們似乎已決定可以將實際存在於人際相處的個體複雜性推到一邊不管，只要假設已經克服所有複雜性即可，不管這些問題不僅介於男女之間，也會出現在男人群體和女人群體。

又或者，也許這裝出來的一切，實際上是建立在一個大到不可思議的地雷上。畢竟，當男人想要弄清楚今日的女人到底想要什麼時，要是帶著困惑陷入這個困境，是可以原諒的。一個試著了解異性的年輕人，現在必需面對一個世界，這世界告訴他，必須在學校修習「知情同意」的課程，認識那些區分是否構成不當行為的種種精確的規則。然而，當他上網，或是到當地的書店（如果還有的話），會發現最近賣給女性（包括他母親那個年齡層）的書中，銷售最好的都是以女性被迫性交的幻想故事為主題。這些難以討論或是理解的幻想，竟是如此的開誠布公，大受市場歡迎，甚至將這類書籍改編成電影，在電影院放映，至今賺到的毛利約五億美元。難道會是一群男人跑去電影院看克里斯汀．格雷（Christian Grey）把他的女友綁起來做愛，然後經由她得到救贖的故事嗎？還是說，這部電影的觀眾群以女性居多？

妮姬．米娜（Nicki Minaj）的一首歌，可能無意間總結當前我們所處的這種深層困惑。這首歌的歌名是「大蟒蛇」（Anaconda），是在二〇一四年發行。還沒看過這段MV的人都應該加入超過億萬人的行列，到網路上看看這影片。若是說米娜的這支MV是色情的，那等於是在說她的歌詞平庸無奇。這首歌以「我的蟒蛇才不屑，我的蟒蛇才不屑，我的蟒蛇才不屑，除非你有大肉包」開始。任何不知道她的「大肉包」是指什麼的人，只要看了MV就會明白，這段影片的前三分鐘幾乎只有身穿比基尼的妮姬．米娜，在叢林布景中對著攝影機擺動屁股。有時還穿插一群和她穿著相似衣服的女人，也為觀眾扭動屁股。不斷地搖擺著。若是有人看不出個所以然，下一段歌詞提供了答案：

哦！我的天哪！看看她的屁股！

哦！我的天哪！看看她的屁股！

哦！我的天哪！看看她的屁股！

（看看她的屁股）

快看、快看、快看

快看她的屁股。

除了搖擺她的屁股，和女伴們一起搖擺屁股，以及不時還彼此玩弄屁股之外，在影片的前三分鐘，唯一發生的其他事情是妮姬．米娜充滿暗示地吃下一根香蕉，然後拿起一罐鮮奶油，擠在她的乳溝間，用手指塗抹在乳房上，然後以顯然無法解釋的方式，抹起這些鮮奶油來吃。

不過這不是「大蟒蛇」音樂片最重要的部分。在流行音樂的影片世界中，女星打扮得像脫衣舞孃一樣跳舞，完全是正常和平庸的影像。這段影片重要的部分是在最後的一分鐘半，米娜在一個昏暗的房間裡爬行。她朝著一個坐在椅子上體格健美的年輕人爬過去。搭配這段場景的歌詞是「耶！這歌獻給那群在夜店搖擺肥臀的母狗／我說，我在夜店的肥臀們，來給我報個數。」身上只穿著胸罩，和一雙有破洞的蕾絲緊身褲，繞著這男人走動。她抬起腿來，放在男人的肩膀上。整個人靠在他面前，將她著名的屁股推向他的臉，然後上下擺動。她採用鋼管舞者的姿勢，在他面前上下滑動。而在這整段過程中，他就像一個艷舞俱樂部中的乖巧顧客，在那裡坐著，欣賞一段表演。在她的臀部對他的臉擺動無數次後，他顯然變得了無性致。最終，用一隻手擦了擦嘴後，他猶豫一下，然後將另一隻手輕輕擺在她的臀部上。影片到此結束。和音發出「嘿」的聲音，米娜把他的手打掉，揚長而去，還往後甩了甩頭髮。在她走到出口時，坐在椅子上的男子整個人往前傾，將臉埋在手中，顯然是對他那不可原諒的行為感到懊悔。

在這裡，妮姬．米娜的舉動所造成的困惑，代表著我們文化中許多類似的狀況。當中包含一項無法解決的挑戰和達不成的要求。這項要求是，女人得以在任何一個她喜歡的男人面前大跳艷舞，扭腰擺臀。她可以讓他流口水。但是，如果那個男人膽敢伸出一隻手摸她，那她可以立刻改變遊戲規則。她可以在一瞬間從脫衣舞孃轉變成嚴肅的母親。她可以從「看著我的屁股，在你的臉前擺動著」，變成「你怎麼敢摸我這個一直在你面前搖擺的屁股」。而且，男人必須學到這是他的錯。這裡要求的到底是什麼？這項難以做到的要求，如今已寫入當代道德規範中，必須讓女人隨心所欲地展現肉體和賣弄性感，但並不意味著她可以成為性慾的對象。性感，但不性化。

這是不可能的要求。不僅不合理，而且對男人來說，是個很讓人錯亂的要求。但是沒人願意去深入探討，因為探索這問題，將會揭露一個充滿無法補救、無法解決的複雜世界。

相同或更好？

相信女人有可能達到性感但不會被性化，這是我們所處困境中的一項矛盾。此外還有很多其他的矛盾。例如，有人堅持女人在各種意義上都與男人完全相同，具有相同的特徵和能力，並能夠隨時隨地挑戰他們。然而，很神奇的是，她們同時又比男人更好。或者在某些特定的層面上比他們優秀。所有這些主張，儘管相互矛盾，卻似乎完全可以並存在同一腦袋。因此，當前公認對待女性的方式是：與男性相同，不過在派上用場時或要恭維奉承時，則要強調男女不相同。

克里斯汀・拉加德（Christine Lagarde）就是經常展現這種悖論的例子，過去十年來，她大部分的時間都擔任國際貨幣基金組織（IMF）主席。二〇一八年金融危機滿十年之際，拉加德在國際貨幣基金組織的網站上發表一篇文章，提到從二〇〇八年金融危機中獲取的經驗教訓，並反思十年來已解決和未解決的問題。拉加德也藉機提到，讓更多女性加入銀行和機構中的金融監管董事會的必要性。她還利用這次機會重複過去十年她最喜歡，也最常說的口頭禪。她寫道：「正如我之前多次提過的，如果是雷曼姐妹而不是雷曼兄弟的話，那麼今天的世界看起來可能會大不相同。」[12]這話不僅是重申二〇〇八年事件中集體思維的問題，拉加德還提出一個更重要的觀點：不僅只有金融機構需要加入女性。這一點幾乎沒有人會表示懷疑。她主張，要是女性在整個職場上位居更重要的位置（更好是位居領導地位），那麼結果將有所不同。拉加德並不是唯一提出這類主張的人。實際上，在金融危機後的十年，類似的說法一直以不同的論調複誦著。而且，不僅聚焦在金融界，也擴及公共生活的其他領域。

金融危機發生後不久，電視節目主持人弗恩・布里頓（Fern Britton）應邀參加BBC的主要政論節目《提問時間》（*Question Time*），在評論這場危機時獲得觀眾的熱烈掌聲，她說：「看來有不少男人都在從事理財工作，而且他們弄得一團糟。如果當時有些女性在那裡，以舊式管理家計的方式工作，這些傳統上她們都很在行的，那就會確保有把電費、瓦斯、煤氣、電話和食物的錢留下來。女人不會暗槓這筆錢，也不會把錢拿去賭，全都押在一隻馬，看看下週是否會把錢賺回來。」[13]二〇一〇到二〇一五年英國的執政方式為聯合政府，擔任女性及平等權益的自由民主黨人琳恩・費瑟斯通（Lynne Featherstone）部長也大力鼓吹這一論調。在二〇一一年的黨代表大會上，她指責男人對世界經濟做出「可怕決定」，並說男人是使「世界陷入當前困境」的主因。

這便是當前社會上女性相對於男性地位的假設的第一個難題。女人和男人完全一樣，有能力，有才幹，能夠勝任相同的任務，而且還能做得更好。確切來講，這到底是怎麼樣的情況，實在很難定義，因為這番話根本沒有經過深思熟慮。儘管如此，我們還是決定將這種有欠思量的想法盡可能納入到我們社會中。

認真女人

今天在倫敦金融城的天氣相當宜人，在泰晤士河南岸的一家高檔酒店裡，聚集四百多名非常精明的女人。應該在此特別說明，她們在生活中的各個層面都很精明。與會的人不僅是企業領導人，來自她們所從事的行業的最高層，而且不論何時門打開，進門的人都讓我們覺得自己好像身處時裝秀。高跟鞋、輕薄的圍巾、國際商務精英的幹練套裝：沒有人——絕對沒有一個人——會丟這陣營的臉。問題是從一開始，顯然就有一個地方出錯了。

「認真女人」（Women Mean Business）這個會議是由《每日電訊報》（*The Daily Telegraph*）舉

辦，主要的贊助商有國民西敏寺銀行（NatWest）和英國電信（BT）。這天，女性及平等權益大臣親自主持這場大會的開幕，之後便展開一場專題討論，主題是「職場需要如何開始支持女性工作」。會場上聚集許多享譽盛名的商業界成功女性，以及幾位全國知名的女性廣播主持人。國民西敏寺銀行的「企業負責人」與下議院的第一位女性議會警衛官進行一段「爐邊談話」。然後是更多的專題討論，如「真正阻礙女性成功的是什麼」、「縮小性別差距」、「男性主導的投資世界中，女性處於劣勢嗎」，也有觸及人類這物種中雄性那一半的專題討論，標題則是「『#MenToo』：男人身為女性盟友的關鍵角色」。

由於這一場大會本來就是以女性為主，而且會議廳中絕大多數的與會者也是女性，因此不可避免地會把焦點放在女性身上。同樣不可避免的是，許多討論都圍繞在職場女性的問題，包括育兒問題。但是在會議廳中，也散發著一股獨特的結盟氛圍。受到擁戴的人組成聯盟。每當有人想引起聽眾的點頭或掌聲，會特別強調我們有多麼需要「自信的女人」。要讓整間會議廳歡聲雷動的最佳方法，就是講一個牽扯到「阿爾法男」（alpha male）不良行為的故事。「阿爾法男」的行為有很多，比方說以大量言談來達到支配目的。會議廳裡似乎達成明確的共識，即儘管這世界非常需要「自信的女人」，但也需要「少一點自信的男人」。彷彿是在說，透過這樣一長一消的方式，兩性可能會在中間某個地方相遇。

還有另一種保證會贏得觀眾喝采的方法，那就是站在台上的女性要表現出擔憂、緊張或是出現「冒名頂替症候群」的感覺。有一位從事新創事業的年輕女性，看上去精明幹練，讓人留下深刻印象，而她的發言也對這樣氣氛的營造有所貢獻。她說她很緊張，覺得自己不應該出現在這間擠滿成就卓著的傑出女性的會議廳。這時觀眾衷心鼓掌，慶賀她的勇敢。女人需要有自信。但是這場面看起來，要讓其他女性站在自己這一邊，一個好的策略是表現出自己完全沒有信心。就像擔心自己會成為箭靶，有可能遭到其他女性擊落。在問答時段，一位與會者提出問題，詢問會場中是否有人覺得在職場上面臨的最大挑戰其實是其他女性。這位發言的女性並沒有透露自己的姓名身分。

當天我是少數應邀發言的男性之一，我參加的那個專題小組的主題是「聚焦在推動女性地位的活動是否會讓男人退縮？」我們的主席是《每日電訊報》的記者，小組的其他成員有在國會領導女性支持團體的國會議員克雷格．特雷西（Craig Tracey）、《每日電訊報》的女性「首席人資官」，和摩根大通（J. P. Morgan）的「英國女性客戶策略主席」。這間會議室中所凝聚的共識基本上與所有公開討論的共識相同，而且顯然有必要加以打破，避免事態惡化。

最驚人的一點是，在「權力」議題上的探討出現各式各樣的困惑。到目前為止，所有討論都基於一個假設，即在工作場所和其他地方，幾乎所有的關係都圍繞在權力的行使。這些女性在有意無意間吸收了傅柯的世界觀，認為權力是最重要的一面稜鏡，要透過它才能理解人際關係。令人震驚的不僅是每個人都在這方面誇誇其談，而且這些女性只專注在一種權力。這種權力自古以來是把持在年長富裕的人手上，而且總是白人。這就是為什麼對「阿爾法男」行徑的嘲笑和譴責，能夠引起共鳴。要是能夠透過某種偉大的社會正義融合工具，將阿爾法和男性特質都從這些人身上壓榨出來，那麼提取出來的權力，便可能被像今天會場上的女性所吸收。這將用來滋養和培育那些應當得到更多權力的人身上。

這裡是深水區。不過我在發言時，還是提出在會場上的對談可能因為誤解而有所侷限。雖然不應該，但若是我們承認權力（而不是其他，例如愛）是指導人類事務最重要的力量，可是為什麼我們只關注一種類型的權力呢？當然，男人可以掌握某些類型的權力，例如有時強壓女性加以強暴。然後有另一種權力，把持在一些年長，通常是白人的男性手上，讓他們得以掌控較不成功的人，包括那些較不成功的女性。但是這個世界還有其他類型的權力，歷史悠久的白人權力並不是唯一來源。難道沒有一種權力是僅有女性才能行使的嗎？「好比說什麼？」有人問。既然都深入到這個地步，只有繼續往更深處探尋，這一切才有意義。

在僅有女性能夠行使的權力中，最明顯的是這一點：女人——不是所有女人，而是很多女人——都具有男人沒有的能力。這是一種把人類這物種中的異性成員逼到快發瘋的能力。使他們心思混亂。不僅是要摧毀他們，而是要讓他們自我毀滅。這是一種力量，讓十幾或二十幾歲的年輕女性足以折磨一個掌握一切，達到事業高峰的男人，使他表現得像個傻瓜，甚至在片刻之內徹底毀了他的生活，幾乎什麼都不剩。

在會場上聽到一位有魅力的年輕女性正在新創事業，她說過去好幾次在尋找資金時，曾經從潛在的投資人那裡獲得一些不當的墊款。當時會場發出一陣可以理解的噓聲。因為那確實是權力的濫用。但是在這種噓聲之下，有一種心照不宣的認知和虛偽。大廳中的每個人（包括發出噓聲的）真的能夠確定這位女性沒有發揮她的某種力量嗎？她們是否可以確定，要不是她看起來像國際名模那樣美艷，而是像《星際大戰》中的鼻涕蟲外星人賈巴人赫特，她（即使同樣精明幹練）還能募集到同樣多的資金嗎？又或者是一個外表笨拙的白人男性，他能夠做到像她一樣的事嗎？若是說，即使是在不久的未來，像她這樣的人也可能不會處於完全不利的處境，當然這樣講並不是要詆毀我們現在所講的這位女性的能力（也沒有要放過任何舉止不當的男人）。研究不斷顯示，在其他條件皆相同的情況下，具有吸引力的人，在他們所選擇的職業中，會比那些較不具吸引力的人，要爬得更高。年輕貌美再加上女性氣質，這樣的一手好牌是可以忽略不計嗎？難道在她的投資者中，沒有一兩個甚至更多人曾經動念過，即使他們之間什麼也不會發生，甚至根本不該發生，但至少投資者的心情在與她會面時應當會比去見一個老邁的白男更加充滿期待？難道這不是一種權力嗎？儘管要去承認這點不是很好受。這樣一種權力，目前不是遭到否認，就是排除在當前公開討論的領域之外，默默為人所利用，但這依舊要算是存在於這個世界的一種權力，不是嗎？

這個觀點在這間會議室裡不會受到熱情歡迎，也絕不是與會者想要聽到的。在得以繼續進行我下一個不受歡迎的話題前，《每日電訊報》的首席人資官決定親自下場，引領我們進入這個話題。工作場所的不當行為是主要的重點，許多女性都有親身遭遇，早就有流傳很多可怕故事。會場上的許多女性，無疑也都有類似的經驗。不過，現在卻建議兩性關係的問題實際上是件非常簡單的事。尤其是在「#MeToo」運動後，一切都變得明朗起來。男人需要意識到有適當與不當行為的分際。而且儘管對這兩大類行為範圍的認識在相對晚近才又再次變化，但目前的氛圍似乎意味著，這些道德規範在某種意義上與時間無關，而且是理所當然。

我的疑問是，曾在辦公室工作過的人都知道，這沒有那麼簡單。「可以邀同事出去喝杯咖啡嗎？」我大聲提問。這似乎是一個踩線的狀況。如果不止一次找去喝咖啡，這顯然是個問題。有人建議：「男人必須學會不要的意思就是不要。」還有人建議，「不要做任何你不會在你母親面前做的事」，建議以此當成是道德規範的基礎——忽略了成年人的生活中還是有很多完全合法、大家都可接受而且非常愉快的行為，但都不會在母親面前做。我這樣講是在雞蛋裡挑骨頭。首席人資官再次重申，這實際上並沒有那麼困難。

但這就是真的很困難，不是嗎？而且就像會場中的每個女人（以及外面絕大多數的女人）都知道的，實際上確實如此。比方說，她們知道有相當多的男女是在工作場所結識未來的生活伴侶。即使網路對約會生活造成很大的變化，但就算是最近幾年的研究，大多數也顯示，約有一〇%到二〇%的人仍是在工作地點遇到自己的伴侶。就拿會場裡的成功人士來說，她們是那種在工作與生活的天平上比較偏愛工作的人，因此與同事相處的時間將會遠高於社交活動。那麼，將尋找潛在的生活伴侶的重要來源封鎖起來，是明智的嗎？或是說，將其限制在工作單位的首席人事官所允許的微小可能內？要這樣做必須得滿足以下條件：每個男人在工作生涯中都有機會僅追求一個女人。而且只能邀約那個女人一次出去喝咖啡或飲料。而且這唯一的行動必須部署到位，要達到一〇〇%絕對準確度。這在處理男女關係上是明智、合理或人道的嗎？當然，會場上大多數人都對這建議嗤之以鼻。因為這很可笑。這是荒唐的。但這也成了現代工作場所的法律。

《彭博社》（*Bloomberg*）於二〇一八年十二月發表一項檢視金融界高層人物態度的調查，那裡不可否認是男性主導的部門，除了支援服務部門外，幾乎每個主要領域都以男性佔多數。[14]結果，高層人士的態度相當令人震驚。在接受採訪的三十多位金融界男性高級主管中，他們承認不願意再與女同事共進晚餐。他們搭飛機時還拒絕坐在她們旁邊。他們堅持要求在訂旅館時，房間不要與女同事在同一樓層，並避免與女性進行一對一單獨會面。[15]

如果這個調查真的代表男人在工作場所的態度，難道不是意味著這種辦公室禮節既不真誠，也沒有那麼理所當然、顯而易見。那些聲稱已經建立好的規則，其實才剛剛出現。那些被視為普遍的規範，成型時間也不久。那篇《彭博社》報告的意涵，不是說男人不相信自己（儘管他們可能真的不信任），而是他們不信任那些提出主張者的誠信，包括那些和男同事單獨相處的女性。要是工作場所的禮儀規範真的那麼容易制定，卻發現後面竟是這麼曲折複雜，實在讓人吃驚。

再回到倫敦這場大會，當天最驚人的是整場討論最終的方式，那是直到最近都僅有在文科學院才會討論的主題。在「認真女人」的大會上，不可避免地以「特權」的討論作結。誰擁有特權？誰應該擁有特權？又該如何公平分配？

不論何時提出這種討論——這在今天變得非常普遍——總有許多詭異之處，當中特別奇怪的便是對於特權的定義，這竟然不可思議的困難，而且幾乎不可能將其量化。一個人可能因為繼承財產而有「特權」，但對另一個人來說，同樣的特權可能是一種詛咒，在年幼時就給他們太多，讓他們失去開創世界的動機。一個繼承財富但天生殘疾的人，是否比沒有繼承任何財富但身體健全的人享有更多特權？還是更少？誰可以評斷這問題？我們會相信誰對這些問題的評斷？而且整理出來的種種階層真得夠靈活嗎？有辦法納入所有人，同時兼顧人類生活中各個層面發生的變化，有時是變得更好，有時則變壞？

另一個與特權相關的問題是，儘管我們可以看到他人享有特權，但我們可能無法或不願意看出我們自身享有的。隨便想一下，這間會議室中的女性都是整個人群中的佼佼者，不僅相對於過去的人，在她們自己的國家、城市和社群中，也是如此。她們的薪資高、人脈廣，而且平均起來，每個月能得到的機會都比大多數白人男性的整個職業人生還要多。然而，她們還是不斷拿特權這個議題出來講，因為大家都假設這是別人才擁有的東西。

無意識偏見訓練與交叉性

這一切不可避免地，而且正確無誤地，將我們帶到永無止境的分層和演繹過程的最終目的地，見識到「交叉性」的重要性。《每日電訊報》的首席人資官在我之前，就將大家帶到那裡。她強調，考量這一切彼此重疊與相交的地方很重要。因為我們應當記得，在階級制度中，需要賦權並獲得支援的，並不僅是女性而已，其他遭到邊緣化的群體也應獲得幫助。有一位聽眾提醒這個小組，有些人是難民，不要讓他們的聲音消失在這當中也很重要。這可以無邊無境地擴散出去。還有殘疾的人，還有憂鬱的人，並非每個人都生來美麗。還有些人是同性戀。諸如此類。

來自摩根大通的女士表示，這正是她的公司強制執行「無意識偏見訓練」的原因。目前對這項訓練的普遍共識是應該要加以大幅推廣。人的大腦聯結非常緊密，有時我們甚至不知道自己的認知偏差和偏見，這些可能在大腦沒運作時的休眠狀態才會浮現。這些根深蒂固的偏見可能導致我們偏愛男性而不是女性（或是相反過來），或者喜愛一種膚色的人勝過另一種。有些人可能由於宗教信仰或性別而不願意聘用某些人。因此，摩根大通以及越來越多銀行、金融機構，以及其他私人和上市公司，都提供無意識偏見訓練，藉以改變我們的態度，並讓那些受偏見宰制的人改變心態，加以清理與修正。

這場討論還有另一個令人費解的怪異之處，《每日電訊報》的讀者肯定會很討厭。在英國，《每日電訊報》向來被視為保守右派的報紙。可以肯定地說，它的讀者對變革的支持遠不及對保持事物不變的支持，而無意識偏見訓練勢必是動搖處於不變狀態的利器。這就是重點所在。其目的是要改變一切，而且它不僅在保守派的報紙、華爾街和倫敦金融城的領先企業中佔據中心地位，即使政府的核心也是如此。二〇一六年，美國政府的人事管理辦公室宣布計畫，要對所有員工進行無意識偏見訓練。這涉及二八〇萬員工。[16] 英國政府也已承諾，要在全國採取類似的無意識偏見訓練和「多樣性訓練」。

這些方案的內容略有差異，但全都是以哈佛大學發展出的ＩＡＴ，即「內隱聯結測驗」（Implicit Association Test）為準則。自從一九九八年將其放在網路上後，已經有超過三千萬人在哈佛大學的網站上做過測試，判定他們是否帶有無意識偏見。[17] ＩＡＴ試圖找出個人會認為誰屬於「群體內」，以及誰可能在「群體外」。這項測驗在學術論文中被引用上千次，無疑是當今無意識偏見衡量標準中最有影響力的測驗。

這項測驗還催生出整個相關產業。二〇一五年，倫敦皇家藝術協會宣布，將對任職於他們選拔和任用小組的人員進行這方面的訓練，處理這些無意識偏見。在這協會發布的一支影片中，解釋了訓練的方式。當中主要提倡四項主要舉措：刻意放慢決策速度；重新考慮做出決定的原因；叩問是否帶有文化偏見，以及互相監視彼此的無意識偏見。這些都預設許多特定的結果。例如，一旦有人質疑這決定是來自文化的刻板印象，那是否允許他們繼續抱持這樣的觀點？恐怕不會。要是互相監視的人都沒有發現無意識偏見，那這算是失敗還是成功？是標誌著大家達到無法想像的美德境界，還是意味著沒有人能夠確認出問題所在？又或者是每個人都在放水作弊？談論要應用無意識偏見訓練來「質疑」事物時，這似乎並不意味著要去「質疑」別人，而是要去「改變」他們。

曾經面試大量求職者的人都知道，「第一印象」在過程中非常重要。「你永遠沒有第二次機會留下第一印象」，這類浮誇銘言之所以四處流傳，正是因為普遍認為這是正確的。這不僅是關於人的外表、衣著，或握手時是否誠懇堅毅。這是一個人散發出來的一整套信號和印象，而我們對這些反應確實涉及偏見和迅速做決定，但並非所有都不好。

例如，大多數人對眼睛快速移動、眼神飄移，或眼球亂轉的人會產生偏見。這能假定成「偏見」嗎？還是可以合理地說，這是基於演化本能建立起來的判斷，嘗試去克服它，可能不是明智之舉。再舉一個更具體的例子，當一個小企業主在面試一位三十多歲的女性，推測這名女性可能在未來幾年內會懷孕，對此應該要做何感想？顯然，就業法會阻止面試官探究求職者的這些問題。但可以說，雇主對這類應徵者確實抱持一種本能的偏見。法律可能希望改變這一點，但是小企業主對於雇用一名可能在短暫工作後就要休產假的女性懷有偏見，並不是完全不合理，因為公司得負擔她的產假工資，而且她可能不會復職。

接受偏見測試可能會根除對某些背景的人、有權勢的女性，或其他人士所抱持的根深蒂固的不信任感，但也可能讓人不再信任自己的本能。本能會導致人朝錯誤的方向走去，然而這也是唯一能看出這些問題的能力。

而且，每一天的感覺可能都不同，做過IAT的人已經發現這一點。確實，對隱性偏見（implicit bias）概念的批評就是在此，即使是發展這套成為基準的哈佛測驗的研究者，對此也表示擔憂，擔心他們的研究會遭到濫用。自從企業界、政府，學術界，以及其他地方採用這套測驗以來，研發這套哈佛IAT的三人中，有兩位公開承認，這項測試無法以足夠的準確性完成其聲稱的目標。其中一位是維吉尼亞大學的布萊恩・諾塞克（Brian Nosek），他曾公開表示，大家誤解這項測驗衡量結果的意義。他明言，他的研究遭到「錯誤的解釋」。要證明個人的偏見，他說：「這當中是有某些一致性，但不是高度的一致性。我們的心智並沒有處於那麼穩定的狀態。」[18] 而且，有越來越多的證據顯示，這在實務中根本沒有用。例如，在徵才委員會中增加女性的人數並不會增加女性獲得工作的機會。[19]

一個尚未經過充分研究的系統，就這樣推廣到政府和企業。所產生的效應會是良性的嗎？唯一的成本只是招募專家指導大家，進入這個尚未成熟的學科所產生的巨額花費嗎？還是這樣一個試圖重新架構每位政府雇員和企業人士大腦的工程，會造成目前還沒人敢去想像的後果？天知道。

但是，若說隱性偏見訓練看起來像是將半套理論轉化為全套的商業計畫，其背後所依據的教條更是超越這層級。在「認真女人」大會上，《每日電訊報》的首席人資官不僅忙著跟企業強調採用交叉方法的重要性，也將推動到整個社會。這是因應聽眾中有女性表示，應該將少數族裔、難民和尋求庇護者，放在這份受壓迫的清單，這些群體應該分到一些從權力人士身上擠出來的力量。

或許從一開始就應該說明一點，儘管交叉性，就像「偏見訓練」那一套，以完全成熟的科學之姿來呈現，但實際上卻遠非如此。它的始作俑者是以貝爾・胡克斯（bell hooks）為筆名的格洛麗亞・讓・沃特金斯（Gloria Jean Watkins）和佩吉・麥金托什（Peggy McIntosh）等女性主義作家和學者，她們斷言在西方民主國家有一系列在結構上受壓迫的群體，諸如女性、少數族裔、性少數群體，他們都處在「壓迫矩陣」（matrix of oppression）。交叉主義者基於此所大力疾呼的，並不是要在學術界建立一學門，而是一套政治計畫。他們將這些群體的一項利益描繪成是所有群體的共同利益和關注。若是將他們團結起來，對抗那些位在金字塔頂端，據稱大權在握的共同敵人，那將會有好事發生。若說交叉性的論述沒有經過深思熟慮，是太過低估了。連同其他的缺陷，這套概念從未在任何地方以任何有意義的方式，經過任何有意義的時間來進行測試。它的哲學基礎極為薄弱，而且沒有專門對此進行的思想研究著作。關於這一點，可能有人會說，有很多事情都沒有嘗試過，而且背後也沒有完整的思想結構。但是在這種情況下，若試圖在整個社會，包括每個教育機構和所有的商業營利場所推廣這樣的概念，通常會被認為是太過莽撞。即使不是不智之舉。

儘管現在有許多位居要職的高薪人士都支持這種理論，但這種「交叉性」到底在哪裡會發揮效用呢？又要怎麼達成？光是在「認真女人」大會上，就可以看到所造成的無法解決的難題。會場上所有女性都受惠於她們的職業發展，當中許多人幾乎已經到達頂端。她們當中哪一位會願意把這個位置讓給不同膚色、性傾向，或不同階層的人？又是何時做？如何做呢？有誰，又是在何時，能夠透過什麼方法辨別出那些在特權位階上高於他們的人，若是將他們往下拉一階，並敦促另一個人上前，這樣會讓他們過得比原本的生活更輕鬆嗎？

近年來，交叉性大行其道，各個試圖加以落實的工作場所都製造許多光怪陸離的難題。他們發現的時序有時不會相同，但遲早會發現這樣的事。在所有主要城市的公司行號，早就出現一股協調好的驅動力，準備提拔女性或有色人種到更高的職位。但是，隨著越來越多的公司和政府部門得考慮不同性別和種族背景人士的薪資差異，又出現耐人尋味的新問題。在英國，凡是員工超過二五〇人的單位，都必須公開其公司男女之間的平均薪資差異。在二〇一八年，國會議員還提案建議，只要超過五十名員工的公司都必須提供這類資訊。[20] 這意味著，必須創建一整套官僚機構來處理由此衍生的新問題。

下面例子鮮活地說明這個問題，不過當事人的身分，我得保密。我在英國認識一個人，最近在一家大公司找到工作。公司給的薪水很高。上班不久後，這個人的上司提出一個尷尬的要求。問他是否願意接受比以前更高的薪水？這間公司快要製作他們的年度財報，正在努力製作無數張圖表和細項，試圖達成他們的種族和性別配額。但這間公司很沮喪地發現，在主流與少數族裔的工資還存在很大「差距」。這個人會介意大幅提高自己的薪水，幫公司縮小工資差距，達成年度目標嗎？這位員工睿智又通情達理，欣然同意接受更高的薪水，幫助其雇主擺脫棘手的局面。

在說明人們對配額制有多麼偏執時，這可能是個荒謬的例子。但是一家又一家的公司，傳出類似的例子，只是沒那麼誇張而已。舉個例來說，每一家在努力提升有色人種、女性或性少數群體比例的公司，遲早都會遇到一個時刻，發現他們晉升的人其實原本就可能享有相對多的特權。許多（儘管不是全部）情況下，他們已經受惠於這套體制。可能是來自富裕家庭的女性，她們接受過私人教育並進入最好的大學。她們還需要有人幫襯提拔嗎？或許吧，但這又會折損誰的利益呢？

同樣還發現另一個現象，在第一波為了提高辦公室環境「多樣性」而雇用的弱勢性別和少數族裔員工中，這些受惠於「積極歧視」（positive discrimination）的男男女女，並非來自社會上最受剝削的那個群體。類似的現象也發生在政黨。當英國保守黨試圖增加黨內的少數族裔人數時，最後招募到的是一些非常有才華的人。其中至少包括一位唸過伊頓公學（Eton College）的黑人國會議員，而另一位的叔叔是奈及利亞的副總統。至於工黨，他們推出的國會議員女性候選人的姑姑是孟加拉的總理。

政治圈如此，私部門與各家公司亦然。快速提高員工背景多樣性，可能只是拉拔那些本來就離目的地最近的一群人。通常，這些人早就是他們自己那個群體中最有特權的。歐美各地採用這種人事招聘原則的公司，開始浮現類似的傳聞，儘管目前都只是低聲耳語的階段。在這類公司工作的人，逐漸意識到這一切都是有代價的。事實是，儘管他們的公司設法增加女性和少數族裔的流動性，但他們所屬的階級的流動性，卻降到歷史新低。他們所做的只是建立一個新的階級結構。

階級結構不是靜態的。在過去不是如此，將來也不太可能保持不變。就其本身而言，交叉性、無意識偏見訓練等計畫的支持者，確實取得非凡的進展。而且這些想法就這樣順暢地直入企業界，這顯示那裡早就建立一套新型的階級結構。而這個結構，就像所有階級結構，有壓迫的階層，也有受壓迫的階層。當中有追求道德的人，也有專職人員（首席人資官）去啟發那些沒什麼道德感的人。目前看來，這批新的神職般的人員混得相當不錯，繼續解釋他們如何看待世界運作的方式。

不過，真正沉重的問題不只是將這些沒有經過深思熟慮，或成功案例的理論納入機構的運作。更麻煩的是，這些新系統繼續建立在我們尚未了解的群體身分上。這些系統建立在尚未達成共識的基礎上，比方說整個性別關係問題，以及之前提到的「女性主義者」議題。

當前的女性主義浪潮

在某種程度，這種混淆是由於第一波和第二波女性主義獲得巨大成功，而之後好幾波則是因為嚴重的「退休人員羅患的聖喬治綜合症候群」引起的。

要確定女性主義浪潮確切發生的時間點異常複雜，因為這股浪潮是在不同時間發生在不同地方。不過，一般普遍認為，女性主義的第一波浪潮始於十八世紀，並且一直持續到女性獲得選舉權，甚至有人一路算到一九六〇年代為止。第一波女性主義的野心是確切的，其主張是深刻的。從瑪麗・沃爾斯通克拉夫特（Mary Wollstonecraft）到女性選舉權運動，爭取的是男女平等的法定權利。她們要的不是不同的權利，而是平等的權利。投票權就是一個明顯的例子。另外還有離婚請願，享有平等的子女監護權以及平等的財產繼承權。爭取這些權利的過程相當漫長，不過最終都一一實現。

而在一九六〇年代展開的那波女性主義浪潮，則是要解決基本權利中尚未完善的優先項目。諸如女性有權追求自己的職業生涯，有權獲得實現這些目標的支持。在美國，貝蒂・弗里丹（Betty Friedan）和她的盟友不僅捍衛女性的受教權，還為職業婦女爭取到產假和育兒補助。這些女性主義者也爭取關於避孕和墮胎的生殖權，以維護已婚和未婚女性的安全。這些女性主義者的目的是要幫助女性，在生活和職場上達到與男性平等的程度。

過去幾個世紀，女權運動已經進行兩三波（取決於你所觀察的地方以及定義），到一九八〇年代，女權運動因為對於特定議題抱持不同觀點而出現分裂，諸如女性主義者應該如何看待色情。這些人通常被稱為第三波女性主義者，就跟二〇一〇年代迅速跟隨在後的第四波一樣，行文用字的風格相當驚人。爭取男女平等的重大抗爭成功後，一般會預料女性主義者將會處理尚存的問題，而女權史無前例的高漲，應當會讓他們的言論風格不再這麼高亢苛刻。

但完全不是這麼回事。列車進站後，如果還有什麼振奮人心，讓人繼續沿著軌道前行的，就是近幾十年來的女性主義。從一九七〇年代開始，女性主義陣營納入一個帶有幾個獨特動機的新論調。首先是勝利即將來臨前的失敗。

一九九一年，蘇珊．法露迪（Susan Faludi）發表《反挫：誰與女人為敵》（*Backlash: The Undeclared War Against American Women*）。一年後，《女人的房間》（*The Women's Room*, 1977）這本暢銷書的作者瑪麗林．弗侖區（Marilyn French）在《對抗女人的戰爭》（*The War Against Women*）中重複相同的把戲。這些大獲成功的書都是以一個概念為賣點，那就是儘管已經爭取到女權，但現在正發動一場經過協調的運動，設法讓女權倒退。法露迪和弗侖區認為，男女平等尚未實現，但平等的可能性或許會導致男性無可避免地對此反擊，到最後甚至會讓女性失去已經獲得的權利。在經過四分之一個世紀後，重新審視這些人的說法相當有趣，因為他們在論調上變得絕對正常，但與此同時提出的主張，顯然很令人混淆、困惑。

在她那本國際暢銷書中，法露迪幾乎在西方社會生活的所有特點中，都找出「對抗女人」的那場「未經宣戰的戰爭」。她在媒體和電影中看到了。她在電視和服裝上看到了。她在學術界和政治界看到了。她在經濟學和大眾心理學也看到了。法露迪堅稱，所有這些加總在一起，就是「一股要停止，甚至扭轉」追求男女「平等」的「不斷攀升的壓力」。這反挫有許多明顯的矛盾。一方面是有組織的，但卻「不是有組織的運動」。實際上，她認為正因為「缺乏統整」，讓人「難以認清，因此可能更有效果。」過去十年，在英國這類公共開支削減的國家（當然是在一位女性首相的策動下），「這種反挫已經通過文化的密室，經由諂媚和恐懼的管道傳播開來。」[21] 透過這些和其他類似的方式，這場針對女人的戰爭儘管在每個人的面前展開，但由於手法極其微妙，需要法露迪加以點明，才會有人注意。

至於弗侖區，她在書的一開頭就宣稱：「有證據」顯示，大約三百五十萬年間，人類一直生活在男女平等的狀態。事實上，不只是平等，女性在這段時期享有比男性更高的位階。然後，大約在一萬年前左右，我們這個物種進入「平等和睦、物質繁華」的時代，兩性也相處融洽。弗侖區告知讀者，到了公元前四千年左右，男人開始建構「父權制」，她將這種制度定義為「由武力支持的男性至上」體制。書中寫道，女性的地位「從那以後一直走下坡」。女性「可能」算是第一批奴隸，從那以後，她們的「權力日益遭到剝奪，地位不斷下降，並受到宰制。」弗侖區說，過去四個世紀，這種情況完全失控，男人（主要在西方）試圖「加強對自然以及與自然相關的一切——有色人種和女人——的控制」。[22]

她將女性主義定義為，「透過女性團結和女性視角來改善女性群體的嘗試」，弗侖區聲稱，男性「如同種姓階級……持續尋求擊垮女性主義的方法」。他們試圖奪走其勝利（弗侖區舉出「合法墮胎」的例子）。他們還想要在職業女性的頭上搭一層「玻璃天花板」，並展開種種讓女性重返「完全從屬地位」的運動。這一點和其他種種，累積成「一場對抗女人的全球戰爭」。[23]

無視大量的反證，弗侖區很自在無虞地將人類物種的男性半數簡化或概化，宣稱「對抗女人就是讓男人團結的唯一基礎」。[24] 她也將女性主義者的要求看得同樣直接了當。女性主義者對「父權制」的挑戰，只是要求「被當成一個有權利的人對待」，包括要求「男人不得隨意毆打、強姦、殘害和殺害她們」。[25] 什麼樣的怪物會反對這些？而在這套父權制的系統中，又是誰覺得可以隨意毆打、強姦、殘害和殺害女性呢？

不管是從哪個方向來看，按照弗命區的說法，問題都出在男人身上。每當女人有所進展，都會發現男人「盡全力抵禦她們構成的挑戰」。男性對女性施加暴力的行為絕非偶然事件，也不是其他因素（更不用是許多潛在因素）的副產品。「所有針對女性的男性暴力行為都來自一場經過統籌的行動」，其中包括「毆打、監禁、肢解、酷刑、挨餓、強姦和謀殺」。[26]

身處在這場持續不斷打壓女性的運動中，男人受驅使採取這種行為，這已經夠糟了，但在弗命區看來，更糟糕的是，男人還會透過其他方式組織起來，確保「女人在生活中的每個層面都處於低劣的地位」。男人顯然在各個可以想像的領域，包括教育、工作、醫療保健、法律、性、科學，甚至是在「對抗身為母親的女人的戰爭」中，發動這場針對女性的系統性戰爭，來達到他們的目的。[27]

根據弗命區描述，男人最後的攻擊招數，不僅是女性得擔心的一個個針對女性的戰爭，而是一場戰爭，一場真正的、實際的、非隱喻的戰爭，這也是一大問題，而且戰爭從裡到外都是與女性為敵。[28] 從語言到行動，戰爭都是男性的行為，所以是設計來反對女性的。因為女性就是和平的體現——在弗命區這本書的結尾，這一點變得很明顯。每當男性發動戰爭，女性便採取一系列行動，例如一九八〇年的「女性五角大樓行動」（Women's Pentagon Action），當時她們包圍五角大樓，宣稱「軍國主義是性別歧視」，還有在英國的格林漢姆核基地（Greenham Common）的行動。弗命區在書的結尾，以高亢的語氣表示，這是一個好消息：「女人在各個戰線都在反擊。」[29]

弗命區在書中的許多主張都充滿偏見，而且罔顧歷史。在建立起她自己的典範後，就能夠將一切套入其中。但是最為驚人的一點，是她從頭到尾所堅持的二分法。一切好事都是女人做的，所有壞事都算在男人頭上。

弗侖區和法露迪等人非常成功地將這想法嵌入社會，不但扭曲事實和大肆渲染，並且建立一種成功推動女性主義論點的模式。漸漸地，最極端的主張取代了規範。不僅是對男人的極端主張，還包括對女人的極端主張。在新一波女性主義者的主張中，在各個層面都看得到這種暗示。例如，娜奧米・吳爾夫（Naomi Wolf）那本非常暢銷的《美貌的神話》（*The Beauty Myth*, 1990）。在書中她聲稱，儘管女性主義者的成就帶來的益處，確實意味著女性的地位比以往任何時期都來得好，但從其他方面來看，她們正在死去。在《美貌的神話》，她提出相當著名的主張，表示單單在美國，每年就有約十五萬名女性死於與厭食症有關的飲食失調。但後來包括克莉斯提娜・霍夫・桑謨斯（Christina Hoff Sommers）等許多學者都表示，吳爾夫提出的數字太誇大，是實際數據的幾百倍。[30] 危言聳聽的災難化用語，成了慣用手法，鼓勵女性主義者採用。

還有另一樣東西在這階段嵌入女性主義思潮中，這是一種憎惡的形式，是對男人的憎恨。這在早期的女性主義浪潮中，曾出現在形形色色的人身上，但從未如此盛行，更不用說是贏得人心。二〇一〇年代的某個時候，有人注意到，由於社群媒體的出現，第三波女性主義已發展成為第四波女性主義。基本上，第四波女性主義主要是第三波女性主義再搭配應用程式。這些浪潮在無意間展現出來，社群媒體不僅對這場爭辯產生擾亂性的效應，而且對運動本身也是如此。

就拿二〇一八年二月的一個爭端來說，當時自稱是「女性主義者」的一群人再次在推特上發布她們最愛的新口號。為了說服更多人加入她們的行列，又提出一個新口號：「男人是垃圾」（Men are trash）。第四波女性主義者試圖在社群媒體引發「男人全都是垃圾」，或至少「男人是垃圾」的流行。英國第四波女權作家蘿莉・潘妮（Laurie Penny）也在其中大力推動，她的書有許多是由她的部落格文章彙編而成，其中包括書名相當討喜的《賤人教義》（*Bitch Doctrine*, 2017）。在二〇一八年二月，可以在推特上看到潘妮的推文，當中寫著：「我很喜歡『男人是垃圾』這句話，因為這暗示著浪費。」[31] 她接著解釋，這句話的美好之處在於它直指一項事實，說明有害的陽剛廢物耗費如此多人類潛力……我希望我們正處於一個龐大的回收計畫的浪頭上。」後面附上的主題標籤則是「#MeToo」，和一個高舉雙手的貼圖符號。

就跟經常發生的一樣，有人留言問潘妮是否她和父親有什麼問題，導致她使用這類話語。一如既往，這時潘妮話鋒一轉表示：「實際上，我父親是個很棒的人，帶給我很多啟發。他幾年前去世了，我們都很想念他。」讀者繼續追問，「他有害嗎？」潘妮這時則回應這位讀者很「苛刻」，並且繼續譴責他：「拿某人死去的父親開玩笑是很不洽當的。」這意味著整個討論演變成的結論是：「除了你不該提及的我亡故的父親之外，所有男人都是垃圾。」在一個小時內，受害者心態的論述進一步發展成形。潘妮回到推特上說：「現在，我收到一堆留言，當中包含虐待、威脅、反猶太主義的字眼、對我死亡的情節描述，還辱罵我的家人。這一切讓人瞬間感到恐懼。而這全是因為我說了我喜歡『男人是垃圾』這句話，說這代表著變革的潛力。」她並不是這樣說的。她說的是，她很喜歡將一半的人類描述成「垃圾」的句子。然後，表現得像個惡霸之後，她卻躲在聲稱自己遭到霸凌的庇護所中。彷彿是在說，詆毀一半的人類之後，得到任何形式的反擊都是錯的。

事實上，要是潘妮再等一會兒，就會有同陣線的女性主義者來解釋，不論潘妮是否想說明她用過的這些字詞，其實都不再需要，因為這些字詞都進入日益增長的神奇字彙清單，它們的意思已經不再是字面上的意味。

男人面對的戰爭

多語網路傳媒《哈芬登郵報》的專欄作家薩爾瑪・艾爾沃達尼（Salma El-Wardany），在署名欄的地方形容自己是「埃及和愛爾蘭混血的穆斯林作家，環遊世界，一邊吃蛋糕，一邊拆解父權制。」在「拆解」工作中，艾爾沃達尼也很喜歡「男人是垃圾」這口號。不過她在標題中試圖解釋：「當女人說『男人是垃圾』時，到底意味著什麼。」根據這位《哈芬登郵報》女性主義者的說法，「實際上這可以直接翻譯成：陽剛氣質正處於過渡期，但動作還不夠幹ＸＸ的快。」

艾爾沃達尼聲稱，「男人是垃圾」一語在她的世界中無所不在，「就像輕柔的嗡嗡聲，震動全球各地。是一首國歌……呼籲大家武裝起來，是展開戰鬥的吶喊。」她聲稱，當你進入任何房間、社交活動、晚宴、創意聚會，至少會在房間的一個角落聽到這句話，而且你會自然而然地受到吸引，因為你當下就知道找到自己的部落。這基本上是「被男人氣壞」俱樂部的通關密碼。顯然這句話是「憤怒、沮喪、傷害和痛苦」壓縮而成的一種形式。而且，在艾爾沃達尼看來，這種傷害和痛苦來自一種差別待遇，即不斷會問女性想要成為什麼樣的女孩或女人，但顯然沒有人這樣問男人，問他們想要成為什麼樣的男人——也從來沒有必要問。世界不斷地對女性提出要求，但「男子氣概是由父執輩傳給兒子，一直以來幾乎沒有偏離他們扮演提供者／保護者的典型角色。」

總而言之，當女人說「男人是垃圾」時，她們實際上是在說：「你們的男性觀已不合時宜，沒有與時俱進的結果便是傷害我們所有人。」這就像是在說，男人就是班上的遲緩兒，用艾爾沃達尼的話來說，他們「得趕緊跟上」。[32]

後來的事態證明「男人全都是垃圾」和「男人是垃圾」還算是第四波女性主義的用語中比較客氣的。之前，在推特上的女性主義者，最流行的一個標籤是「殺光男人」（Kill All Men）。所幸有沃克斯新聞評論網站《*Vox*》的記者兼評論員艾茲拉．克萊因（Ezra Klein）出面對這句話進行解碼。儘管承認自己不喜歡看到「殺光男人」這個標籤，或是這個用語從數位世界進入現實生活、真實上演，但這些話語的意思並不如字面上所指涉的。正如克萊因解釋的，當他認識的人，「甚至是愛過的人」，開始在日常對話中講出這句話時，他最初是對此反感，並產生防禦心。不過他繼續解釋，說他開始意識到「那不是她們真正的意思」。他明白她們並不是真的想殺他，甚至不想殺任何男人。「他們並不恨我，也不恨任何男人。」克萊因發現，「殺光男人」只是「另一種說法：『如果這世界沒有對女人這麼糟，那就太好了』。」話雖如此，但克萊因繼續說道：「這是帶有普遍性別歧視的一種沮喪表達。」[33]

在女性沒有投票權的時代，喊出「殺光男人」可能是為了要求女性參政權的一種過於熱切的方式。若是爭取平等的第一波女性主義者，以「殺光男人」的口號來吸引人加入其行列，勢必會讓人困惑不已，但是一個世紀後，對於生來就享有上一代人爭取到的所有權利的女性來說，她們享盡各種好處，卻採用比過往更暴力的語言，這似乎稀鬆平常，甚至是全然可以接受的一種方式。

這活動也不限於推特上的標籤而已。過去十年，我們看到「男性特權」（male privilege）這一類的口號進入日常公共討論。就跟大多數的口號一樣，在搖旗吶喊時很容易喊出口，卻難以明確解釋。例如，可以說企業執行長的位置以男性居多是「男性特權」的例子，但是沒有人知道男性的自殺比例（根據英國自殺防治協會「撒瑪利亞會」（Samaritans）的統計，英國男性自殺的可能性是女性的三倍），危險職業中的死亡率以及無家可歸等等諸多項目都普遍偏高，這又意味著什麼，這是男性特權的相反標誌嗎？這兩者是否會彼此抵銷？如果不是的話，要用怎樣的系統、指標或時間來衡量？這些問題似乎沒人知道要如何回答。

其他形式的新苦難，則以較輕鬆詼諧的方式展現。比方說，由男人（man）與解釋（explaining）兩個英文字組合而成的複合詞「男性說教」（mansplaining），這是用來形容男人在任何場合以高傲或鄙視的方式對女人說話。當然，每個人都能舉出聽到有男人以這種語氣說話的例子，但是大多數人也可以想到女人以同樣姿態與男人講話。或者是，一個男人以這種高傲語氣對另一個男人說話。那麼，為什麼只有男對女這個狀況需要有特定的詞彙來表示呢？為什麼沒有「女性說教」（womansplaining）這類詞彙，或是指稱更廣泛的用詞？當一個男人對另一個男人這樣講話，是否也可以說是「男性說教」？在什麼情況下可以說，男人是因為講話對象是女人而趾高氣揚，而不是因為女人也以這樣高姿態跟他說話，而自然產生的回應方式呢？目前並沒有機制可以釐清這些問題，只有可以任由女性隨性發射的彈藥。

其次是「父權制」的概念，這是指人（主要在西方資本主義國家）生活在一個為男性所操縱的社會，目的是在壓制女性及其技能。這個概念已經深植人心，因此每次提起，這樣的印象就浮現在人的腦海中，讓人想像現代西方社會是以男人為中心所建造，並且運行的方式僅僅是為了男人的舒適，而且大多數人也懶得對這樣的想法提出異議。流行女性雜誌《格拉齊亞》（*Grazia*）在二○一八年刊登一篇紀念那批在三十歲獲得投票權的英國女性，這時她們已是百歲人瑞，文章這樣寫道：「我們生活在一個父權社會，這就是我們知道的。」文章中用作證據的是「物化女性」和「不合現實的審美標準」，講得好像從來沒有男性被物化，或是不存在任何外表標準的評判（曾經有男性在火車上遭到陌生人偷拍，還將照片上傳到ＩＧ的「閱讀型男」帳號，這就是個很好的反證）。根據《格拉齊亞》的說法，「對我們來說，父權制是隱藏的」，儘管有其他明顯的症狀，如「缺乏對女性的尊重、造成性別工資差距，以及就業機會遭到剝奪。」[34] 男性雜誌似乎欣然接受相同的假設。反思二○一八年的事件時，男性雜誌《ＧＱ》很贊同地寫道，那一年是「史上第一次，我們所有人都得背負父權制的原罪。」[35]

在反男性口號的新詞彙中，最糟糕的要算是「有害的男子氣概」。就像其他在文化或網路上遭到大量模仿或複製的迷因，「有害的男子氣概」也是源自學術界和社群媒體的邊緣。但是到二○一九年，已進入嚴謹的組織和公共機構的核心。一月時，美國心理協會發布第一份建議其會員應如何處理男子和男孩的專門準則。美國心理協會聲稱，四十年來的研究顯示，「以陽剛、競爭、主導，和侵略為特徵的傳統男子氣概正在損害男人的福祉。」為了解決這些「傳統」的男子氣概問題，美國心理協會制定一套新指南，幫助從業人員「判定男孩和男人這個問題」。美國心理協會繼續將傳統的男子氣概定義為「在大部分人群中，以取得主導地位的一套特定標準，包括：反陰柔、成就、避免展現軟弱、冒險、膽敢和暴力。」[36] 這只是一個例子，說明「有害的男子氣概」這一概念已進入主流。

再一次，論述時絲毫不考慮女性，是否也有類似狀況。比方說，是否存在「有害的女性氣質」？如果有的話，那是怎樣的狀況？又要如何將其永久地從女性身上移除？將「有害的男子氣概」這概念灌輸到大家的腦裡前，並沒有確定這概念是否真切，或是如何發揮作用。比方說，若是競爭真的如美國心理協會所暗示的，是一種男性特有的特質，那麼競爭什麼時候是有毒或有害？又是什麼時候會有用？可以允許男性運動員在跑道上運用他的競爭本能嗎？如果要這樣做，在離開跑道後，又要如何幫助他變得盡可能柔順？要是一個男人罹患無法以手術治療的癌症，會有人批評他抱持順應本性追求幸福的斯多噶主義（Stoicism）嗎？要幫助他擺脫這種有害的立場，減少這樣的心態嗎？若「探險」和「冒險」真的是男性特徵，那在何時何地應該鼓勵男人放棄這些？是否應該鼓勵男性探險家減少探險，訓練男性救火員不要冒險？難道要鼓勵男性士兵少一點「暴力」，盡量展現軟弱的一面嗎？如果是的話，又是什麼時候呢？什麼樣的訓練機制能夠讓男性士兵在社會急需他們涉險時，臨陣發揮非常有用的特質和技能，但是在其餘時間則要加以消除？

當然，如果男子氣概包含有害的特徵，很有可能是因為早已根深蒂固（也就是說，這些特質是跨文化存在，不論各地情況都會出現），因此根本無法消除。另一種可能是，某些男性行為在某些時代和地方並沒有那麼受歡迎。若真的是後者這種情況，那幾乎可以肯定會找到特定方法來解決這個問題。但無論是哪種情況，發明諸如「男性特權」、「父權制」、「男性說教」或「有害的男子氣概」這類概念，都無法解決這個問題。事實證明，目前對於現況的診斷，不是太少就是太多。任何外部分析都可得出更明顯的解釋，目前的態勢似乎不打算去改善男人，而是將他們去勢，顛覆他們所有的美德，將他們轉變成自我懷疑、自我厭惡的可悲對象。總之，這看起來比較接近某種形式的報復。

為什麼會這樣呢？為什麼當男女平等的標準獲得極大改善時，兩性的爭戰和言論交鋒反而變得更激烈？是因為這樣做的賭注很低嗎？是因為大家日子過得百無聊賴，想要在相對安全和舒適的生活中擺出英雄般的姿態嗎？還是僅僅是因為社群媒體——這個象徵與自己或與整個地球對話挑戰的可能性——使得我們不可能進行真誠的討論？

不管是什麼原因，這明顯衝擊女性主義的名聲。這種苦悶正在造成破壞。二〇一六年，致力於促進婦女權利和性別平等的慈善機構福西特協會（Fawcett Society）在英國做了一項調查，一共訪談八千人，找出當中自認是「女性主義者」的比例。結果顯示僅有九%的英國女性會使用「女性主義者」一詞來形容自己。男性則只有四%。接受調查的受訪者中，絕大多數都支持性別平等。實際上，支持男女平等的男性還高於女性（八六%比七四%），但是絕大多數人並不想要被貼上「女性主義者」的標籤。面對這樣一個看來會讓女性主義組織大失所望的調查，福西特協會設法保持正面的心態。該組織的發言人說，英國是一個「女性主義者隱性」的國家。在解釋何以大多數人不認同女性主義這個標籤時，她說：「事情很簡單，如果你想要一個男女更平等的社會，那麼你實際上就是女性主義者。」[37] 然而，在被問及聽到「女性主義者」時，腦海中浮現的第一個字眼為何，受訪者最多的回應是「惡毒」（bitchy）——超過四分之一的受訪者這樣表示。[38]

在美國也出現類似的結果。二〇一三年，被問及男女是否應享有「社會、政治和經濟平等」時，絕大多數美國人（八二%）表示肯定。但是，當問及他們是否自認是「女性主義者」時，比例就明顯下降。在美國，只有二三%的女性和一六%的男性認為自己是「女性主義者」。絕大多數人

（六三%）表示，他們既不是女性主義者，也不是反女性主義者。[39]

無論原因是什麼，目前尚不完全清楚男人對此的反應。重新改造男女自然本能的可能性很小。英國學者在二〇一四年至二〇一七年，進行一項為期三年的男性形象研究，探索女性覺得哪樣的男性具有吸引力。最後的結果發表在《女性主義媒體研究》（*Feminist Media Studies*），研究結果呈現一股令人不安的趨勢。《新聞週刊》（*Newsweek*）以聳動的標題來總結這項驚人的發現：「有錢的肌肉男最能吸引女性和男同性戀——顯示性別角色根本沒有什麼進步」。[40] 確實如此。難道只有在女性認為沒有魅力的男人變得有吸引力時，才算是「進步」，這要怎麼辦到呢？

嘗試成為軟體的硬體

每當涉及男女差異以及要如何在其間建立秩序時，就會發現仍然有許多我們尚不清楚的地方。其實，我們知道不少。或是說，我們曾經知道。而且正如前面談到的幾起流行文化界的事件，這並不是只有特殊領域的人才懂的專門知識，而是與任何知識一樣廣泛普遍。然而發生了一些事情。在某個時間點，兩性關係的問題硬是被套上某種干擾裝置。正是在本來應當對這問題達成共識並加以解決的關頭，某樣東西引起了大規模的憤怒和否認。

毫無疑問，這個擺在性別問題上的干擾裝置是所有層面中最令人錯亂。不僅隨之起舞，而且涉及一系列不可思議的心理狀態的飛躍，而且即使要嘗試避免，也無法不造成個人和社會的嚴重苦痛。

這可歸結如下。從一九九〇年代開始，同性戀運動陣營希望說服世人相信同性戀是硬體出了問題，正如前面章節所提到的。這可能是，也可能不是。不過他們的動機顯而易見。同性戀若真是硬體問題的話，對他們來說會是件好事，因為硬體可以保護這樣的身分。但是在打這場同性戀權利戰的同一時期，發生了一些相當驚人的事情。這是許多人共同造成的，包括那些被人誤以為是在為女性主義發聲的那群人，女權運動其實與此朝著完全相反的方向同時展開。

直到最近十年左右，我們一直認定性（或性別）和染色體是人類物種中最基本的硬體。無論我們出生時是男還是女，這都是我們生活中不會改變的主要硬體結構。獲得這個硬體後，我們所有人（無論男女）都要學習如何操作生活中與此相關的種種層面。因此，當提出這個硬體實際上是軟體時，不僅是性別議題，連其他的一切都動搖起來。提出這一主張的幾十年間，這些概念漸漸深入人心，突然間每個人都相信性別不是一個固定的生物特徵，而僅僅是「重複的社會展演」。

這樣的主張等於是在女性主義的根部埋下一顆炸彈，也影響我們接下來要討論的「跨性別」，其後果完全可以預見。這讓女性主義者在面對那些主張自己可以成為女人的男人面前，幾乎沒有招架之力。將硬體變成軟體的嘗試已經造成許多男男女女的痛苦，而且幾乎比其他問題都來得嚴重，並且還在繼續中。這正是當前瘋狂亂象的基礎。因為這要求所有人相信，女性與她們一貫的存在有所不同。這暗示著，男男女女昨天以前所見所知的一切都只是海市蜃樓，而我們繼承的關於男女差異（以及如何相處）的知識全然無效。所有的憤怒，包括狂野、充滿破壞性的不滿、雙重思維和自我欺騙，全都源自於一個事實，即要求或期待我們要根據那些我們直覺上認為不可能為真的主張，從根本上改變我們的生活與社會。

【插曲】科技的影響

若是這套新的形上學的基礎搖搖欲墜，而要求我們遵循的假設又有些微的錯誤，再加上科技革命加入這團混亂中，就構成導致群眾瘋狂的條件。若是我們已經在錯誤的方向上行進，那麼科技可以幫助我們飛快地前行。正是因為有科技的推波助瀾，才會導致我們產生一種跑步機設定太快的感覺，覺得目前的速度已經超過我們雙腳所能承受。

一九三三年，詹姆斯．瑟伯（James Thurber）發表〈大壩潰堤之日〉（The Day the Dam Broke）一文，回憶一九一三年三月十二日，發生在俄亥俄州他家鄉的故事，那天整個小鎮的居民突然紛紛狂奔逃跑。瑟伯記得大壩破裂的謠言是如何開始的。大約是在中午，「突然有個人開始跑起來。也許只是他想起和妻子有約，但是他已經遲到了。」不久，開始有其他人也跟著跑，「也許是活力十足的報童。然後是另一個人，看起來是個風度翩翩的男紳士，也開始小跑步」：

在十分鐘之內，從聯合倉庫到法院的大街，每個人都跑了起來。一個嘶啞的聲音逐漸凝結出一個可怕的單詞「水壩」。「水壩裂了！」恐懼轉變成文字，也許是坐在電動車上的一位嬌小老太太，或是一名交通警察，又或者是一個小男孩。沒有人知道是誰，總之現在已不重要了。突然間，兩千人就這樣全速衝刺起來。「向東！」有人這樣喊著，往東會遠離河邊，會到達安全地帶。「向東跑！向東跑！向東跑！」

當整個城鎮的人都衝向東邊時，沒有人停下來思考，水壩其實離他們的城鎮很遠，根本不會有一滴水流到大街。也沒有人注意到從頭到尾沒看到一滴水。那些跑得最快的居民，在離開城鎮好幾里之後，最終還是返家，就跟其他人一樣。瑟伯這樣形容：

第二天，這座城鎮運轉如常，好像什麼都沒發生，但沒有人拿這事開玩笑。過了兩年後，才有人敢拿大壩破裂的事來說嘴。即使二十年後的今天，還是有幾個人……提到大奔跑的那個下午時，會像蛤蠣那樣緊閉著嘴。[1]

今天，我們的社會似乎處於這種奔跑的狀態，而且總是冒著蒙受極大恥辱的風險，不僅來自於自身行為，還有應對他人的方式。每天都冒出新的仇恨和道德判斷的主題。可能只是一群男學生在錯誤的時間、地點，戴錯了帽子，[2]也可能是其他人。正如喬恩．羅森（Jon Ronson）等人研究「公共羞辱」（public shaming）所顯示的，[3]網路讓新形態的活動主義和霸凌行為得以披上社交活動的外衣，成為當前的趨勢。尋找可以指責為「思想錯誤」的對象，這股衝動之所以能夠持續，是因為霸凌者會受到獎勵。[4]社群媒體公司鼓勵這樣的作為，因為這本來就是商業模式的一部分。但是一窩蜂的行動，幾乎沒有人嘗試弄清楚，為什麼他們會朝著這方向前進。

私語言的消失

不確定是丹麥電腦科學家莫頓・金（Morten Kyng）還是美國未來主義者洛伊・亞瑪拉（Roy Amara）曾說過，關於新科技的進展，我們可以肯定的是，大家高估了它們的短期影響，但低估了它們的長期衝擊。在最初的興奮退去後，現在毫無疑問地可以看出，我們都大幅低估了網路和社群媒體對社會產生的效應。

許多過去無法預見但現在可以認清的事情中，可以確定是網路，尤其是社群媒體，已經消除公共語言和私人語言之間曾經存在的空間。事實證明，在人們最需要聆聽新的反方意見時，社群媒體是灌輸新教條和粉碎其他意見的一種高超手段。

二十一世紀的頭幾年，我們都還在試圖理解這場巨大的溝通方式的革命，也許到最後，這可能會讓印刷機的發明顯得微不足道，成為歷史上的一個註腳。我們得試著學習如何生活在這樣的世界，在任何時候，我們都有可能與另一個人或世界各地數百萬人交談。公私領域的概念遭到侵蝕。我們在一個地方說的話，可能會被轉發到另一個地方，不僅是無遠弗屆，而且亙古長存。因此，我們必須找到一種在線上發言和行動的方式，彷彿一言一行都像是要面對所有人，而且還要銘記在心一件事，要是我們弄錯了，這個錯誤有可能讓所有地方的人看到，而且流傳千古。

這造成的麻煩很多，其中一個就是我們幾乎不可能在公領域維持原則。因為除非一項原則能夠適用於每個人，否則會讓一些人從中受益，而有些人則蒙受其害。曾經，那些因此而處境不利的人遠在完全可忽略不計的距離之外，但今天，他們可以一直就在你面前。現在要在公眾場合發表演講，必須找到一種方法來應對，或至少謹記在心，你的受眾包羅萬象，各自有不同的訴求，任何可以想像得到的權利，都有人在主張。任何一個時候，都可能有人質問我們為什麼會忘記、破壞、冒犯或否認另一人，以及其他類似的人的存在。生長在這樣高度聯結社會中的幾個世代，自然會擔心他們的言行，並對他人抱持同樣的期望，這一點是可以理解的。同樣可以理解的是，在整個世界的人皆能發揮其關鍵潛力前，幾乎無止盡的自我反省——包括權衡自己的「特權」和權利——看似是我們可以成功嘗試或實現的極少數任務之一。

爭議性的困難問題需要大量思考。而要進行大量思考經常需要去嘗試，這當中也包括犯下不可避免的錯誤。然而，思考最具爭議性的問題並暢所欲言地談論，在今日變得風險極高，高到就單純的風險／收益比來看，幾乎沒有人想要嘗試。

如果有男人說自己是女人，並且希望你稱他們為女人，你會在選項之間權衡一下。要是你碰巧通過這項測試，就可以繼續你的生活。但若選錯了，可能會被貼上「恐同」的標籤，最後搞得聲敗名裂，甚至會毀了自己的事業。到底該如何決定？

儘管各種流派的思想家早已設定出一系列條件，來因應各種狀況，但當前這股凶猛的風勢，並不是來自學術界的哲學或社會科學等學系。這是來自社群媒體。在那裡，假設早已預設好。在那裡，權衡事實的嘗試會被重新包裝，有的成為敗德的逾越之舉，有的甚至成了暴力行為。這種環境非常適合要伸張社會正義和那些主張交叉性的人士，因為無論這樣的要求或原因是花了多大功夫才搜尋出來，都可以聲稱是在尋求處理這些問題。社群媒體是一個思想體系，號稱能夠解決所有問題，包括所有不滿。而在發揮這功能的同時，又在鼓勵大家關注自己，幾乎是無時無刻——這一點，社群媒體的用戶一般根本不需鼓勵也會這樣做。更棒的是，在任何時刻，要是對自己的生活和環境沒有百分百的滿意，還有全方位的系統來解釋一切的不順遂，附加一個資料庫，當中充滿著這世上有哪些因素在阻撓你。

道德立場不中立的矽谷

任何人在矽谷待過都知道，那裡的政治氛圍比一般的人文科系還要再左傾幾度。在大型公司，所有員工的「正確預設值」設定是要能進行社會正義行動，包括谷歌在內的大多數矽谷公司都會讓應徵者進行測試，排除帶有錯誤意識形態傾向的人。根據做過這些測試的人回憶，當中有與多樣性（性別、種族和文化）相關的選擇題，「正確」回答這些問題是獲得工作的先決條件。

這可能是因為他們的意識中有一些罪惡感在作祟，因為很少有科技公司真的能做到他們大力倡導的價值觀。以谷歌為例，在他們的勞動力中，只有四％的西班牙裔和二％的非裔，白人佔了五六％，但就全美的人口結構來看，這個比例不算偏高。倒是亞裔佔了谷歌員工的三五％，儘管他們在美國總人口中僅佔五％，而且谷歌還持續減少白人員工。[5]

也許員工族裔的懸殊比例造成認知失調，使得矽谷希望能糾正世界，因為它無法糾正自身。現在，各大科技公司都雇用數千名薪水高達美元六位數字的人來制定和管理網頁內容，他們採用的方式是任何一個歷史系學生都會熟悉。最近一次關於內容審核的研討會，谷歌和臉書這兩大公司的主管暗示，目前谷歌雇用大約一萬名員工，而臉書則雇用多達三萬名員工進行內容審查。[6]這些數字很有可能會繼續增加。當然，這並不是推特、谷歌、臉書和其他類似公司，在創辦時特別想要做的事。但是一旦他們發現自己必須執行這類任務時，矽谷的這一套假設，毫不令人訝異地開始在各地的線上世界如法炮製（除了像中國這樣的國家，矽谷意識到他們的規矩在那裡不管用）。但除此之外，當天的熱門問題，不是依照當地習俗或是現有社會的基本價值在變動，而全是根據來自這彈丸之地的特定觀點，而剛巧矽谷是世上對於社會正義最偏執的地方。

關於我們這時代每一項瘋狂的議題，從性、性慾、種族到跨性別，矽谷都有正解，而且鼓勵所有人迎頭趕上。這就是為什麼，推特禁止女性在平台上發布「男人不是女人」或「男人與變性女人的區別是什麼」的推文。[7]要是有人在跨性別的問題上「出錯」了，矽谷可以確保他們在自己的平台上沒有發言權。推特聲稱，上述這類推文構成了「仇恨行為」。但是，那些攻擊TERFS（trans-exclusionary radical feminists，即排除跨性別的基進女性主義者，或簡稱「排跨基女」）的人卻可以繼續使用推特的帳號。在同一時間，推特要求女權運動家梅根．墨菲（Meghan Murphy）刪除兩條推文，而《君子雜誌》（*Esquire*）這份全球歷史最悠久的時尚男人雜誌的編輯泰勒．科茨（Tyler Coates）發的「幹！排跨基女！」（Fuck Terfs!）的推文，卻毫無問題地被轉推幾千次。[8]二〇一八年底，推特改變了「仇恨行為政策」，讓他們得以永久禁止那些以「棄名錯稱」（deadnamed）故意侮辱跨性別者，或是「性別不正確」（misgendered）的用戶。[9]因此，一旦有人說自己是跨性別者，並宣布要改稱謂，從那一刻起，任何人若是以他們過去的名字或性別稱謂來提及他們，其帳號都會遭到停用。推特自行決定構成仇恨行為的條件，並決定跨性別者需要受到保護，免得受到女性主義者的傷害，而不用保護女性主義者受到跨性別主義者的侵害。

這些科技公司不斷以種種術語行話來捍衛他們的決策，引導其政治立場始終往一個特定方向前進。募資網站「合作夥伴」（Patreon）專門設有「信任與安全團隊」，其職責是監測和監管使用網站來募資「創造者」的適宜性。根據該公司執行長傑克．康特（Jack Conte）的說法：

> 內容政策和刪除創造者頁面的決定與政治和意識形態完全無關，完全是依據「表露出的可觀察行為」（Manifest, Observable, Behaviour）這一概念。使用「表露出的可觀察行為」來當作評判標準的目的，是為了讓團隊在審閱內容時能排除個人的價值觀和信念。這是完全基於可觀察事實的審查方法。相機所拍攝的，錄音設備所錄製的，不論你的意圖、動機、身分、認同和意識形態為何，信任與安全團隊僅關注「表露出的可觀察行為」。10

根據康特的說法，這是「清醒的責任」，因為合作夥伴募資平台明白，當他們禁止個人使用這個平台時，等於是奪走他們的個人收入。而這正是他的公司反覆在進行的，並且在每個已知的案例中，認定是「錯誤地」表露出的可觀察行為的人，全都是因為他們的意識形態不合乎矽谷現行的新教條，選錯了邊。這些科技公司經常以各種光怪陸離的方式來展現這種教條。

機器學習的公平性

近年來，矽谷不僅採用交叉主義者和社會正義戰士的意識形態假設，還將這些觀念深植在他們各自的平台，導致所有吸收這些概念的社會進入全新一層的瘋狂狀態。

要糾正偏差和偏見，光是研讀「女性」篇章中概述的流程還不夠。無意識偏差訓練可能讓我們不信任自己的直覺，甚至可能教導我們要如何重新改變先前的行為、態度和觀點。這讓我們注意到自身享有的特權，將其與他人的特權或劣勢相比較，然後在現存的所有階級結構中，選擇一個符合自己狀態的位階。留意這些交錯階層的存在，或許可以讓人更清楚知道何時需要保持沉默，以及何時能夠發聲。但是所有這些都只是糾正措施，並未能夠讓我們去到一個更公平的地方，只是在我們走上錯誤的道路時糾正。

這就是為什麼科技公司如此倚重簡稱MLF的機器學習公平性（Machine Learning Fairness）這套軟體的原因。因為MLF這套演算法，不僅是將整個判斷的過程從帶有偏見、缺陷，而且觀點偏執的人類手中拿走，還將其移交給電腦，並且可以確保不會讓電腦學到我們的偏見。要達到這一點，他們在電腦中建立一套可能從來沒有人具備的態度和判斷力。這種公平形式是人類無法企及的。後來有用戶注意到某些搜尋引擎的結果出現奇怪的變化，這些科技公司才感到有必要解釋MLF到底是什麼。可以理解他們過去試圖以一種盡可能不產生威脅的方式讓MLF運作，彷彿那裡好像沒有什麼值得看的。但實際上有，而且多得恐怖。

谷歌反覆地發布、刪除，並改善他們的MLF影片，試圖以盡可能簡單的方式來解釋他們正在做的這件事，在諸多嘗試中，迄今為止最好的一支影片是找來一個聽起來友善而年輕的女性聲音說：「讓我們來玩一個遊戲」，然後邀請觀眾閉上眼睛，想像一雙鞋子。這時螢幕上出現運動鞋、紳士鞋和高跟鞋。雖然我們可能不知道為什麼，但是這個聲音說，我們所有人都對某種鞋子有偏好。如果是由人類來教電腦如何思考鞋子，這會產生一個問題。具體來說，這可能會將你對鞋子的偏見帶入電腦中。若是你心中理想的鞋子是高跟鞋，那麼你會教電腦在想鞋子時去想高跟鞋。這時會出現一團複雜的網路線，提醒影片觀看者，這一切可能變得很複雜。

機器學習可以幫助我們在網路上「到各處走動」。這讓網路搜尋可以向我們推薦事物，為我們提供建議，甚至可以進行翻譯。過去要做到這一點，人類得動手編碼找出解決方案，來處理所要求解決的問題。但是機器學習是讓電腦「在資料中查找模式」，以此來解決問題：

因此，很容易以為這當中沒有人為偏見。但是，不能僅因為這是基於資料所決定的，就自動認為這是中立的。即使立意良善，也無法將我們自身與人類的偏見分開來，因為人類偏見也含在我們創造的技術中。

再回頭想一下鞋子這個例子。最近有一項實驗要求測試者為電腦畫一隻鞋子。由於大多數人畫的都是不同形式的運動鞋，因此電腦（在不斷學習後）甚至沒有將高跟鞋歸類為鞋子。這個問題稱之為「互動偏誤」（interaction bias）。

但「互動偏誤」還不是谷歌唯一要擔心的偏誤，另外還有所謂的「隱性偏誤」（latent bias）。要了解這一點，請想像一下，如果你在訓練一台電腦認識物理學家的面貌，為此，你提供過去的物理學家的圖像給電腦。結果，螢幕上先是呈現八位白人男性物理學家，從艾薩克·牛頓開始，到最後才出現居里夫人。在這個例子中，這顯示電腦的演算法在搜尋物理學家時將會有隱性偏誤，在這種情況下，這種演算法會「偏向男性」。

第三個也是最後一個（到目前為止暫時如此）是「選擇偏誤」（election bias）。比方說，要是你在訓練電腦模型識別人臉。有人會問我們：「你是從網路上找相片，還是從自己的照片庫中尋找圖像，是否確定你所選的照片能代表所有人？谷歌呈現的照片，有的戴頭巾，有的沒有，而且膚色各異、年齡不同。由於最先進的科技產品都使用機器學習，因此配音要我們放心，「我們一直致力於避免這套技術造成人類負面偏見的永久化」。在他們努力解決的諸多問題中，有一項是避免「令人討厭或明顯誤導的資訊」出現在搜尋結果的頂部，還附上反饋工具，讓使用者將其標記為「討厭或不合適」，這樣就可以自動完成建議。

「這是一個複雜的問題」，這種聲音再度向我們強調，而且沒有「魔術子彈」可以輕易解決。「但首先要讓大家都意識到這一點，我們才可以參與對話。因為科技應該為所有人服務。」[11]確實應該。但是，這也給了他們完全可以預見的矽谷自身的偏誤。

比方說，若是拿谷歌所用的「物理學家」這個例子來看，在他們的引擎上進行圖片搜尋，對於缺少女性物理學家的事實也是無能為力。但機器似乎以強調其他類型的多樣性來解決這個問題，因此在搜尋「物理學家」時，谷歌出現的第一張圖是薩爾蘭大學（Saarland University）一位白人男性物理學家拿著粉筆站在黑板前的照片，但第二張圖則是約翰尼斯堡一位黑人博士候選人，到第四張圖才是愛因斯坦，第五張是史蒂芬·霍金（Stephen Hawking）。

這一點當然是可以討論的。很少有人會希望年輕女性因為歷史上物理學這領域是由男性所主導，因此自認不能成為物理學家。就像很少有人希望一個種族的年輕人會認為自己無法涉足某個特定領域，僅是因為與他們同膚色的人過去在這個領域中並不佔有主導地位。但是，不管進行多少搜尋，結果所呈現的都不是事物的「公平」觀點，而是一種嚴重歪曲歷史的觀點，呈現出當前這個時代的偏誤。

就以「歐洲藝術」這個簡單的搜尋結果為例。以這些單詞在谷歌圖片進行搜尋，可能會出現大量圖片。也許大家會以為，第一張圖會是《蒙娜麗莎》，或是梵谷的《向日葵》這類知名畫作。但實際上，最先映入眼簾的是迪亞哥．委拉斯奎茲（Diego Velázquez）的作品。將他擺在首位也不算太令人驚訝，但是谷歌選他的畫作確實讓人不解。第一張出現在「歐洲藝術」搜尋結果的並不是委拉斯奎茲的經典畫作《宮女》（*Las Meninas*）或是教皇英諾森十世（Pope Innocent X）的肖像。而是他的助理胡安．德．帕雷亞（Juan de Pareja）的肖像畫，他是個黑人，這幅畫像便是谷歌提供給尋找「歐洲藝術」的人的第一幅畫。

這是一幅很棒的肖像畫，但擺在第一張也許會讓人感到意外。跳過第一排的圖像，接下來的五張可能比較符合使用這個詞搜尋的期待，這當中包括《蒙娜麗莎》。然後還有一幅《聖母與聖嬰》（這是目前搜尋結果中的第一幅《聖母與聖嬰》），但當中的聖母是位黑人。接下來是一張來自於某個名為「歐洲藝術史上的有色人種」的黑人女性的肖像，同一排的最後一幅是三位男性黑人的團體肖像畫。然後下一排又有另外兩幅黑人肖像。之後才是梵谷的畫作（搜尋結果，這是目前為止第一次出現他的作品）。然後繼續下去。在每一排代表歐洲藝術史的圖片中，都有許多黑人肖像。當然，這一點很有趣，而且這肯定「代表」當今某些人希望看到的局面。問題是，並不能代表過去。歐洲藝術史不能由五分之一、五分之二，甚或一半的黑人肖像來代表。黑人的畫作或是黑人的畫像在歐洲藝術史中相當罕見，一直到近幾十年，歐洲人口開始發生變化為止。以這種方式來表現過去，不僅很奇怪，甚至有點令人不安。由此可以看出他們是怎麼教導機器達到「公平」，這似乎是為了讓搜尋結果可以充分代表不同族群，但這根本不能真實反應歷史、歐洲或藝術。

這不是谷歌唯一的問題。以「西方人的藝術」來尋找相關的圖片，第一張圖也是一個黑人的肖像繪畫（來自「歐洲西方藝術中的黑人」）。從那裡開始的圖片，主要選的是美洲原住民的繪畫。

若是要谷歌搜尋「黑人」的圖片，那麼出現的圖就全都是黑人的肖像照片。一直要到第十二排之後，才會出現非黑人的圖像。相較之下，對「白人」的搜尋就不是如此，首先是大衛・貝克漢（David Beckham）這位白人足球明星的圖片，但第二張卻是一位黑人模特兒。之後，在每一排的五張圖片中，都有一兩個黑人。而且當中許多白人男子的圖片是罪犯的照片，還附有「當心一般的白人」和「白人是壞人」這類文字說明。

開始深入研究這些搜尋結果後，會發現更多荒謬的事。或者說，儘管可以很快看出誤導的方向，但當你期待從搜尋中得到你想要的東西時，會覺得這樣的結果很荒謬。

如果你在谷歌圖片中搜尋「同性戀伴侶」（Gay couple），會看到一排排快樂的同性戀伴侶的照片，全都是英俊的男同志。相較之下，若是搜尋「異性戀伴侶」（Straight couple），在每排五張圖中，至少穿插一兩張女同性戀或男同性戀伴侶。儘管搜尋者明明是要求「異性戀伴侶」，但在這幾排「異性戀伴侶」的圖像中，同性戀伴侶的照片實際上比異性戀的還要多。

若是改為複數形式的「異性戀伴侶們」（Straight couples）搜尋，產生的結果更為奇怪。第一張圖是一對異性戀黑人伴侶的照片，第二張卻是一對有孩子的女同性戀伴侶，然後第四張是黑人同性戀伴侶，第五張則是女同性戀伴侶。這還只是第一排而已，到第三排時，「異性戀伴侶們」的搜尋結果全都是同性戀。「伴侶從同性戀關係中學習」是其中一張兩種膚色（一黑一白）的男同性戀的照片標籤。然後還附上「異性戀伴侶可以向同性伴侶學習」。接著是一對男同性戀伴侶和他們領養的嬰兒，以及一張刊登在同性戀奢侈生活風雜誌《*Winq*》一對可愛男同性戀伴侶的照片。為什麼搜尋「異性戀伴侶們」圖片結果，在三排之後，全部都是同性戀的圖片？

接下來可以預料各種怪異的搜尋結果。再以「異性戀白人伴侶」（Straight white couple）進行搜尋，第二張圖是一特寫鏡頭，是在手指上面以英文字母拼寫出「恨」這個字。當中有三分之一是黑人伴侶。若是以複數形式「異性戀白人伴侶們」（Straight white couples）搜尋，則出現一系列奇怪的圖像，顯然這背後有些蹊蹺。第二張圖片是一對不同種族的伴侶，第四張是一對男同性戀伴侶（一黑一白），抱著兩個黑皮膚的小孩。第二排和第三排的圖片，都是同性戀伴侶，上頭的標籤是「跨種族伴侶」、「可愛的同性戀伴侶」和「為什麼同性戀伴侶比異性戀更幸福」。

不過，若是嘗試以其他語言搜尋，並且選擇以這些語言為主的國家或地區，那麼谷歌搜尋引擎會給你不同的結果。例如在土耳其，用谷歌搜尋土耳其語中的「白人」，只會顯示許多白人或是姓氏為「懷特」的男人圖像。以法文搜尋，結果似乎與英語區的大同小異。不過，總體來說，與歐洲語言距離越遠，獲得的內容就越符合你所搜尋的。這些奇怪的結果主要是出現在歐語系中。尤其是英語，搜尋結果與預期最不符。實際上，以英語搜尋結果有些怪到非常極端，可以很明顯看出這不僅是一台試圖提供一定多樣性的機器，而且絕對不僅是機器學習的公平性。

以「白人伴侶」搜尋時，前五張圖片參雜跨種族伴侶和跨種族的男同性戀伴侶，還有一對以黑人胚胎生下小孩的白人伴侶。若是改以「亞洲伴侶」進行搜尋，則又回到比較貼近搜尋者實際想要找的內容。「亞洲伴侶」的搜尋結果，就是一系列亞洲夫妻的照片。直到第四排的圖片，才有一名亞裔女子與一位黑人的合影。還有另一張圖片，完全是亞洲伴侶，而且沒有在其中加入同性戀。當中根本沒有同性戀伴侶。

這真的非常神祕難解。如果僅是應用MLF進行搜尋，那麼搜尋白人異性戀伴侶的結果，可能會參雜一些同性戀伴侶，但沒有理由讓這些既不是異性戀也不是白人伴侶的圖片，優先出現在前幾排。這看起來似乎是針對特定情況刻意而為，有意推廣這些用戶根本沒有要尋找的伴侶形象。

目前正在發生的，似乎是在MLF之上又疊加好幾層東西，這是在MLF中加入一些人為介入。而這些介入的人似乎決定「堅持纏著」，那些讓程式設計師或他們的公司感到生氣的人。這可以解釋為什麼，搜尋黑人伴侶或同性戀伴侶時會得到所需的資訊，但搜尋白人伴侶或異性伴侶時卻充斥著與其相對的結果。這也解釋了為什麼，對想要搜尋亞洲伴侶圖片的人不需要加強或重新教育，而搜尋「白人伴侶」的人卻需要。同樣地，無需向亞裔異性戀顯示各種跨種族混血伴侶，也無需告知他們這類伴侶不僅正常，而且比其他一切更正常，也不必給他們看一堆同性戀圖片。要是某人只想找一對亞洲伴侶，他會看到很多幸福的異性戀亞洲伴侶，無論老少。谷歌絕不會重新調整他們對伴侶的看法，或是一般親密關係的樣貌。

在搜尋引擎編碼的某處，有一非常刻意的舉動，試圖讓以某些字串搜尋的人感到不爽、丟臉、迷失，或是憤怒。這樣看來，谷歌似乎是想提供一套讓他們自身引以為傲的服務，即為某些人提供服務，但不為可能在尋找異性戀或高加索伴侶的人服務；因為這些人顯然居心不良，本身就是個問題。嘗試尋找他們要找的資料時，勢必要遭到拒絕，挫一挫他們的銳氣。他們必定覺得收到一個超大的高科技 F 開頭的問候語。顯然這一切都是為了公平性。這和《紐約時報》不斷報導同性戀商人和同性戀芭蕾舞者是同一回事，只是這次改由矽谷來做，而且是以持續不斷的論調和速度進行，讓整件事變得更難否認。

以「黑人家庭」一詞搜尋，會在螢幕上看到一堆微笑的黑人家庭圖片，當中甚至連一張跨種族的家庭照片都沒有。但若輸入「白人家庭」，光是在第一排的五張圖片中，就有三張是黑人或跨種族家庭。頁面往下拉，很快就看到一張接一張的黑人家庭照片。

看來，讓電腦擺脫人類的偏誤的方式，反而製造出一種新形態的無偏誤。然而，這卻導致歷史的扭曲，並加上一層新的偏誤，這是有人刻意在系統中注入新的偏誤，用以攻擊他們認為帶有特殊偏誤的其他人。為了要消除人類的偏誤，現在卻將人類與整個帶有偏誤的系統捆綁在一起。

這造成的問題不僅是人們無法從搜尋引擎中找到他們想要的。世人早已習慣我們的媒體環境，如果你讀的是《紐約時報》或《衛報》（*The Guardian*），你會知道這些報紙可能存在某種特殊的偏誤，你可以選擇是否要當他們的讀者。同樣地，若你讀的是《每日電訊報》、《經濟學人》或《紐約郵報》，你也會知道這些報紙的立場，以及他們編輯、撰稿人，甚至是大老闆的偏好。即使你不認同這些態度和觀點，熟悉的讀者也可以選讀自己想要看的，因為他們知道這些刊物的方向。

不過，直到今日，大家仍假定搜尋引擎是一「中立」空間。也許會丟出奇怪的東西，但不至於找出全新的編輯路線，更不用說是帶有明顯偏誤的特定立場。這樣的搜尋引擎，好像成為在國外事務上相當可靠的刊物，但是對國內的報導，卻格外偏頗，尤其是體育版清楚顯示，任何喜歡體育的人都應該因其偏誤而受到懲罰和糾正。

當然，隨著大家對社群媒體的認識更多，更能夠明智使用，最終可能會調整自己使用搜尋引擎的心態，僅用於特定需求，就像目前看待新聞媒體的方式一樣，會懂得根據自身需求和世界觀點來調整。又或者是另一種可能，高科技公司會在某種程度上取得成功，他們所推動的版本將會廣泛或完全為世人接受。如果從現在開始的一兩代學童，絕大多數認為他們的國家若一直像現在這個狀況，會造成很大的傷害嗎？相信黑人和白人在十七世紀的歐洲是相當均勻分布，又是如何？異性戀與同性戀更自在地相處，包括看那些同性戀很恩愛的圖片，會造成很多危害嗎？若是年輕的異性戀認為這世上大約有五成或更多的人是同性戀，會造成什麼傷害嗎？可以輕易看出這些偏差校正會漸漸地惡化。要是真有機會減少種族歧視主義、性別歧視或反同性戀情結，誰會不願意使出能夠動用的一切工具和搜尋引擎，好好掌握住這個機會呢？

抱持這種態度所造成的沉重問題是，這會在追求政治目標時犧牲真相。實際上，這甚至將真相定調成問題的一部分，成為必須克服的障礙。每當發現有什麼地方的過去多樣性和代表性不足時，可以用扭曲過去的方式來輕鬆解決這個問題。一些使用全球最普遍的搜尋引擎的用戶，可能已經注意到這些更動。有些人可能注意到這一切，但是對於大多數人來說，在日常生活中，無論用的是谷歌、推特或其他大型高科技公司的產品，都可能只是感覺到有什麼奇怪的事情正在發生：系統提供他們一些他們根本沒有要求的東西，只為了一項他們沒打算要進行的計畫，或他們可能也不想追求的目標。

第三章
種族

一九六三年八月二十八日，馬丁．路德．金恩在華盛頓特區林肯紀念堂的台階上向群眾演講，他不僅訴諸美國傳統和原則的正義基礎，還雄辯滔滔地針對如何對待他人的正確方法，提出史上最強有力的一套見解。他演講的時空背景是黑人成為美國第一批奴隸，然後又成為二等公民幾個世紀，當時美國各州的法律，仍然充滿種族歧視，反墮胎法和種族隔離法仍然存在，兩個不同族裔的人若是墜入愛河，是會遭到法律懲處的。

在金恩博士的道德見解中，最了不起的一大要點是，他夢想著他的孩子將來應該「有一天會生活在一個國度，在那裡，他們將不會因為膚色而受人論斷，而是由他們的人格。」儘管許多人試圖實現這樣的希望，而且確實有不少人取得成功，但近幾年卻發展出一種詭譎的潮流，選擇拒絕金恩博士的夢想，並堅持相較於膚色，人格根本無關緊要。這股潮流決定膚色就是一切。

這場種族危險遊戲還殘存在幾處，近年來，全球都漸漸意識到其中一個地方。從二〇一六年美國總統大選以來，媒體一直高度關注白人至上主義和白人民族主義的殘餘勢力。在美國，這股勢力一直殘留著，就如同歐洲的部分地區一樣。但是，大眾對這些人的普遍態度基本上是一致的，沒有多少人支持他們拿歷史上最黑暗的材料來操作的手法。幾乎所有媒體和政界人物都嚴詞批評這些追求白人民族主義的人，明確譴責他們展現出的種族歧視。

不過，阻礙金恩博士夢想的最大因素倒不是來自於這批人，而是那些相信自己會依循金恩博士腳步的人，走向他在一九六三年的林肯紀念堂台階上所描述那條道路。為了要打擊種族歧視主義，這些人特地將種族議題從許多重要問題中挑出來，轉變成更重要的議題。在種族問題可能獲得解決的那一刻，他們再次決定要把它列為首要議題。

學術界

就像其他特殊利益研究一樣，自一九六〇年以來的幾十年，美國大學的「黑人研究」也蓬勃發展起來。與其他身分族群研究一樣，這類課程的目標，在一開始有部分是為了洗清特定族群的汙名，並且在歷史教育中增加一個重要的面向。就跟「同性戀研究」和「女性研究」一樣，「黑人研究」旨在強調歷史、政治、文化和文學中的特定面向。因此，在黑人文學課程中，會納入其他文學課程未涵蓋的黑人作家。黑人歷史課程可能會突顯某些黑人政治人物，因而難以提供某個時代或地方的概觀和綜合描述。但奇怪的是，黑人作家和政治人物納入所有課程之後，這類研究領域還繼續發展。這意味著，隨著種族差異的減少，這學門突然自成一格，轉變成特有的研究類別：現在的「黑人文學」，就像「同志文學」和「女性文學」一樣，在書店和圖書館中也佔有一席之地。

就跟女性主義的發展一樣，黑人研究在攀爬到類似勝利的高點後，種族平等的前景看來比以往任何時候都來得好之際，這學門也出現一套新的激烈言論和理念。正如同在女性主義中盛行的流派，從頌揚女性轉變為侮辱男性，也有部分的黑人研究開始攻擊非我族類的人。一門原本是要消除汙名化的學科開始重新汙名化。在種族研究中，相當於第四波女性主義的是「白人研究」這條路線，這門課如今在美國所有的常春藤聯盟大學，乃至於英國和澳洲的大學都有教授。這門批判性種族理論的分支，目前在威斯康辛大學麥迪遜分校開設一個名為「白人問題」的課程，而在澳洲的墨爾本大學，學者也早已敦促要將「白人研究」列為必修課，甚至連不相關的學系也是必修。任何曾被迫學習交叉性的人，都能立即認出這一套說詞。

牛津大學的《研究百科全書》（*Research Encyclopedia*）這樣描述白人研究：

一個日益發展的學術領域，其目的是揭露白人至上和特權的無形結構。批判性的白人研究，假定某些種族歧視的條件與白人至上的特權有關。

當然可以「假定」有這樣一層關係，但是撰寫這個條目的芭芭拉．阿普爾鮑姆（Barbara Applebaum），是錫拉丘茲大學（Syracuse University）的教授，就跟她這個領域中的其他人一樣，現在也是靠著這個「假定」來發展他們的學術生涯。阿普爾鮑姆在她二〇一一年發表的著作《白人是好人：白人陰謀、白人道德責任和社會正義教育學》（*Being White, Being Good: White Complicity, White Moral Responsibility and Social Justice Pedagogy*, 2011）中解釋了這一觀點，她表示，即使是公開承認反種族歧視主義的白人，仍然可能是種族主義者，只是他們經常沒有意識到自己帶有種族歧視。阿普爾鮑姆還呼籲白人學生要學習如何傾聽他人的聲音，承認他們在種族歧視主義中的「同謀」關係，由此學習如何「建立同盟」。這看起來似乎超越學術研究的領域。正如阿普爾鮑姆在《牛津百科全書》（*Oxford Encyclopedia*）所描述的，這是一場不敗的運動，具備所有熟悉的特徵，不是教育，而是再教育。這就像由已經認定你有罪的人來進行「隱性偏見測試」。

阿普爾鮑姆論及「提高白人警惕的重要性」，教導他們「白人特權的含義」，以及「白人特權如何與種族歧視主義同謀，勾結起來。」當然，所有這些都不是存在於真空中，而是存在於種族主義「猖獗盛行」並具有「暴力影響的情況中……正如媒體上呈現的許多種族暴力行為那樣」，她氣勢略微削弱地補充道。不過《牛津百科全書》明確指出，這樣的課程應該達到怎樣的學習目標。黑人研究是要頌揚黑人作家和黑人歷史，同性戀研究則將同性戀人物從歷史中挖掘出來，推向前方，但是「白人研究」完全不是一項頌揚性質的研究——若這真的稱得上是一門研究的話。正如阿普爾鮑姆自豪地指出的，「白人研究」的目標是「透過質疑白人來打倒種族歧視主義」。這是一種「糾正措施」。因此，儘管種族研究的其他領域都是本著頌揚精神在進行，但這門研究的目的必須是「問題化」成千上萬的人。

她引用杜博依斯（W. E. B. Du Bois）於一九〇三年的觀察：美國社會的一大特徵就是存有「膚色線」（colour line），她寫道：「除非白人學會承認，而不是否認，白人是種族歧視主義的同謀，而且逐漸發展出對此的批判意識，要質問他們，以理解其社會世界的『好』框架和概念，不然在這之前，杜博依斯對這社會的真切觀察與洞見將繼續存在下去。」

當然也可以說，同樣會繼續下去，而且更加真實的是，僅根據種族特徵就來界定一整群人，包含他們的態度、缺點和道德聯想，這樣的界定本身就是一個展現種族歧視主義的例子。要把「白皮膚」給「問題化」，必須顯示出白人是一個問題。這不僅是在學術的抽象層面上進行，而是要進入評判他人的實際生活日常。這想法從學術界進展到社會其他地方時，就跟過往經常發生的狀況一樣，會在名人世界中鮮活地展現出來，就跟生活中的每個領域一樣，從無關種族的狀態直接進入到種族偏執的狀態。

艾米．漢默的「問題化」

就拿演員艾米．漢默（Armie Hammer）為例。他的知名度在二〇一七年同志浪漫電影《以你的名字呼喚我》（*Call Me By Your Name*）推出後水漲船高。漢默本人並非同性戀者，這一點就他的聲譽來看，相當不幸。他是位男性白人，因此當他主演的電影贏得好評並獲得獎項提名時，他完全無法為自己辯護。美國的網路新聞媒體《*Buzzfeed*》以一篇〈栽培艾米．漢默的漫漫十年〉為題的六千字文章來評論此事。種族和種族政治現在可以用作武器，而這絕對足以毒殺一切。《*Buzzfeed*》的「資深文化作家」安妮．海倫．彼得森（Anne Helen Petersen）在副標題中這樣點出，「一位英俊的白人男性明星能獲得多少第二次機會？」根據她的說法，「這位電影明星的身高、側臉和老式的俊帥外表，會讓導演將他與美國老牌男星賈利．古柏（Gary Cooper）相提並論。他就跟那些在金錢無虞的環境中長大的人一樣，會充滿自信和魅力地炫耀自己，換句話說——若是你嘴巴再壞一些——他就是有點混蛋。」作者繼續嘲笑漢默曾參與演出的各項拍片計畫，當中有些一敗塗地，不然就是票房很差。在決定由他演出華納改編的漫威電影《正義聯盟：凡人》（*Justice League: Mortal*）中年輕時的蝙蝠俠布魯斯．韋恩（Bruce Wayne）這個角色後，沒多久這個拍片計畫卻胎死腹中：「突然間，（他的）明星之路就結束了。」彼得森用一種難以掩飾的語氣，洋洋灑灑地寫下「失敗的西方人」、「票房毒藥」，「聲望電影」的「一敗塗地」，「有史以來最大的夏季炸彈」，以及奧斯卡寵兒僅在「頒獎季雷達上閃現一下」。在那之後，她還繼續抱怨漢默的宣傳團隊，說他們「從未放棄栽培艾米．漢默」。

這篇由白人女性撰寫的長篇文章，看來重點似乎是要攻擊漢默，不僅因為他是失敗者，而且是白人，特別是在彼得森眼中，漢默演藝生涯的每個階段，她都看得到他享有的「特權」。這位《*Buzzfeed*》的作家對他深感不滿，她對漢默仍然能在演藝界演出的解釋是：「好萊塢永遠不會放棄這樣英俊高䠷，而且下巴又這樣方正的白人。」接著，再度提到，「在好萊塢，沒人能像白人男性一樣，能夠獲得這麼多的第二次機會。」然後又說，「最終，問題不在於給艾米．漢默這麼多機會，而是現行的體制確保了這些機會，以及給其他許多白人機會。這些全都佔去了那些真正需要，且能從中受益最多的人的機會、餘地和信念。」1

漢默親自在推特上發文，對這篇文章做出回應：「你所列出的年表正確無誤，但你的觀點卻很陰暗。難道不會是因為我就是熱愛這份工作，除了做自己喜歡做的事，拒絕做其他事……」然後他關閉推特帳號，其他人則繼續為他辯護。一位推特用戶指出，漢默在過去兩年一直力挺「黑人和同性戀製片者與這類題材。他是站在好人這一方的。」不過一位《富比士》（*Forbes*）雜誌的電影和電視評論家則攻擊漢默的捍衛者：「請你們自問一下，是否同樣擁護有色人種的演員。如果不是，那就請閉嘴。」其他人則提醒大家，《以你的名字呼喚我》的導演盧卡・格達戈尼諾（Luca Guadagnino）——至少他是同性戀——稍早因為沒有選同性戀演員在他的電影中扮演這個同性戀角色而受到抨擊。[2]格達戈尼諾在一次採訪中試圖為此解釋，說他想選的是那些他覺得化學正確而不是性傾向正確的人。他為自己辯解時，強調自己「對性別理論相當著迷」，並且「長時間」研讀美國性別理論家朱迪思・巴特勒（Judith Butler）的著作。[3]這套說詞似乎讓他得以擺脫這一困境。不過，將白人演員「問題化」確實是這個時代非常典型的困局。

可能有些人認為，像漢默這樣的演員可以接受這種局面，畢竟即使他沒有爬到這一行的頂峰，也已經比大多數演員來得好，而且得到不錯的報酬，但問題仍然存在：即「將白色問題化」等同於「將白人問題化」。這非但沒有消除任何麻煩，反而讓這手法變得司空見慣，讓一切都要以種族角度來考量，而且是極盡種族歧視主義攻勢之能事。

反種族歧視主義已成為種族歧視。過去幾十年，反種族歧視主義的基本原則是「色盲」，這個概念也是馬丁・路德・金恩在一九六三年提出的夢想。膚色不應成為界定一個人身分的重要面向，這樣就可能完全忽略它，也就能夠超越種族，在人類未來的各個層面的互動上，能夠排除種族膚色的因素，這也許是唯一可行的解決方案，也是一個絕妙的想法。但是，近年來就連這概念也受到攻擊。例如，擔任美國社會學協會（American Sociological Association）主席的杜克大學教授愛德華多・博尼利亞—席爾瓦（Eduardo Bonilla-Silva）曾表示，讓這個社會變成「色盲」的想法實際上是這問題的一部分。在他自己對「色盲」概念的論戰中，博尼利亞—席爾瓦宣稱「色盲」這概念本身就是種族歧視的作為。他於二〇〇三年出版（迄今為止已再版四次）的《沒有種族歧視主義者的種族歧視主義》（*Racism without Racists*）一書中，甚至創造「色盲種族歧視主義」（colour-blind racism）一詞。這個論點之後又為其他學者所擴展。

到二〇一八年，英國數百名大學教員得去參加工作坊，教導他們要承認自己的「白人特權」，並且體認「白色」皮膚可能會讓他們帶有種族歧視，甚至是在不自覺的情況下。全國各地的大學都建議教職員接受這一觀點，即白人因膚色而享有天生的優勢，而黑皮膚的員工、學生和同事則經常受到歧視。「黑人、亞裔和少數族裔工作人員諮詢小組」（Black, Asian and Minority Ethnic Staff Advisory Group）於布里斯托大學舉行會議，一位講者承諾他的機構將會請大學教員「檢視並承認白皮膚的破壞性角色」。[4] 這類觀點最初源自美國，當地的種族關係自有一段截然不同的歷史。此外，關於反種族歧視主義者的種族歧視主義，有一些相當耐人尋味的地方，那就是它假定種族關係的狀況普世皆然，而且自始至終都是相同的，而且歷史上與種族歧視主義最沒有關係的機構，實際上正處於邁向種族屠殺的邊緣。

正如格雷格．盧基亞諾夫和強納森．海特在二〇一八年的著作《美國的玻璃心世代》所點出的，災難化成為這個時代一項獨特的態度。就像可以對女性說，我們生活在一種強姦盛行的文化中，因此可以公允地稱此為「強姦文化」，同樣的邏輯也可以用在種族歧視，也可以對那些表現得好像生活在奉行希特勒主義社會的人這樣說。這兩個例子都有一個奇怪的地方，那就是提出最極端主張的地方都是在最不可能發生這類災難之處。就算世界上有些國家可能有類似「強姦文化」（在那裡強姦不會受到起訴，但確實有法律規範），但通常不會將西方民主國家納入。同樣地，世界上有些地方的種族歧視主義較為盛行，有些社會在某些時候可能會退回到某種種族的噩夢中，但是北美自由國家的人文學院，是最不可能轉變成奉行一九三〇年代德國種族潔淨策略的地方。詭異的是，正是在這樣的地方提出了最極端的主張，並出現最為極端的行為。

常青學院的「去殖民化」

華盛頓州奧林匹亞市的常青州立學院（Evergreen State College），幾十年來一直保有所謂的「缺席日」（The day of absence）傳統。這靈感取材自道格拉斯・透納・沃德（Douglas Turner Ward）一九六五年推出的同名劇本。其構想是每年讓所有的黑人（後來又納入有色人種）學生和教職員離開校園一天，這有部分是為了讓他們彼此會面，討論種族相關問題，有部分是為了突顯他們對整個社群的貢獻。這個傳統持續到二〇一七年時，校方宣布將以相反的方式來過「缺席日」。主辦活動者宣布，他們希望所有的白人在這一天都遠離校園。

當時學院裡有一位教員對此表示反對，他是生物學教授布雷特・偉恩斯坦（Bret Weinstein）。他與妻子在大學任教十四年，對之前的安排沒有表示過任何問題，不過他在校園電子郵件群組發送的訊息指出：

為了突顯自己角色的重要性和遭到忽視的問題（這是道格拉斯・透納・沃德的戲劇《缺席日》以及最近婦女節罷工的主題），決定自願退出共享空間的團體或聯盟。由一群人鼓勵另一群人離開，這兩者存在巨大的差異。前者是對意識的有力呼喚，這當然會讓壓迫的邏輯站不住腳。後者卻是一種力量的展現，其本身就是壓迫行為。

偉恩斯坦說，無論如何他是不會在那一天受迫離開校園。「一個人的發聲權，或是存在的權利，絕不能基於膚色。」這就是他的想法。

身為一個自我認同的進步左翼分子，同時又是美國聯邦參議員伯尼．桑德斯（Bernie Sanders）的支持者，布雷特．偉恩斯坦看起來不像是會遭到帶有種族歧視指控的人。但攻擊還是來了。當電子郵件的消息傳出去時，一群學生在偉恩斯坦的教室外面組織起來。他試圖在那裡與他們進行文明的討論，與他們討論當中的誤解，並且和他們講道理。一堆學生用手機拍下他們的溝通過程。偉恩斯坦試圖指出，「辯論與辯證」之間是有區別的。他說，「辯論時你想要贏，但辯證是透過反駁來發現真相的方式。我對辯論不感興趣，我只對辯證感興趣，這意味著我在聽你說，你也在聽我說。」但這個建議對這群聚集而來的學生並沒有引起很好的迴響。「我們不在乎你想說什麼。」一名年輕女子在偉恩斯坦用手托住頭時對著他這樣大喊。「我們不是在談白人特權。」當整個場面的情緒變得更糟時，其他人這樣大叫。「我們不是來討論的，」一名學生大喊：「你早就失去那個機會了。」

偉恩斯坦堅持不懈地說：「我談的是服務真相的話語。」他的這番話立刻引來一陣嘲諷和訕笑。「你說了一些種族歧視的狗屎，」一名學生喊道：「去你的那些鬼話。」之後喊叫聲越來越大，沒人能聽見其他人講的話。另一個人對學生說：「你們到底要不要聽他的解釋？」這時只得到一個響亮的「不要」。接下來，有人喊出：「不要再說膚色去他媽的沒用。」「你才沒用，」這名女學生對他喊道：「滾出去。去你媽的，你這狗屎。」[5]

整個校園的混亂場面越演越烈。最後還找來警察，然而這些警察也受到在校園中成群追逐的學生的侮辱。後來有一群人聚集在校長喬治．布里奇斯（George Bridges）的辦公室外，吟誦著「黑人權力」和「嘿！嘿！吼！吼！這些種族歧視主義老師必須走。」在一段影片中，一位留著粉紅色頭髮的黑人男學生指導其他學生行動，確保布里奇斯和其他工作人員不能離開校長室。這位學生後來解釋，「言論自由並沒有比這個校園中黑人、跨性別、女性和學生的生活更重要。」最終，學生佔領校長室，這裡發生的一切看在任何外人眼中，都顯得不可思議，超越現實。例如，學生曾經拒絕布里奇斯離開。有一次他說他需要去洗手間，但被告知他不得前去。他乞求說道：「我必須撒尿。」一個學生簡單地回他：「忍住。」最後，他獲得前去洗手間的許可，但前提是要有兩個學生陪同他去，並看著他回來。[6] 對於那些擔心法西斯主義的人來說，這些學生的組織方式和行徑，勢必相當駭人，他們就像當年希特勒創立的帝國衝鋒隊一般。

從後來由手機拍攝下來的更多鏡頭中，可以看到這位校長（他畢生投入社會科學，整個學術生涯一直在倡導社會正義）在校園裡一處較大的場所中，懇求學生。在布里奇斯嘗試與他們溝通時，他們大喊諸如「操你媽的，喬治，我們不想聽你講的鬼話。閉上你的狗嘴。」一位女士試圖向校長解釋：「這些人很生氣，所以重要的是他們在說什麼，而不是他們怎麼說。」有許多關於「白人特權」的喊叫聲，而當大學校長若有所思地點頭時，他遭到一個又一個的學生虐待。一名黑人學生指責他講的話聽起來像是在簡化事情。她說：「我們沒有那麼簡單。我們是成年人。所以我告訴你，你是在跟你的祖先說話。懂嗎？我們在你之前就來到這裡。我們建造了這些城市。我們早在你們之前就有了文明。趕快從你的洞穴出來吧？」

「你他媽的是神經有多大條，膽敢剝奪我們的人性……」另一個人這樣說。這時有人插話，提出「也有對跨性別」的壓迫，因為有「針對跨性別」。有人喊出，「幹！沒錯。」不過得到的掌聲要比種族相關議題少很多。最終這場會議破裂，幾名站在布里奇斯附近的學生對著他的臉大喊，其中一位身材魁梧的大男生還揮動手臂，充滿威脅意味。不久之後，校長溫柔地舉起雙手，試圖強調一個觀點。「把手放下來，喬治，」一位學生對著他說：「不要指人，喬治。」另一人警告說：「這樣不得體。」一個學生走到他面前，向他展示應該要如何站立，在與他們說話時，要將雙手放在身體兩側伸直。「你得把手放下。你知道你得把手放下。」眾人喊道。當他按照他們說的方式去做時，可聽到現場發出的笑聲。[7] 這場手指風暴的危機並不是在笑聲中過去，而是在這群人設法貶低一個有經驗的長者的興奮聲中。

在另一場與學生的會面中，眾人進一步要求校長不要做手勢。「把你的手放下來」一位年輕女子這樣要求。「那是我的問題，喬治，」另一位年輕的黑人女學生起身說道：「你一直在做這些小手勢或之類的動作。我要將這個空間去殖民化。我會四處走動。」每個人都鼓掌歡呼。布里奇斯保證道：「我把手放下來了。」他試著將雙手放在背後，繼續和學生對話，而這名年輕女子則四處走動，「去殖民化」這個空間。[8]

隨著校園內反動情緒高漲，常青學院的學生逐漸說服自己和彼此，相信他們面對的是一個公開承認自己帶有種族歧視的教授，以及一個光明正大擺出種族歧視主義態度的機構。很快地，校園裡出現一群揮舞著棒球棍和其他武器的學生，他們四處搜尋，追趕、毆打和恐嚇眾人，顯然是想要對偉恩斯坦教授，以及住在學校對面他的家人暴力相向。暴力威脅變得難以收拾，不得不封鎖校園幾天。警察接獲不得執法的禁令，只能將自己鎖在警察局內，不過他們致電偉恩斯坦，告訴他為了安全著想，要離開校園，並將他的妻子和孩子送到他處藏匿。教室外出現抗議學生的第二天，警察告訴偉恩斯坦，示威者在該地區到處搜尋汽車，要求居民出示他們的身分證件，因為他們在找他。他自己的學生，以及其他疑似抱持不同意見的學生，則遭到暴民騷擾。一名學生遭到暴民襲擊時一直開著手機。事發後，一名涉嫌毆打他人的年輕女子聲稱他們之所以與該名學生敵對，是因為他們發現他在「寫仇恨言論」。9

若說常青學院在這段期間的暴動是因為偏執的種族議題，是太過輕描淡寫。在之後召開的大學董事會議，一位白人學生描述她的遭遇：「有很多次他們告訴我，因為我是白人，所以我不得發言。這間學校似乎因為太過關注種族議題，反而變得矯枉過正，實際上，正醞釀一種不同形式的種族歧視主義。」10但是其他學生則持不同觀點。一位接受採訪的白人女孩（也染著一頭粉紅色頭髮）說：「我不在乎布雷特最後到底怎樣。他想去哪裡都可以，他可以離開，去當種族歧視主義者，成為狗屎。希望未來我們可以淘汰像布雷特這樣的人。」11

最後，偉恩斯坦不再在常青學院授課。在常青學院的學術圈同事中，只有一位他或他妻子的同僚公開表達支持他享有堅定自己立場的權利。幾個月後，他和妻子與大學達成離職協議，離開學校。

那段時間在常青學院發生的事，以及學生和其他人的真實想法，足以寫成一篇博士論文。現代校園爆動事件的種種特徵都可以在那裡看到。災難化、提出毫無憑據、罔顧事實的主張，以創造公平競爭環境為幌子來進行衝撞，將言語化為暴力又將暴力化為言語。

而且，常青學院發生的事件並不是美國校園的特例，這只是兩年前在耶魯大學首次引起廣泛關注的那場運動的延伸。將種族事件災難化已變得稀鬆平常，常青學院的學生或許以為可以提升到一個新的層次，這並不讓人意外。學生一次又一次發現，當他們這麼做時，這些大人要麼走人了事，要不就乖乖接受他們的指令（如果沒有離開的話）。

二〇一五年，常青學院爆發這起事件的前兩年，耶魯大學有一位名叫艾瑞卡．克里斯塔基斯（Erika Christakis）的講師發了一封電子郵件給大學的管理單位，詢問是否要建議成年學生萬聖節派對該如何裝扮。這之後導致一場校園萬聖節大戰，當年慶典的主軸變成是擔憂穿上不夠敏感，可能在文化上不合適服裝的恐懼。艾瑞卡的電子郵件最後導致數十名學生前去西里曼學院（Silliman College）的宿舍庭院，包圍她在那裡擔任舍監的丈夫尼古拉斯．克里斯塔基斯（Nicholas Christakis）（也是一名教授）。他們指責並羞辱他好幾個小時，指控他和妻子艾瑞卡是種族歧視主義者。這一次學生也是準備手機，拍攝下整個過程。

剛開始，一名黑人女學生對克里斯塔基斯說：「對我來言，這裡不再是一個安全的地方」，因為他的言行和他妻子的那封電子郵件是「暴力行為」。在整個過程，克里斯塔基斯的態度都很溫和，盡量安撫學生，並且試圖幫助他們。可以很清楚看出，他努力讓學生參與討論，並鼓勵他們思考除了自己的想法之外的其他觀點。但進展得不順利。一名黑人女學生在與他對話時號啕大哭。克里斯塔基斯與他們的溝通努力全都徒勞無功。當他試圖解釋自己抱持的共同人性願景時，人群中有人開始躁動且咯咯發笑，這場景就像後來在常青學院上演的一樣。其他人則等著隨時要撲向他。克里斯塔基斯試圖解釋他的觀點，說明即使兩個人沒有完全相同的生活經歷、膚色或性別，仍然可以彼此理解。這還是不管用。有一次他微笑著，卻有學生指責他的笑容。

一位年輕的耶魯女學生大喊：「看著你讓我感到噁心。」一個高大的黑人男學生大步向前，對著克里斯塔基斯發號施令：「看著我。看。著。我。你懂嗎？你和我不是同樣的人。我們是人類，很好，很高興我們都了解這一點。但是你我的經驗永遠不可能產生關連。」這時，周圍的學生開始發出尖銳的短音（這是除了拍手之外的非「攻擊性」選項）。「要了解你錯了，這是沒有必要動用同理心的，懂嗎？」學生繼續解釋：「即使你沒有感覺到我曾經有過的感覺，即使沒有人曾經因為你的種族而歧視你，但不是因為他們沒有歧視你的種族，就等於你的行為表現不會有種族歧視。」然後，這一位學生再次以命令式的口吻對克里斯塔基斯說，這種情況「不需要你微笑」。當他有禮貌地說他同意一個學生的意見時，另一個人向這位教授大喊，他不需要，也不想要你的同意。「這不是在辯論。這不是在辯論。」那位學生這樣喊道。另一位年輕的黑人女學生前來斥責他：「我希望你丟了工作。就是這樣。明白吧。你先看著我的臉。」她繼續對著他的臉告訴他，她覺得他是個多麼「令人噁心」的男人，她現在要離開他，讓他自己跟「他病態的信念，或者那些鬼東西為伍。」[12]

克里斯塔基斯向學生們解釋，其他人也有權利，不僅僅是他們而已。講到這裡，傳來一句「他不值得我們聽他講話」，另一個年輕的黑人女性開始指責教授在「這裡製造一個不安全的空間」，她的咆哮聲最終蔓延開來。他想要回應，但她舉起一隻手，尖叫著「安靜！」然後繼續說，「身為舍監，你的工作是為居住在西里曼的學生創造一個舒適的家園。你根本沒有這樣做。發送那封電子郵件，完全與你的舍監職位相違背。你明白嗎？」克里斯塔基斯試著說：「不，我不同意這一點。」但黑人女性扯破喉嚨大喊，憤怒的學生跟著狂喊：「你他媽的為什麼接受這個職位？誰他媽的雇用你？」他再次嘗試，「因為我的看法與你不同。」這說法並不能安撫她。這位學生還是不斷喊叫：「你應該下台。如果這就是你想成為舍監的想法，那你應該辭職。這與創造智性知識空間無關。不是這樣的。你明白嗎？這是要在這裡創造一個家園。你沒有做到這一點。」結束咆哮前，她最後一句喊出口的話是，「你晚上不應該睡覺。你真的令人作嘔。」[13]

不要忘記一點，所有這些騷動僅是起因於萬聖節服裝，以及大學的行政管理單位是否該把學生當成孩子一樣看待，建議他們要怎樣穿著。看完耶魯大學這場鬧劇後，大多數沒上過大學的人可能會想知道，這批覺得那年萬聖節很難過的學生，是準備要如何度過將來的人生。

與偉恩斯坦夫婦的遭遇略有不同，艾瑞卡和尼古拉斯多少獲得一些同事支持。儘管如此，克里斯塔基斯還是在該年年底辭去耶魯宿舍舍監一職，他的妻子也跟著辭職。

耶魯大學的學生能夠公開指責和咒罵他們的教授，甚至能夠讓他們聽從指示來行動，最終甚至讓他們離職，這背後所代表的意義相當重大。也許這鼓動了常青學院和其他地方的學生起而效法。不過，從這些事件所拍攝下來的鏡頭中，最令人震驚的畫面是，在校園中竟然出現這樣離譜的權力鬥爭。無論當中的某些學生有多麼真誠，還是有個明顯的疑點，何以大人會這樣容易地乖乖就範。提出極端的指控和不合理的要求，或許就能達到這一點，還能在大學生活中稍事放鬆（而不是潛心研讀）。

這事件沉寂後，克里斯塔基斯在一篇文章中試圖解釋一所大學應該有的作為，以及大學的責任是要「剷除一套完全非自由的觀念的根源」，其中包括「意見不同並不是壓迫。提出論點不是侵犯。言語——甚至是具有挑釁意味或引人反感的——都不是暴力。在處理我們不喜歡的言論時，解決方案是接觸更多的言論。」[14]

這樣的感受並沒有獲得什麼迴響。在克里斯塔基斯的電郵干預事件一年後，羅格斯大學（Rutgers University）召開一場關於身分政治的小組討論會，其中成員包括馬克・利拉（Mark Lilla）教授，以及黑人企業家和自由派評論家凱梅爾・福斯特（Kmele Foster）。福斯特發言時，熱烈地為捍衛言論自由辯護，他對著在場的學生解釋，在一九六〇年代，弱勢團體就是靠著受保護的言論自由來爭取公民權，「對於他們來說，要有所主張，能夠確保這些權利是至關重要的。」福斯特指出，馬丁・路德・金恩之所以會在伯明翰監獄寫信，是因為他違反言論法規而遭到監禁。這時，羅格斯大學的部分聽眾開始為黑人發聲，並高呼「黑人的命也是命」。群眾中有位黑人開始對福斯特喊叫，這時福斯特僅是以一個簡單問題來回應他：「事實重要嗎？」這位喊話者大聲喊道：「不要跟我談事實。我不需要任何事實。」他繼續說：「問題在於殖民……有一群人在控制另一群人。」在這期間，群眾中有另一位揮舞著標語，上面寫著「白人至上才是問題根源」。[15]最終，這位黑人發言者獲得允許，完成發言。

這些事件以及許多其他這類反應所彰顯出來的部分，也許更需要深思熟慮。多年來，在黑人政治和黑人基進思想中，一直來回擺盪著這樣一個觀念：既然一切都是由白人霸權結構所建立的，那麼在這結構中的每件事物都隱含或顯露出種族歧視主義，因此必須拆解它的每個層面。若是允許保留現行系統的任何一部分，那麼就無法實現種族正義。這就是為什麼黑人社群雜誌《根源》（*The*

Root）在二〇一八年刊登一篇麥克・哈瑞歐特（Michael Harriot）的文章，批評那些抱怨缺乏「思想多樣性」的白人。「你必須把這交給白人，因為他們喜歡扮演受害者。」他繼續解釋道：「白種人的基礎在於，他們立即貶抑任何可能威脅到白人持續優勢的一切。」然後，他堆疊出自己的核心思想，即「思想多樣性」僅僅是「白人至上」的委婉說法。[16]

這態勢一直持續下去。就在有人對著凱梅爾・福斯特大喊：「我不需要任何事實」的同一年，作家希瑟・麥克唐納（Heather Mac Donald）預計要在克萊蒙特麥肯納學院（Claremont McKenna College）演講。但由於學生活動可能構成威脅，於是將演講地點換到另一個地方，改以線上直播，讓聽眾點選影片聯結來聽演講。不過就在活動開始前，「包括波莫納學院（Pomona College）在內的克萊蒙特學院聯盟（Claremont Colleges）的少數黑人學生」給大學管理單位寫了一封信。簽名者聲稱，這位保守派的女性講者，如果真的要演講的話，「不能僅就意見分歧而辯論，而是要討論黑人存在的權利。」他們將麥克唐納描寫為「白人至上的法西斯主義者，是個好戰的鷹派，並且有恐跨性別和恐酷兒的毛病，還是個階級主義者，完全無視這套錯綜複雜的宰制體系，怎樣導致受壓迫者生活在致命的條件下。」不用說，這些描述全都與事實不符。這些學生顯然早就耳聞麥克唐納的《警察戰爭：對法律和秩序的新攻擊是如何降低每個人的安全感》（*The War on Cops: How the New Attack on Law and Order Makes Everyone Less Safe*）這本書，聽聞過當中的一些內容，但他們顯然沒有真的讀過這本書。他們仍然維持同樣的口吻，表示給麥克唐納一個演講的地方等於是「寬容針對黑人的暴力行為」，並且是「反黑人」的。不過最能突顯出這當中問題癥結的，還是這群學生最後的結論。他們這樣寫道：

在歷史上，白人至上的態度推崇客觀性這一觀念，並以「主觀性與客觀性」的二分法讓受壓迫的人民無法發聲。唯一真相是，這個觀念，也就是所謂的真理（the Truth），是西方—歐洲（Euro-West）所建構出來的，深深植根於啟蒙運動，在這場運動中，將黑色和棕色人種描述為不易感受到痛苦的次人類。這種結構是一則神話，而白人至上、帝國主義、殖民、資本主義以及美利堅合眾國，都是由此衍生出來的後代。真理是我們必須尋找的實體，就算危及我們在開放空間的生存能力，這觀念成了阻止受壓迫者表達意見的一種方式。17

「真理」是西方—歐洲所建構出的觀念。很難想到這世上還有什麼樣的一句話，能夠在嚴重誤導人的同時又產生如此危險的影響力。如果「真理」（著重引號）是白人的玩意，那麼其他人努力生活所追求的是什麼？

說真格的，這類事件令人擔憂的地方不是年輕人會如法炮製這種立場。最令人不安的是，這是他們在學校學到的。

當然，校園政治（包括學運）詭異的地方就在於大家會很容易，也很想要去淡化這些事。在過了某個年齡後，每個人在回顧過去時，會說學生總是在反抗，但卻忘了其實一直要到一九六〇年代，才有人將大學視為從事活動事業的起點，甚或是實際去煽動一場地方革命，更不用說是世界性的革命了。但是，現在情勢變得很明朗，最怪異的校園風潮正迅速地席捲整個現實世界。在美國那些安全無虞的人文學院裡，已經有人開始相信，或是假裝認為，在這顯然沒有種族歧視的地方，種族歧視主義仍永遠存在，而在外面廣闊的世界中，大眾也對種族議題偏執起來，為了追求所謂的反種族歧視主義，還培養出能夠說充滿種族歧視的言論，而這些都在常態化。因此，正如安德魯．蘇利文調查校園的瘋狂程度，並審視整個社會時所提到的，「我們現在全都住在校園裡」，這恐怕是個不可避免的結論。[18]

瘋狂的狗屎

就像很多事情一樣，這當中有些在開始時完全合情合理，好比說想要試圖彌補過去不可否認的錯誤的熱忱。但是，即使是這些贖罪的作為，也常常讓人覺得這不太像是一種撫平傷痛的療癒，而比較像是要去重新感染。以《國家地理》（*National Geographic*）雜誌來說，大多數人可能不會認為這是一本帶有種族歧視色彩的雜誌。不過，對任何錯過這份雜誌曾經展現種族歧視主義時代的人來說，這份刊物在二〇一八年被迫發行一期刊物，當中有一篇由總編輯親自執筆的正式道歉文。那一期的整本雜誌都在討論種族議題，總編輯以「幾十年來，我們的報導一直帶有種族主義。為了擺脫這樣的過去，我們必須承認這一點」為標題，介紹當期雜誌的主題。這份於一八八八年開始發行的刊物，在道歉文中涵蓋很多面向。主編蘇珊．戈德堡（Susan Goldberg）在她的文章中表示，她特地委託外人來檢視過去他們發行的雜誌，「在我們檔案庫中發現的某些內容會讓人無語」。他們發現這份雜誌在過去發表的內容有很多讓他們汗顏，直到一九七〇年代，這份雜誌「幾乎無視於居住在美國的有色人種」。在世界其他地方，把當地的「原住民」描繪成「異國風情，並且經常赤裸身軀而聞名於世，他們是快樂的獵人，高貴的野蠻人——總之就是用盡每一種陳詞濫調。」簡單來說，這份雜誌「並沒有帶領讀者超越美國白人文化中根深蒂固的刻板印象」。一九一六年的一篇文章中，對澳洲原住民的描述特別帶有種族歧視色彩。[19]為了要展現這份雜誌有多麼進步，編輯還特別告知讀者，她不僅是個猶太人，還是女性。

除了請大家注意根本沒人記得的事情之外，這一切動作還透露著其他古怪之處。歷史系的學生幾乎都熟悉英國小說家赫特利（LP Hartley）的《穿針引線》（*The Go-Between*），小說開頭的一句話就總結出其要義：「過去，是一個遙遠的異國，在那裡他們做事的方式不一樣。」需要一定程度的天真和傻氣，才會想像一九一六年出版的雜誌文章會符合二〇一八年的社會標準。一九一六年，英國和美國的女性連投票權都還沒有，同性戀仍然可能被判刑入監、參與勞役，那時一整個世代的年輕人前去法蘭德斯（Flanders）和法國的戰場，在那裡遭到毒氣攻擊、轟炸、射擊和炮擊。情況確實不可同日而語。

或許，這裡可吸取的教訓是，無論《國家地理》雜誌怎樣道歉，都不會令人滿意。歷史學家大衛·歐盧索加（David Olusoga）投書《衛報》，指明這樣的道歉「具有善意，但來得太遲。」[20]這種嚴格檢視過去的程度非但沒有促成什麼有益的批評態度，反而引起神經質的恐懼，讓人對當下的言行舉止是否為社會所允許感到困惑不已，會演變成這樣的局面或許並不讓人訝異。如果過去的人可以錯得這樣離譜，那麼要如何確定今日的行為舉止是恰當的呢？

就在《國家地理》雜誌道歉之前沒多久，《黑豹》（*Black Panther*）這部電影發行了。在宣傳期間，有很多關於黑人演員在這部片中擔任主角，以及這部片有機會為美國黑人和其他人帶來希望的評論。當中有很多是在探討這部電影票房賣座的關鍵因素。在「行星協會」（The Planetary Society）擔任資深編輯的艾米麗·拉克達沃拉（Emily Lakdawalla）在推特上提出一個顯然是相當真誠的問題，請大家幫她解決。她問道，像她這樣的白人女性要在什麼時候去看《黑豹》才算是合適的時機？顯然，首映的那個週末並不合適，那她究竟要等到什麼時候才可以去？這位四十二歲的女士在推特上這樣寫道：「所以，我特別謹慎地避開《黑豹》首映週末的那幾場，因為我不想成為在電影院裡吸走黑人喜悅的白人。我適合買哪一天的票？幾點的場次？下週末可以嗎？」[21]「吸走黑人喜悅」這話的含義相當明顯，顯示白人不僅是帶有種族歧視的禽獸，還隱約具有吸血鬼的性質。

同樣地，這想來有點詭異，光是一種膚色的人的存在就會吸走另一群人所經歷到的歡樂。儘管拉克達沃拉的推文是在調侃諷刺，但她接收到的訊息絕對是無所不在。她把它們吸了進去，現在只是把它們呼出來。

多年來，感恩節只是美國人與家人和親人團圓的節日。但是到二〇一八年，連這個節日也種族化了。下面是《根源》雜誌為二〇一八年的感恩節所選出來給讀者的話。「親愛的高加索人，」這份刊物以這樣的開頭來教誨其線上的追隨者：「如果你要去黑人家庭一起過感恩節，切記我們的感恩節與殖民和屠殺美洲原住民無關。我們的節慶是一個半宗教的儀式，主要是以食物、家庭和地瓜派來慶祝。」[22]假期的幾週後，美加地區的跨國傳媒《*Vice*》發布一段相當令人興奮的新型假期影片。這影片拍的是一群需要「遠離白人」，好好休息一下的女性。或是說，正如《*Vice*》在影片發布時所下的標題：「離開白人去度假是什麼樣的感覺」。[23]關於假期本身及其背後的想法，片中的參與者都只是好評連連。參與者清楚表明，對有色人種的女性來說，能夠有時間離開白人是很重要的，這一點並沒有錯，而且要是有人對這樣的假期提出任何異議，那一定是帶有極端的種族歧視。

越過北方邊界，加拿大人顯然也是習慣性地要拿種族歧視主義大做文章，不然可能會死不瞑目。二〇一八年四月，薩斯喀徹溫省（Saskatchewan）發生一起可怕的公車事故，造成十六人喪生，十三人受傷。後來又因為發現撞車事故的公車載滿少年冰上曲棍球洪堡野馬隊（Humboldt Broncos）的隊員，而讓這場悲劇更加沉重。在一個曲棍球盛行的國家，痛失這麼多青少年，導致前所未有的全國哀悼場面。加拿大人將曲棍球棒放在門外致意，而為紀念這批年輕人的捐款也募得創紀錄的數字。但是，就連這場悲劇也逃不掉這股種族化的新浪潮。

在這場悲劇的尾聲，魁北克一位自稱是「活動分子」的作家諾拉．洛雷托（Nora Loreto）在社群媒體抱怨大家對於這批罹難的曲棍球隊隊員的關注，宣稱：「受害者是年輕的白人男性……這發揮重要作用。」[24]

在二〇一八年，無論你是向前看還是向後看，是在悲劇中，還是在喜劇中，總是會透過相同的鏡頭來觀看，一個種族的鏡頭。這一年迪士尼（Disney）發行經典電影《小飛象》（*Dumbo*）的翻拍版，這是一部關於小象的故事。檢視這部影片以及真人翻拍的預告片後，《*Vice*》稱一九四〇年迪士尼的原創動畫片《小飛象》是「迪士尼有史以來推出的糟糕作品之一」，這點可以輕易看出來」，因為當中有很多角色都是「令人毛骨悚然」，而且「通常帶有種族歧視」的酒鬼。然而，「儘管如此，這部電影仍然大獲成功，成為深受人們喜愛的卡通片，並周而復始地讓子孫後代感到恐懼。」幸運的是，所有這些在新版本中都獲得更正。《*Vice*》在觀看這部兒童動畫片的預告片後，感到有資格向成人讀者報告，迪士尼這次翻拍的《小飛象》現在看起來「既可愛又令人心動，當中似乎沒有種族歧視，也不再恐怖駭人。」[25]是什麼讓他們這樣想？在怎麼樣的世界必須對翻拍給兒童看的小飛象卡通提供這樣的健康警語？答案是，在萬事萬物不但因為種族而顯得盲目，還因為種族而偏執的世界。而且，若是說校園的種族理論家算是一些晦澀難懂的觀念的起源，那麼，在能見度最高的媒體，則讓這些想法發揮最大作用，超越任何地方；在那裡，成千上萬的人吸收這套觀念，並且認為這套新復興的種族偏執想法再正常不過。

中傷

二〇一八年二月網飛（Netflix）推出改編自理查・摩根（Richard K. Morgan）的小說《碳變》（*Altered Carbon*）影集。儘管拍攝費用驚人，除了對科幻小說非常愛好的人，其他人幾乎看不懂這部影集。這裡就不交代那些細節，直接進入發生在公元二三八四年的主要情節，劇情圍繞在一位名叫塔卡許（Takeshi）的人物，這個角色之前已經被殺死，後來在另一個身體（片中以「袖子」稱之）重生，這在未來是可以做到的。

網飛宣布演員陣容的那一刻（甚至早在發行這部影集前）就遭到撻伐。主要是因為將重生的塔卡許這個角色交由瑞典出生的演員喬爾・金納曼（Joel Kinnaman）演出，他之前在網飛改編的《紙牌屋》（*House of Cards*）中飾演凱文・史派西（Kevin Spacey）的政治對手弗蘭克・安德伍德（Frank Underwood），就此成名。在《碳變》首映當天，許多雜誌都對此發表評論，其中《時代》

（*Time*）雜誌決定直接攻擊目標。正如其所下的標題，「《碳變》發生在未來，但這影集毫無進步可言」。

這篇文章指出，這部影集對「種族、性別和階級」的處理讓人感到「徹底逆行」。問題主要出在選擇瑞典籍的金納曼來演出。根據（似乎忘了這整個故事都是科幻情節）《時代》雜誌所言，選擇「白人」演出前世曾是「亞裔男子」的重生角色是一個錯誤。儘管承認這樣的改編確實是按照原著的編排方式，但《時代》的影評覺得，這仍然「在螢幕上顯得特別有問題」（動用社會正義中偏愛的詞彙）。她的見解是：

> 要是劇組挑選亞洲演員來演出重生的塔卡許，那一切會好得多，也避免了像去年《攻殼機動隊》（*Ghost in the Shell*）那樣出現的爭議。在那部改編中，史嘉蕾・喬韓森（Scarlett Johansson）在白色機器人裡面扮演亞裔女性的意識。

史嘉蕾・喬韓森的亞裔機器人意識在二〇一七年引發種族論戰後，應當要不惜一切避免重蹈覆轍。顯然，就算你設定的科幻戲場景是在公元二三八四年，還是應該期待那個年代的人與《時代》雜誌在二〇一八年的影評人抱持相同的價值觀。[26]

網飛的各式娛樂節目是目前最普遍，也觀看門檻最便利的媒體之一。它提供一個表達和自由交流思想的機會，在前幾世代，這還只是夢想。然而，即使是這種娛樂工具也成為現在無所不在的新呼籲的遊樂場，意圖重新喚起世人對種族的偏執。儘管這樣對種族幾近偏執的態度從過去數十年來根本沒有出現過。

昨是今非

之所以發展出這種瘋狂形勢，部分原因是我們曾經非常接近這一理想目標。最近幾十年來，在西方戲劇或電影中，任何種族的人都可扮演主角，這早已司空見慣，為世人所接受。種族歧視的大戲早該下幕。自從皇家莎士比亞劇團（Royal Shakespeare Company）選中演員艾德里安·萊斯特（Adrian Lester）——他恰好是黑人——飾演《亨利五世》以來，已經過去了將近二十年。開演時觀眾蜂擁而至，就像去看任何一場好的製作和出色的表演一樣。從那時起，黑人演員在舞台上（包括歷史劇）變得稀鬆平常，甚至鮮少有人會特別去注意黑人演員的加入。在音樂界，同樣的情況也有幾十年。早在一九七〇年代，史特勞斯、威爾第和海頓的作品就有美國傑出的女高音凱瑟琳·巴特爾（Kathleen Battle）擔綱演出。這些歌劇中沒有一個角色是為黑人歌手而寫的，但那時從來沒有人嚴肅看待她是否適合演唱這些角色，也沒有人對演員陣容提出負評。

潔西·諾曼（Jessye Norman）的例子也是如此，她是近幾十年來最棒的女高音之一。理查·華格納（Richard Wagner）並沒有將伊索德描寫成黑人。但是，當潔西·諾曼與赫伯特·馮·卡拉揚（Herbert von Karajan）指揮的維也納愛樂樂團演唱《崔斯坦與伊索德》（*Tristan and Isolde*）時，沒有人會略過音樂本身而去譴責選角的問題，質疑是否選了不合適的族裔來演出。我們早就習慣了。

但那是昨日世界。如今在選角時，演員或表演者的種族特徵成了最重要的特徵，而且這一點完全為大家所接受。實際上，這比他們的演技和才華更重要。現在，種族戰爭在娛樂場所和其他地方不斷爆發。

二〇一八年，就在《碳變》遭到種族純度測試後數週，BBC宣布當年度夏季的逍遙音樂節（Promenade Concerts）的節目單。當中宣布，這次音樂節的一個亮點是邀請到百老匯明星席艾拉．波格斯（Sierra Bogess）前來參與《西城故事》（*West Side Story*）的演出。但是演員表一宣布，立即在社群媒體引來譴責聲浪。因為有人說波格斯是白人，卻被選來扮演瑪莉亞（劇中虛構的一位波多黎各人）的角色。這整部劇是虛構的小說，而且歌詞和音樂是由兩個猶太人所寫的，但大家完全不考慮這一點。一個推特用戶寫道：「你是一個白人女性，但這個人物是波多黎各人。你又不缺工作機會。不要再扮演有色人種的角色。」另一位的推文：「我喜歡席艾拉．波格斯，但瑪莉亞是音樂劇中少數的拉丁裔女主角，所以，拜託請選一位才華橫溢的拉丁裔女性來擔任，有很多人都願意付出一切來扮演這個角色。」

因為選用波格斯扮演瑪莉亞一角，BBC的逍遙音樂節被指控是在「洗白」。不幸的是，波格斯很在意這些批評，因此在臉書上宣布：

幾經深思熟慮後，我意識到如果我參加這場音樂會的演出，將會再次剝奪拉丁裔歌手演唱的機會，也是在否定他們在舞台上演出的重要性。

她說這將是一個「巨大的錯誤」：

自從宣布這場音樂會以來，我已經對此進行多次談話，討論為什麼現在要避免這場表演的錯誤選角繼續下去，現在是至關重要的時刻，比以往任何時候都重要。我為自己沒有早日意識到這一點而道歉，身為一名藝術家，我必須自問要如何才能以最好的方式來服務世界。目前這個情況，我的選擇比以往任何時候都更明確：退後一步，給予這個節目糾正多年來錯誤的機會。

因此，我決定退出這場音樂會，我期待繼續為我們的社群和世界變革發聲！27

於是這個角色得重新選角，最終是由來自加拿大渥太華的米卡艾拉・班內特（Mikaela Bennett）演出，一般認為她具有更適當的種族特徵。

就這樣，因為幾則推文就推翻選角的決定。一個才華橫溢的明星遭到霸凌。以「進步」和「多樣性」為名，就這樣最退步又貧乏的力量再度贏得另一場勝利。

在一個見證所有事物政治化和極端化的時代，小說和藝術領域——這是我們所擁有的最大屏障之一——如今正轉變成種族排他性和種族排斥的戰場。

那些試圖推動這類議題的人，也許在某個時候醒悟，發現他們正朝著邏輯全面崩解的方向前進。因為讓席艾拉・波格斯退出《西城故事》的邏輯，同樣也可以輕易將其套用在其他劇碼，堅持所有未來的哈爾斯王子或伊索德都必須是白人。選角可以是不計膚色，也可以是有所偏執，但不大可能兩者兼具。

現在，這種無聊的注視正影響生活其他層面。現在，沒有一種職業或消遣能夠躲過，隨時都可能因為種族爭議而爆發事端。而且每當爆出一項爭議，爭議本身還會轉移到他處，源源不絕地轉變出接二連三的事件和主張，讓全局失控。

就拿二〇一八年九月暱稱小威廉絲的網球冠軍塞雷娜．威廉斯（Serena Williams）所引發的爭議來說好了。在美國網球公開賽期間，她被判違規，又因為摔球拍而受到罰款。小威廉絲面對主審時完全控制不住自己的脾氣，在網球這種講究禮儀的運動中，完全是不被允許的。不過小威廉絲真的就是槓上主審，大爆粗口，甚至稱他為「小偷」。最後小威廉絲被罰了一萬七千美元，不過就公開賽冠軍有將近四百萬美元，亞軍也有快兩百美元的獎金來說，這樣的罰金對小威廉絲而言只是零頭而已。但是問題不止於此。由於小威廉絲是一名女性，女子網球協會認為裁判是「性別歧視」。又因為她是黑人，所以這件事直接升級成一場全面的種族糾紛。

ＢＢＣ指出，對小威廉絲在球場上爆怒的批評是來自長久以來的種族刻板印象，認為「黑人女性都很易怒」。[28] 但如果不是遵循這種刻板印象的話，那黑人女性生氣時是如何呢？對此沒有人提供解釋。《衛報》決定繼續延續種族歧視這條路線。其撰稿人卡里斯．阿福科（Carys Afoko）表示，在對小威廉絲的批評中，我們得到一個更大的教訓，這顯示「身為職業黑人女性有多麼艱辛」。阿福科認為，「在辦公室，不允許黑人女性有心情糟糕的一天。或者更確切地說，要是我們今天心情很糟，通常是不能冒險表達出自己的憤怒或悲傷。因此，我們許多人發展出一種工作角色，能夠在白人工作場所取得成功。」這或許只是這位《衛報》撰稿人遭遇到的個人挑戰。無論如何，阿福科繼續舉例說明她的意思，以及她自己必須忍受的狀況。「幾年前，我反對一位男同事的想法，結果他把我拉到一邊，說我這樣太具攻擊性。當我試圖跟他解釋『攻擊性』一詞帶有種族色彩時，他就哭了起來。」誰知道她的同事為什麼會哭？也許這又是他展現種族歧視主義的例證。也許是擔心遭到種族歧視的指責會毀了他的職業生涯。或者，也許是因為他開始感到不論他說什麼，他的同事最終都會將其解釋成種族歧視主義的行為，頓時悲從中來。

總之，阿福科從她男同事落淚的事件中吸取不同的教訓。「這強化了我在二十多歲時學到的一個教訓：在大多數情況下，不值得在工作場合解釋種族或性別歧視。只要低下頭，盡力完成工作就對了。」然後，為了幫助尚未趕上時代的《衛報》讀者，她添加很有幫助的補充：「如果你不是黑人女性，而且現在感到很困惑，這裡有一段介紹交叉性的兩分鐘影片。」[29]這段很有幫助的影片名稱是《孩子對交叉性的解釋》，並且確實如其描述，是由不到十歲的孩童說明交叉性其實是簡單明瞭。在盡可能降低成年人的干預下，影片用簡單、略微押韻的詞彙來解釋交叉性，說這不過就是「一個使我們理解人們過著多元生活的概念」。片中一個五六歲的白人男孩儘管聽了來自加拿大北方原住民部落的孩子向他解釋交叉性，但仍然對此感到困惑。最終影片顯示他「明白了」，並向短片開頭的漂亮黑人女孩解釋：「人並不只是一張圖像就可以說清楚的。要看到整個畫面，基本上得呈現造就你整個人格的一切特性才行。」因為懂得這個道理，又克服了最初的困惑，他受到大家的祝賀：「謝謝你，這真的太酷了。」然後有人來和他人擊掌，算是一種獎勵。[30]

文化挪用

要阻止這種對種族和種族特徵間的不斷深化，最直接了當的方法就是持續嘗試將邊緣模糊化。好比說，製造讓各種族間能夠進行交流和分享的層面，使其成為一種開放的體驗。例如一個人或一民族受到他人欣賞的文化層面，可以共享出去，這樣就能跨越種種分歧，尋求廣泛的理解。這是一個遠大的目標，但可惜在這目標得以完全實現前，已經出現一理論：這也是從校園開始，然後蔓延到現實世界，這個概念稱之為文化挪用（cultural appropriation）。

這起源於後殖民時期的研究，其想法是殖民大國不僅將自己的文化強加於其他國家，而且還把某些外國文化帶回自己的國家。對此的善意解讀可以說成是一種模仿，是種最誠摯的奉承形式。但無論大家要怎麼看，後殖民研究的教授可是從來不會以善意的方式來解讀這一切。相反地，他們是以最不溫和的方式來解讀，認為這種文化盜竊是殖民主義對殖民地的最後侮辱，在強取豪奪一個國家的自然資源，脅迫其人民接受外國治理後，殖民勢力甚至不放過這些人擁有的文化。

在這股起源於校園的反「文化挪用」運動中，在大學城爆發最大的反動勢力恐怕也是在所難免。在早期指控文化挪用的浪潮中，主要是針對不合適的奇裝異服，好比說二〇一五年萬聖節前耶魯大學的學生就對此感到動輒得咎。主要的顧忌是會有非原住民血統的人穿戴他們的服裝，好比說原住民的頭飾。這一點，就時下的反動聲浪來看，是不行的。

俄勒岡州的波特蘭開始獨樹一幟，成為每個令人抓狂想法的測試實驗室已經有一段時間了。近年來，這座城市對於文化挪用特別感冒。這包括一起牽扯到餐廳的事件，鬧到最後，原本一處為當地作家描述成「美食天堂」的地方，轉變為比較像是一處食物戰區。[31] 二〇一六年，當地一名女性開設一家名為番紅花殖民地（Saffron Colonial）的小酒館。憤怒的暴民聚集在她餐廳外，指責她的餐廳充滿種族歧視主義，並且歌頌殖民。在Yelp這類美食評論網站，滿是對這間店負評，直到老闆最終屈服，更改餐廳名稱為止。有人指控她之所以在波特蘭開這間餐廳，其實是為了在背地裡建立重建帝國的機構。不過，還有比這更誇張的評論。在當地人看來，這餐廳最糟糕的地方是他們根本無權烹飪他們販售的料理，因為他們的DNA錯誤。

二〇一七年，有一對伴侶經營販賣墨西哥捲餅的餐車。根據當地的新規定，這對伴侶犯了文化挪用罪，主要是因為他們不是墨西哥人，但卻「偷竊」墨西哥文化，販賣墨西哥捲餅。這位餐車的老闆最終因為受到死亡威脅，不得不關閉他所有社群媒體的帳號，最終就此歇業。要說這樣的勝利鼓舞了大眾，還太過輕描淡寫。在墨西哥捲餅事件勝利後，俄勒岡州當地的活動分子彙整出一份清單，並將其發放流傳，這清單的標題是：「取代波特蘭白人開的文化挪用餐廳的選項」，建議大眾改去「有色人種」所開的餐廳。[32]

就跟那些大學事件一樣，大家可能期待在波特蘭爆發的事件只會留在波特蘭。不過，就跟發生在大學裡的狀況一樣，在這個相互聯繫的網路時代，這種感覺開始增生出去，我們現在每個人都有置身在波特蘭的風險。在二〇一八年夏季，大多數人都在休假時，英國爆發一場文化挪用食物大戰，當時一位黑人議員唐恩．巴特勒（Dawn Butler）發言，譴責知名電視廚師傑米．奧利佛（Jamie Oliver）。起因是奧利佛最近推出一款食物調理包新口味：「牙買加烤雞飯」（punchy jerk rice）。產品一上市，馬上就有人批評奧利佛推出的食譜中缺少傳統上用於醃製雞肉的許多成分。

之後，從對食譜遺漏的批評開始，又引發一陣騷動，轉移到種族上頭。巴特勒議員在推特上表達她對這位廚師的厭惡。問到奧利佛是否真的知道「牙買加烤雞到底是什麼？這不僅是在推銷產品前隨便加上的字眼。」她繼續發推文：「你的牙買加烤雞飯完全不行。這種對牙買加的文化挪用需要停止。」[33]好在巴特勒的雷達似乎沒有感應到，傑米．奧利佛在全英國各個城市開設的十幾家義大利連鎖餐廳「傑米的義大利菜」（Jamie's Italian）。

像這樣全民出征、眾人撻伐的事件還有一相同的特點，那就是，儘管這樣的指控在道德上非常瘋狂，不僅會衝著知名人士，但也可以輕易針對默默無聞的一般人。在平常日子，猶他州一所學校的畢業舞會不可能像國會議員和名廚之間的爭吵那樣令人震驚，但是二〇一八年，一位名叫凱西亞（Keziah）的十八歲女孩在網路分享她前去舞會所穿的禮服照片。那套紅色連衣裙帶有獨特的中國風，穿著者顯然希望因為這身行頭而獲得多一些人按「讚」。不料，凱西亞非但沒有得到她想要的讚美，反而遭到來自全世界的強烈圍攻。「這場舞會的主題是休閒種族主義嗎？」一位推特用戶這樣問。其他用戶則指責她，明明不是華裔卻穿著一身中國風的衣服，這顯然是文化挪用。[34]

在通情達理的世界，上述所有不可思議的情事，對於藝術家，尤其是諷刺作家來說，應該是一份大禮。但如今，即使是對這現象抱持批判態度，似乎也會促成另一場指控，並進一步引發對這方面的要求和敏感度。二〇一六年九月，小說家蘭諾．絲薇佛（Lionel Shriver，《凱文怎麼了》（*We Need To Talk About Kevin*）等小說的作者）在布里斯本作家節（Brisbane Writers Festival）以「小說和身分政治」為題，做了一場演講。絲薇佛趁此機會提到「文化挪用」的問題。在講座開始的前幾週，這個詞剛好一再出現在各種不同的情況。有關於非墨西哥裔的人是否有權戴草帽的問題，以及是否應允許非泰裔者料理或食用泰國菜這類問題。

發揮想像力和進入別人的頭腦本來是小說家的強項，因此絲薇佛自覺這些運動逐漸逼近她的地盤，對此感到不安。她在布里斯本的演講主要是為她的藝術提出全力辯護，表明作家有權寫出自己想寫的任何東西。絲薇佛解釋，在構思她小說中的一個角色時，最初可能是從建立這角色的某個特質開始，比方說他是個亞美尼亞人。但是「光說這人物是亞美尼亞人，不足以表現出我對這個字彙的理解。」她繼續說：「身為亞洲人不是一種身分。身為同性戀不是一種身分。失聰、失明或坐輪椅也都不是身分，或是說，處於經濟匱乏的狀態也不是。」

對這場演講的回應完全可以預期。黑人女性評論洛維亞・吉亞克（Lovia Gyarkye）在美國一份以政治、當代文化和藝術評論為主題的自由主義刊物《新共和》（*New Republic*）指出，「蘭諾・絲薇佛不應該寫關於少數族裔的文章。她九月八日在布里斯本作家節的演講沒有顧及這其中的許多細微差別，這證明她並不懂當中大部分的癥結所在。」吉亞克在文中向絲薇佛提問：「我想要問絲薇佛的問題是：如果這些標籤不是身分，如果身為同性戀或殘障人士不屬於你身分的一部分，那麼為什麼每天都有成千上百的人受到虐待、羞辱和殺害……絲薇佛對文化挪用的懷念似乎是它與權力密不可分的那分聯繫。」[35]災難化和傅柯就這樣合併在一個主張中。

不過，吉亞克對此的不滿沒多久就被出席布里斯本那場演講，澳洲蘇丹裔的穆斯林女性媒體主持人和作家亞斯敏・阿卜杜勒—麥吉德（Yassmin Abdel-Magied）所取代。《衛報》收集她的第一手描述，並重新刊登在報紙。根據阿卜杜勒—麥吉德的說法：

聽演講二十分鐘後，我轉向坐在旁邊的母親，我們都坐在前排。「媽媽，我坐不下去了，」我說，我的嘴角不斷下沉：「我不能接受這種說法，這不合理……」

接下來則是一段精彩的描述，讓人身歷其境，體會她站起身離開會場的感覺。顯然絲薇佛的演講根本無法與阿卜杜勒—麥吉德的想法契合，差異之大，對她而言這幾乎不算是一場演講，反而像是「一個為高傲所包裝的有害包裹，帶著優越感來傳送。」阿卜杜勒—麥吉德試圖解釋，以另一個族裔的聲音來書寫是多麼危險。她以自己的侷限為例，來說明這一點：

我不能為LGBTQI的社群或是那些腦神經構造特殊，以及殘疾人士來發聲，但這正是重點所在。我不代表他們說話，並應該讓他們的聲音和經驗得到傾聽，得到認可。

在寫了一些關於殖民主義的內容後，阿卜杜勒—麥吉德以此作結：

在蘭諾．絲薇佛的演講中，展現出對他者的不尊重，這就跟我們在選舉中看到投票給澳洲極右派「單一民族黨」（One Nation）的寶琳．漢森（Pauline Hanson）時所見識的那股力量相同。這就是我們澳洲原民（First Peoples）仍在努力爭取認可的原因，也是我們繼續忍受離岸移民監獄的原因。就是這種態度為偏見、仇恨和種族屠殺奠定了基礎。36

為了報社自身的信譽，《衛報》隨後刊登絲薇佛演講的全文，好讓讀者可以自行判斷她在布里斯本的講話到底是在攻擊一種潮流，還是為法西斯主義奠定基石。

絲薇佛後來還是度過這場強烈的反彈，部分原因是她固有的名聲，她向來就以直言不諱、敢言真誠而聞名。不過，這裡可以看到攻擊她的明顯誘因，看得出何以有人希望自稱是她的受害者。要是阿卜杜勒—麥吉德（後來因為惹出一些烏煙瘴氣的事件而離開澳洲）在評論絲薇佛的立場時，不是選擇以個人經驗出發，而且經過深思熟慮才下筆，那麼之後她本人可能不太會引起大家的注意，也不會有人想立即重新出版她的文章，並在一家大報社重新刊登。要是她沒有覺得自己的嘴角下沉，並向她母親解釋，她們在大廳裡的存在只是「合理化」這種仇恨，那麼她的見解就不會比其他人更有說服力（或是更公開）。這在群眾瘋狂機制中是一個重要的齒輪：自欺欺人的人，可得到最多的關注；沒有受到困擾的人，都會遭到忽略。在這個透過社群媒體大聲呼喊來吸引注意力的時代，這種機制獎勵引起腥風血雨的憤怒。至於絲薇佛，自布里斯本的那場演講以來，這幾年她一直是公開反對出版社引入性別和種族配額制度的少數作家之一，因為這套系統在出版社決定要出版哪些書籍和作者時，不再是以文學價值為考量。

中心問題

這背後的中心問題是一個巨大的混淆，但這不是由誤解引起，而是肇因於我們的社會試圖同時推行多項計畫。一方面，有個計畫宣布要讓世界成為一個生活美好的地方，能夠珍視每種文化，並讓人能夠更輕易地接觸這些文化。另一方面，又同時推出另一個計畫，聲明僅有在特定條件下才能夠跨越文化界限。但後面這項計畫不僅沒有完成，而且連撰寫計畫的工作似乎還完全開放給任何想要插手的人。此外，還有一項計畫認定種族和文化是兩碼事。然後又同時推行另一個計畫，表示這兩者基本上就是一回事，所以侵犯他人文化就是種族侵略或「挪用」行為。

在此之下，有一個充滿爆炸性的危險，難怪它會一直埋藏在深處。我們不問這個問題，因為我們早已決定要否定哪些答案。這問題是，種族算是硬體議題還是軟體議題。就《國家地理》雜誌和其他企業對自身過去作為感到羞恥這一點來看，種族成了所有硬體議題中最重要的。一個人以種族定義其自身。這經常會排斥和損害其他一切。隨著二十世紀的進展，世人更加認清，縱使種族問題很沉重，但並非無法跨越。確實，只要人們願意，並且將自身沉浸在感激與熱愛之中，就可以隨心所欲地成為另一文化或民族的一員。到了二十世紀後期，出現了一些警訊，比方說，有人體認這條道路只能是單行道。一個印度人可能會變成道地的英國人，但是一個白皮膚的英國人，可能永遠無法成為印度人。在這裡，可能與不可能的邊界正在微妙而持續地變動著。近幾十年來，這主要是沿著跨種族收養的態度在轉變，一個種族的父母收養另一個種族背景的孩子，是否對孩童有益或合適。不過我們現在面對的問題是，這整個領域正在重新發展。由早期的那些訊號來看，這一次不僅可以移動到任何地方，而且看來好像是往目前可以想像的某些最壞的方向移動。

黑人是政治嗎？是演講內容而不是演講者

二〇一六年，線上支付Paypal的共同創辦人彼得・泰爾在克利夫蘭的共和黨全國代表大會上力挺唐納・川普，頓時在全美各大同性戀雜誌眼中，他不再是個同性戀。往右傾，而且是傾向川普的那種右翼，這是非常嚴重的錯誤，因此男同志文學雜誌《倡導者》將泰爾從同性戀教會驅逐出去。兩年後，同樣的模式在美國黑人之間上演。

在推特上沉寂近一年後，美國饒舌歌手、音樂製作人兼詞曲作家肯伊・威斯特（Kanye West），於二〇一八年春季重新在媒體上復出。他立即發揮製造新聞的本事。四月時，他稱讚黑人保守派評論家和政治活動人士坎迪絲・歐文斯（Candace Owens）。這是發生在歐文斯於加州大學洛杉磯分校進行一場校園演講後，當時她譴責一些在「黑人的命也是命」運動中反對她的人，並將他們與坐在前排聽她演講的黑人學生比較一番。在一段廣為流傳的歐文斯演講剪輯中，她這樣說道：

> 黑人社群目前正發生……一場意識形態內戰。有一群人專注在過去並大力抨擊奴隸制，另一群則專注於自己的未來。你們現在看到的是，受害者心態對上勝利者心態。

她繼續指責示威群眾是迷上了「壓迫」。

肯伊・威斯特看完這段影片後，發了一條推文：「我喜歡坎迪絲・歐文斯的想法。」有一段時間，大家好像陷入某種難解的謎團。或是說，至少在推特的世界是如此。多年來，在黑人族群中，也出現不少的保守派，包括最高法院的大法官和一些美國傑出的思想家。但是，這還是頭一遭有像肯伊．威斯特這樣具有明星光環的人公然表示除了民主黨之外，還有其他政黨可以為美國黑人提供政治支持。不論是好是壞，歐文斯和威斯特這兩人可說是全世界知名人士中，少數願意走進這個危險地雷區。

這裡可能需要指出一點，有幾項因素讓肯伊．威斯特得以為所欲為展開這趟旅程。首先是他抱持所謂的老子有錢（F-you cash）哲學。即使他對政治的狂熱讓他失去大部分歌迷（包括黑人和白人），但他總是可以靠自己和妻子的積蓄過活。另一項讓肯伊．威斯特能夠放手一搏的是利用早已普遍存在的一種感受，而他不介意打這一張牌，那就是他對此感到有點不舒服。

對坎迪絲．歐文斯的讚美很快就演變成對唐納．川普的公開讚揚。到二〇一八年十月，威斯特甚至出現在白宮橢圓辦公室舉辦的一場午餐高峰會，不論用哪種標準來看，這都很詭異。威斯特誇誇其談，總統則坐在桌子對面，煞有介事地點著頭。威斯特藉此機會談論黑人社群和監獄改革，並且說戴上一頂紅色「MAGA」帽，也就是川普大選時推出的印有讓美國再次偉大（Make America Great Again）的英文首字母縮寫的棒球帽，讓他感到自己「像超人」，還談到「另類宇宙」的存在。他抱怨說，「大家都認為如果你是黑人，就一定是民主黨。」後來還說，他愛川普。

從肯伊．威斯特開始走上這條路的那一刻起，可以預見到某個時候，勢必會有人對此反應。果不其然，最後是由塔尼西斯．科茨（Ta-Nehisi Coates）以最長的鏡頭瞄準此事，並發揮最大的影響力。他在《大西洋》雜誌（*The Atlantic*）的一篇文章中　談到自己的成長經歷，以及他對已故巨星麥可・傑克森（Michael Jackson）的喜愛。他寫道，傑克森從一個非裔男孩的黑皮膚整型成日後膚色變成半透明蠟像般的質地，這樣的轉變是公認的怪異。然後，科茨決定將肯伊・威斯特與麥可・傑克森進行比較。

他寫道：「肯伊・威斯特現在所追求的就是麥可・傑克森過去所追求的。」威斯特稱他要爭取的是成為「自由思想家」的權利，而他的確在捍衛一種自由，一種白色的自由、不顧後果的自由，不得批評的自由、自傲和無知的自由。正如他所下的標題：「我不是黑人，我是肯伊・威斯特，想要自由——白色的自由。」[37]肯伊踩到的地雷線與泰爾是同一條。少數族裔的政治不滿，累積到某個點之後，轉變成少數族裔的政治行動，從那裡又轉變為純粹的政治。為各個弱勢族群設置選區票的主張，有利於某些尋求選區的政治人物，這可能會有益於那些將自己包裝成是整個群體發聲的專業中間人，以此牟取自身的政治晉升。而這是一個非常危險的關卡，在那之後每種權利議題就會一一冒出來。

這意味著，只要你接受對特定議題的不滿、在政治上的不滿，以及和由此產生的他人為你打造的選舉平台，那麼你就成了一個公認的弱勢族群的成員，而且只是這群體的成員。一旦踏出這些界限，就不再具有過去曾經擁有的那些特徵，而成了一個只是恰好抱持不同想法的人，而偏離這團體既定的規範。你的特徵全都遭到剝奪。因此，一旦彼得・泰爾贊同川普，他便不再是同性戀。當肯伊・威斯特表態支持白人總統，他就不再是黑人。這顯示「黑人」不是膚色或種族，或者至少不只是這兩項特徵。這意味著，「黑人」——就跟同性戀一樣——實際上是一種政治意識形態。這一推論非常深入，也鮮少為人所提及，因此通常只是假定而已。

倫敦政治經濟學院（London School of Economics, LSE）自誇是全世界首屈一指的社會科學學府，在其介紹中提到：「隨著學院的國際化，以及遍及全球的影響力，倫敦政經學院的核心使命一直是參與廣闊的世界。」二〇一二年五月該校發行的《圖書評論》（*Review of Books*），出現一篇評論托馬斯・索威爾（Thomas Sowell）的新書《知識分子與社會》（*Intellectuals and Society*）的書評。這本書早在兩年前就出版了，但是在學術界，知識分子對他人進行飛車槍擊的速度往往比社會上其他領域來得緩慢。

評論人艾丹・伯恩（Aidan Byrne）是伍爾弗漢普頓大學（Wolverhampton University）「英語和媒體／文化研究」資深講師。以他所提供的簡介來看，我們得知他的資歷是「專精兩次世界大戰期間的威爾斯和政治小說中的男子氣概，並教授各種課程。」對倫敦政經學院的《圖書評論》來說，他是評論索威爾的完美權威。

對伯恩而言，他因為這本書的「高度黨派」性質「而沒有什麼特別印象」。因此，在索威爾的書出版兩年後，伯恩才瞄準炮口，加以重炮轟擊。一開頭，他就提出警語：「《知識分子與社會》含有一系列過時，甚至是不實的攻擊，專門針對索威爾的政治敵人。」在伯恩書評的眾多指控中，有一點是批評索威爾在書中的一句話，說這與過去茶黨（Tea Party）的顧慮遙相呼應，「淡化了對種族融合的攻擊」的描寫。

還有更為奇怪的指控，伯恩在文中警告讀者，索威爾提及種族議題時，他的描述比「毫無次序，聽來比令人不安的『狗吠聲』」好不到哪裡去。以類似的觀點繼續批評索威爾將過去視為遺產的論點，也是「一種早已編碼好的干預」。伯恩繼續為他的評論主軸加油添醋，解釋道：「對他

（索威爾）來說，將奴隸制視為文化遺產，意味著不應將其視為道德問題，也無需加以改善。」然後，伯恩為這項指控加上毀滅性的一擊，但沒料到這其實是自打嘴巴。[38]

值得讚揚的是，倫敦政經學院目前在他們的網站上，很盡責在這篇文章的底部加上「修訂」。這是「最重要」的更正，當中指出他們刪除原始段落中的一行。倫敦政經學院網站承認，「原文中含有『對一位富裕的白人來說，這話說起來很容易』。這段內容已刪除，我們對此錯誤深表歉意。」[39] 他們當然會感到抱歉。因為不管托馬斯・索威爾的收入如何，他都不是白人。他是黑人。一位非常有名的黑人，但倫敦政經學院的審稿人只因為他的政治特性就認定他是白人。

然而，這樣的認定已經悄然無聲地進入自由主義的辯論，而且沒有引起什麼反彈。它從四面八方而來。試想一下，世人對瑞秋・多爾扎爾（Rachel Dolezal）這個怪異而且有點可悲的例子的反應。這名女性在二〇一五年變得舉世聞名，當時她擔任全國有色人種協進會（National Association for the Advancement of Colored People, NAACP）的地區負責人，突然間她「被揭發」為白人。在一次電視採訪中，有一幕相當令人難忘，那時訪談人問多爾扎爾是否為黑人，但她假裝聽不懂這個問題。而面對她親生父母提出的證據時，這段訪談陷入一團爛泥。因為多爾扎爾的父母不僅是高加索人，而且是德國捷克裔的高加索人，這與多爾扎爾本人採用的美國黑人身分相去甚遠。最終，儘管她承認自己的父母確實是她的親生父母，但依舊堅持她是個黑人。她對美國黑人社群的認同，是來自她與家中收養的黑人兄弟姐妹的深厚情感。

不過，根據她一位受領養的兄弟說法，「她是在蒙大拿州長大，享有特權的白人。」她只是精心運用助曬劑，並且燙了一頭黑人典型的捲髮，就成功地將自己改造成黑人。這一點，再加上大多數人顯然不敢直接開口問：「你不是白人嗎？」讓多爾扎爾不僅能夠「通過」黑人身分的驗證，甚至還領導一個為黑人設立的組織的地方分會。

多爾扎爾的故事引發無休無止的問題，而且不論是這個案本身，還是社會對它的回應，都提供了剖析當今文化各個層面的機會。特別是在目前知名黑人、各個代言人，和活動分子意見分歧的時刻。

在澳大利亞廣播公司電視台（ABC-TV）的《觀點》（*The View*）節目，知名非裔藝人琥碧·戈柏（Whoopi Goldberg）為多爾扎爾辯護。戈柏的觀點是：「如果她想成為黑人，她可以成為黑人。」[40]在這個例子中，「變黑」似乎不是問題。更有趣的是，喬治城大學社會學系教授同時也是《紐約時報》專欄作家的麥克·艾瑞克·戴森（Michael Eric Dyson）對此事的反應，他語出驚人地表示，支持多爾扎爾。他在MSNBC大聲喊話，說多爾扎爾「正在吸收觀念，處理身分認同問題並且為此掙扎。她認同他們。我敢打賭，與美國最高法院保守派的大法官克拉倫斯·托馬斯（Clarence Thomas）相比，支持瑞秋·多爾扎爾的黑人要來得多。」[41]所有這些論點都顯示出「黑人」與膚色或種族無關，只是政治而已。因此曬了一身古銅色但抱持「正確」觀點的白人，會比一個擔任保守派的最高法院大法官的黑人還要黑。

是講者，而不是講話內容

還有另一個造成當前群眾瘋狂的原因。在瑞秋·多爾扎爾、坎迪絲·歐文斯和托馬斯·索威爾這些例子造成的爭端中，似乎有一脈絡可循。發言者和其本身的先天特性無關緊要。重要的是他們的言論內容，以及他們表達的想法和觀感。然而，後來在毫無跡象，也沒有出現什麼明顯預告的情況下，這套衡量標準卻一百八十度的反轉。突然間，講話內容變得完全沒有意義，或者頂多只有些許的重要性。在這種情況下，只有講者本身才是重要的，內容變得無關緊要，而這套標準竟與發言內容重於講者本人的看法，同時並存於世上。

這種發展可以肯定與社群媒體時代有關。這時代帶給我們一份大禮，擁有刻薄、輕率詮釋他人發布內容的機會。當這樣的注意力集中在某個名人身上，媒體便會抓住機會，炒作少數幾則這類負評，大幅聚焦在這上頭，而不是真誠或寬恕的評論。任何一天的新聞中都可以讀到此類產生的效應。一則頭條新聞可能是報導某位名人因為發言而遭到「抨擊」，但是讀完整篇報導後，會發現「抨擊」他的只是記者在推特上看到幾位民眾的意見。這就是為什麼，當有人試圖引導政治人物討論棘手、敏感的話題時，他們是如此戒慎恐懼的原因。不僅是因為現在提出自己想法的代價太高，或是擔心遊戲規則在他們看過後又已經改變，也是因為只要有一則負面回應（來自世界任何一個人），最後都可能變成一場風暴。現在，這種恐懼已席捲所有的公眾人物，即使他們認為自己巧妙地，或勇敢地應對，還是有可能就此消失，發現耳邊響起的聲音不是掌聲，而是毀滅生涯的爆炸聲。

二〇一五年一月，英國演員班尼迪克・康柏拜區（Benedict Cumberbatch）到美國公共電視台（PBS）節目《塔維斯・史邁利深夜脫口秀》（*Tavis Smiley Show*）接受訪談。當中，他語帶幽默地做了一小段抗議，說自己在英國的少數族裔演員朋友發現，在美國找工作要比在英國容易。從他在這段談話和之前其他的評論中所傳達的訊息來看，他很明顯是站在黑人演員這一邊，而不是帶有白人至上的觀點，好比說是以三K黨的立場來回應這些問題。沒有人有任何嚴肅的理由相信康柏拜區是個祕密的種族歧視主義者，在無意間向塔維斯・史邁利透露自己的意向。然而，這位演員還是粗心大意地犯了錯，這並不是意圖或動機方面的問題，而是用字遣詞上的語言犯罪，就跟通常在沒有其他證據的情況下對他人所做的指控。康柏拜區在訪談中提到有色演員（coloured actors）這一字眼。這在他生長的英國，沒有什麼負面含義，是個常用的詞彙。而且直到前不久，這種用語在美國也很普遍。然而就在康柏拜區接受採訪前不久，這個詞彙的用法已稍作調整。在二〇一五年一月，當提到「有色人種」時，正確的新講法是「有色的人種」（people of colour）。從語言上講，這可以說是沒有什麼意義上的差別。

然而，強烈的抗議聲浪幾乎就像是他用了「N」開頭的那個字眼一樣——即過去稱黑人時帶有貶意的用語「negro」。這位演員的確是被迫立即向公眾道歉。節目結束後，他迅速發表公開聲明：「我對自己使用這種過時的用語，引起大家的憤怒感到懊惱。在此我誠摯道歉。對於我白痴的行為，以及造成的傷害我沒有任何藉口。」[42]儘管如此，還是有媒體以頭條新聞報導這位演員正「受到抨擊」（《電訊報》（*The Telegraph*））和陷入「種族爭鬥」（《獨立報》（*The Independent*））。在這粗製濫造的戲碼中，沒有人會認真主張康柏拜區帶有種族歧視。嚴肅一點來看，任何人都不可能將這些或其他言論解釋為種族歧視主義。但是他的名字現在會和「種族爭鬥」聯結起來。如果真的有人將康柏拜區在節目中試圖表達的觀點聽進去，搞不好還會產生一點益處，或許他在英國的少數族裔朋友們可能獲得更多演出的機會。但是，顯然更簡單的方法是由那些語言糾察隊在一些社群媒體上收集一些留言評論，然後將其轉變為現實生活中的「爭鬥」。這就是每個在公眾眼光下的人開始吸取教訓的地方，之後則擴及到每個身處公共場合的人。而且，大多數人絕不可能像他這樣因為扮演過福爾摩斯和其他受歡迎的角色而廣受大眾喜愛，才有機會從這樣的險境中死裡逃生。

談論種族問題的困難度，甚至碰觸這話題的難度，就像康柏拜區這個例子所展現出來的，其實直指一個深層的程序問題，這是現在所有公共論述都在苦苦追尋的發表方式。在過去，任何一位政治人物、作家或公眾人物，都可以沿著一條獲得普遍認可的路線前進。那條路線是，在說話、寫作，甚至提出想法時，應該嘗試以一種不會讓任何理性之人造成誤解、扭曲的方式來進行。要是真的有人以不合理的方式來扭曲你的話，那是他們的錯。要是在過去，任何一位聲稱班尼迪克・康柏拜區是個毒害人心的種族歧視主義者，只是自曝其短，可能要預期自己會遭到嘲笑，或是根本沒什麼人理會。

但是近年來這條規則已經改變了，這與社群媒體的發展史重疊並非偶然。今天，政治人物、作家或公眾人物和普羅大眾的地位相當。我們再也不能相信聽眾是誠實的，或是在追求相似的目標。公眾中爆發出虛假聲明的情況，可能就跟真誠的一樣熱切。因此，公眾人物的集體目標變成是在寫作、發言和提出想法時，要確保他們不會被虛偽的批評人士加以扭曲。毋庸置疑，這是不可能的任務，也是令人錯亂的願望。這根本做不到。即使嘗試去做都無法不抓狂。

顯然可行方案是去調查可用的選項。一種解決之道是什麼也不要說，或者至少在公共場合不要發表具有實質內容的言論。這是多數政客採用的選項，而走上這條路等於是為那些口沒遮攔的人敞開大門。另一個選項是嘗試弄清楚，目前這場遊戲到底是在玩什麼。要做到這一點，需要比對下面兩種情況：一個是沒說出什麼不當措辭卻惹得一身腥的個案；另一個則是發表一串可怕言論，卻沒人糾舉。二〇一八年八月發生一起事件，正好可以說明後者這種例子，這是關於鄭莎拉（Sarah Jeong）的故事。

鄭莎拉

整件事的起因是《紐約時報》宣布新的人事聘用案，將延攬一位三十歲的科技議題作家加入該報的編輯委員會。就跟所有這類聘用案一樣，年紀輕輕的鄭莎拉升任這一職位，引起許多關注。在網路時代，關注的方式當然是挖出此人在網路上發表過的一切言論。在鄭莎拉的例子，這項挖掘工作特別著重她的推特發文，挖出她曾經持續一段間對白人的粗魯謾罵。下面是幾則鄭莎拉的推文：「白人是否天生帶有容易在陽光下燃燒的基因？這樣說來，他們只適合像叢林小妖精一樣住在地下吧？」「我賭你不敢上維基百科，查找『可以肯定是白人事跡』，這真的很難」「白人是狗屎」「消滅白人」，然後是一連串推文，「你曾設法弄清白人的所作所為中有哪些不算是文化挪用？實際上幾乎沒有。除了滑雪，也許還有高爾夫……當白人一定很無聊。」[43]平心而論，她的推文確實很偏執在這個主題。她甚至犯下一個很基本的錯誤，會將她不喜歡的人與動物做比較。「去他媽的愚蠢白人，老是用他們的意見來標記網路，就像狗在消防栓上撒尿一樣。」[44]另一條推文是：「哦！老兄，這樣殘酷地對待老白男，真是讓我開心，這有點變態。」[45]

鄭莎拉也是「殺光男人」一詞的愛用者。但是在她的批評者眼中，這些狀況還不是最糟的。真正的問題是她持續對白人表達種族歧視的言論，這引發網民對鄭莎拉和雇用她的《紐約時報》的怒氣。不過這一次，報社則是站在他們新聘員工這一邊，並沒有任她受網民宰割。報社的官方聲明提到，他們之所以聘請鄭莎拉，是因為她對網路新聞的「傑出工作」。之後還直接聲稱：「她的新聞專業以及身為一名年輕的亞洲女性，她經常遭受網路騷擾。有一段時間，她會模仿騷擾者的言辭用語來回應這種騷擾。她現在明白，這種方法只是在餵養我們在社群媒體上經常看到的酸言。她為此感到遺憾，《紐約時報》也不會縱容。」聲明最後寫道，吸取這一教訓後，他們確信鄭莎拉將是「推動編輯委員會向前的重要聲音」。46

實際上，鄭莎拉在推特上發出有爭議性推文的「那段時間」是從二〇一四年開始，直到《紐約時報》雇用她的一年前才停止。不過她的新東家的辯護策略奏效。動用了鄭莎拉的性別、年紀和種族，聲稱她是這些身分的受害者，於是讓她得到現代的緩刑，得以就此脫身。這裡又是同樣的狀況，要是鄭莎拉說她從未在網路上受過侮辱，或是沒有認真看推特，來了解別人對她的看法，或者表示那些網路上的侮辱並沒有困擾她（若是要打贏這一回合，這說法就太不可思議了），那麼她的不在場證明就沒那麼有用。

不過，鄭莎拉事件還展現出另一個耐人尋味的面相。在《*Vox*》網站，一位名叫查克・畢瓊（Zack Beauchamp）的作家也發推文來挺鄭莎拉：「在今日的網路，有很多人出於某些令人難以理解的原因，將反種族歧視主義的表現方式和帶有真正種族仇恨的少數族裔談論『白人』的情況相混淆。」47不過她並沒有詳細說明，到底這些種族用語的「表達方式」為何，也沒有提出任何判斷「帶有真正種族仇恨」和這些「表達」語言形式間差異的準則。《*Vox*》的另一位作家為鄭莎拉提出的辯護更為有趣。艾茲拉．克萊因駁斥這些憤怒言論，在他為鄭莎拉辯護文的一開頭就寫道：「實際上是抱持種族歧視主義的另類右派巨魔，惡意將舊日推文武器化，意圖讓一名亞裔女性丟了工作。」他不僅再次用了《紐約時報》強調的鄭莎拉的種族身分這一招，還反過來指責對她推文內容有意見的人（或許是所有人）的政治動機。

不過，艾茲拉．克萊因接下來的辯護才是最有趣的地方，因為這恰好呼應薩爾瑪．艾爾沃達尼在捍衛那些發「所有男人都是垃圾」的推文的論點，按照克萊因的論點，「殺光男人」（#KillAllMen）這話只是在說，「若是這世界對女性沒有那麼糟，那將是一件好事」的另一種說法。在為鄭莎拉多次發表對白人種族歧視的言論辯護時，克萊因採用類似的論調，解釋當鄭莎拉在她的「笑話」中使用「白人」一詞時，指的並不是白人。克萊因這樣說道，「在論及社會正義時，在推特上這個詞比較接近『優勢的力量結構和文化』，而不是真正的白人。」48

這就是促成這股瘋狂最令人讚嘆的地方。如果連班尼迪克．康柏拜區和鄭莎拉最後都落入「種族爭鬥」，這意味著他們會因為類似的挑釁而被判有罪。但事實並非如此。康柏拜區是因為用了過時的詞彙而陷入「種族爭鬥」。鄭莎拉則是因為在過去幾年，以貶義的方式反覆使用相同的種族歧視用語，並且看起來她很樂在其中。更糟的是，對他們動機的判定沒有考慮到詞彙的嚴重性。一個人可能在不知情的狀況下使用一些用語，並因此受到反擊（如康柏拜區的例子），而在其他情況下，明明是故意使用極端用語，但卻硬拗成不是真正的用意。這就是克萊因、艾爾沃達尼和其他人的解釋。有時那些在不經意的情況下用了錯誤語彙的人會遭到譴責，但另一些人使用明顯錯誤且極端的語彙，卻毫髮無傷地全身而退。這是因為某種「原因」。

這種原因實際上只有幾種可能。首先，所有關於性別、種族和其他方面的公開聲明，都有一套加擾裝置（scrambling device），因此需要復原裝置來解讀，但並不是每個人都有這個裝置。克萊因和艾爾沃達尼顯然有，但很難說有多少人有這種裝置可以正確解讀字詞的真正含義。我們是否一定要靠這些裝置來告訴自己所聽到的內容的真意，以及哪些是我們聽錯的？這到底要如何運作？

對此的另一種解釋是，現在發生的遠比加擾裝置來得簡單。那與語言無關，與意圖無關，僅與發言者的天生特徵有關。因此，康柏拜區所處的位置最不安全。他是個白人，是異性戀而且是男性。在史邁利的節目，強調他的反種族歧視主義過往似乎會是一個好主意。在鄭莎拉的例子，則是多年來持續對另一種族裔發表貶低評論，一般來說，這理當會惹上大麻煩，除非碰巧有正確的身分。要是康柏拜區有數年時間在推特上發文表示，生活在洞穴中的亞洲人就像是地精，或是惹亞洲老人哭泣讓他有多愉快，恐怕他就無法脫身。但發出這些推文的鄭莎拉因為具備的種族身分（儘管目前的社會正義度量衡開始權衡亞洲特權），也因為她所攻擊的種族剛好是白人，而逃過一劫。

因為話語已經變得不重要，根本不可能以內容來解讀同時間採用的不同標準。現在說話者的種族和身分的重要性超越一切。他們的身分可以讓他們入罪，也可以讓他們脫罪。這意味著，字詞及其內容即使仍具有重要性，但它們的位階在這整個事業中已變成次要的。這也意味著，這世界非但擺脫不了種族議題，在可預見的未來，我們將會不斷地強調這一點，因為只有先聚焦在一人的種族，才能確定自己應該從這人那裡聽到什麼。

煽動言論的興起

這當中有些會是以吶喊的形式出現。因為近年來關於種族的討論，有件事與約莫在同一時間發生的女性運動非常接近。煽動言論和控訴看似出現類似的加速，活躍到讓人覺得這場活動已經取得勝利。但就跟女性主義內部的爭論一樣，並不是說不再對種族的差異認知，或是種族歧視的想法，就像是不會宣稱沒有一位女性不曾因其性別而受到阻礙一樣。這正是這年代詭異的地方，在情況至少變得比以往任何時候都來得好的時候，在描述這世界時卻講得好像從未如此糟糕。

已成為政治運動，或是正在轉變為政治運動，需要思想家點燃火花，而不僅是將其呈現出來。就像美國基進女性主義作家瑪麗林．弗侖區等人，因提出極端論調而受到讚譽一樣，近年來頒給種族作家的重大獎項，並沒有落到那些最能安撫人心或是平息紛爭的聲音，而是頒給那些將美國種族問題刻畫成處於空前糟糕的作家，他們對此的描述也許超越其他人。

若出版社與作家簽約的第一本書是他們的回憶錄，可以由此推敲出版社期待的文化走向。塔尼西斯．科茨便是獲此殊榮的作家之一。他的第一本書《美麗的奮鬥》（*The Beautiful Struggle*, 2008）以令人敬佩的坦誠口吻，描述他在巴爾的摩（Baltimore）的成長過程，並且詳細交代他對當時生活每個層面的態度。他在書中承認，當他在巴爾的摩體育館見到白人時，會以不屑的眼神看著他們的帽子、衣服和垃圾食物：「我覺得他們看起來很髒，這讓我成為一個種族主義者，並且為此自豪。」[49]他描述參加黑豹黨的父親和四個不同的女人生了七個孩子的故事。那是一個充滿槍枝暴力的世界，不同的黑人團體相互敵對，彼此威脅。科茨承認他在拉丁課堂上只是聊天講話，並且放棄很多學習機會，不過他的母親教導他認識奴隸制和奴隸反抗的歷史。他寫道，他瞧不起父親在某一階段順應主流公民抱持的民族主義思潮。這個兒子認為父親「是那個時代的父親，是一種特定的黑人信仰的產物，這信仰儘管箝制思想，但仍然激發出愛國情操。所以他崇拜約翰·甘迺迪（John Fitzgerald Kennedy），擺脫舊日戰爭電影中的想法。」[50]

後來，他的父親終於「清醒過來」。「沉睡的歲月已經過去」，老科茨「與那些相信我們正處於這個國家最糟糕的狀況——貧窮、患病、文盲、殘廢、愚昧——他們認為這狀況不只是一個待切除的腫瘤，同時也證明整個身體都是腫瘤，美國不是這種身體腐化的受害者，而是腐爛本身。」[51]科茨有一位英語老師（「一個聲音很小、體型也很小的男人」），他在書中這樣描寫道：「我對他的尊重就像對蟻巢的尊重一樣，期望他也這樣回敬我。」年輕的科茨有一天與這位老師吵起來，因為老師對他大喊大叫，而他「忍無可忍」，於是他一拳揍向「老師的臉」。他毫無悔意地描述自己曾涉入一起種族衝突，交代在攻擊一名白人男孩時所扮演的角色。[52]然而，只有科茨和他的社群成員才是受到命運玩弄的人。

他說：「我們知道將如何死亡。我們位在最低的一階，在我們與野獸之間，在我們與當地動物園之間，就是尊重，這份尊重就像糖和狗屎一樣自然。我們知道自己的身分，我們行走起來就像對這個世界已不抱持渴望，而這個世界也從未渴望過我們。」[53]這本書推出後大獲成功，受到高度讚揚和吹捧。後來，科茨還獲得麥克阿瑟基金會（MacArthur Foundation）的「天才」獎金，靠著這本回憶錄脫穎而出後。二〇一五年，他寫了第二本書《世界與我之間》（*Between the World and Me*），是以書信體的形式呈現，信是設定給他當時十五歲的兒子。在四十歲以前，他就出了兩本回憶錄。

在《世界與我之間》，科茨描述自己對發生在二〇〇一年年九月十一日那起事件的反應。科茨在幾個月前才到達紐約，他以非常誠實的方式描述自己對九一一的反應。他記得當時和家人站在一棟公寓的屋頂上，看著曼哈頓島上空冒出的濃煙，「我的心是冷靜的，」他表示：「我永遠不會認為美國公民是純潔的。我和這座城市不同步。」一年前，馬里蘭州的警察誤殺他的同學普林斯·瓊斯（Prince Jones），警方誤以為他是毒販。這起意外讓科茨寫道，另一個州的消防隊員冒著生命危險，奉獻生命拯救所有種族和背景的美國人生命，這點讓他感到很震驚。「對我來說，他們不是人類，」科茨寫道：「黑人、白人或隨便哪個族裔，他們都是大自然的威脅。他們就是大火。」[54]

科茨的寫作生涯一路順遂，即使對他最輕微的批評也遭到攔阻，不然就是在新書發表時獲得令人震驚的回應。當《世界與我之間》發行時，美國非裔女作家同時也是諾貝爾文學獎得主的托妮·莫里森（Toni Morrison）在宣傳文中寫道，科茨填補了困擾她已久的「智性真空」，接續了已故作家詹姆斯·鮑德溫（James Baldwin）對黑人社群的關注。不過還是至少有一人對此書有不同的反應，那就是康乃爾·韋斯特（Cornel West）博士，儘管他這樣做的原因是出自個人的典型，也是令人欽佩的古怪特質。韋斯特寫道：「鮑德溫是一位偉大的作家，有勇氣向權力人士講真話。科茨則是一位聰明的詞匠，具有新聞才華，迴避了對掌權的黑人總統的批評。」[55]科茨對這評論的感覺很受傷，因為有人說他不能與詹姆斯·鮑德溫相提並論。不過，這個負評事件除了顯現科茨享有的特權外，還點出另一件事。

鮑德溫是二十世紀末的偉大作家，代表一股道德力量，在他成長的那個時代，對美國不公正現象感到憤怒不僅合理，還是必要的。除了成長期間生活在飽受極度不公平待遇的群體中，鮑德溫還親身經歷這些不公義的事。他在《下一次將是烈火》（*The Fire Next Time*）中提到，他十歲時曾遭到兩名警察毆打。可想而知，他的委屈難平。但是鮑德溫總是在寫作中尋求一種溝通美國現有分歧的方法，從未想要擴大爭端。相較之下，科茨的寫作生涯就是在擴大這項分歧，並且加深這道傷口。[56]無論大事小事，他都很樂意執行這項任務。即使過了幾個世紀，他仍然要求美國向今日的美國黑人支付賠償金；他也始終願意出動最強大的工具，對抗最小的罪過。二〇一八年，科茨擔任「國家通訊員」的《大西洋》（*The Atlantic*）雜誌宣布要聘請保守派作家凱文．威廉姆森（Kevin Williamson），於是有人去挖掘威廉姆森過去所寫的文章，發現他曾強烈反對墮胎，這一點激怒許多他的批評者；另外，他曾在全美最大的保守派雜誌《國家評論》（*National Review*）發表一篇關於伊利諾州的文章，當中對一個年輕的黑人男孩做了不實聲稱，這讓他的名聲一落千丈。

這項人事案宣布後不到兩週，威廉姆森就丟了《大西洋》的新職位，但是這起雇用和解聘事件後，召開了一場員工會議，編輯傑夫．戈德堡（Jeff Goldberg）與科茨一同出席。儘管沒有人要求戈德堡採取常青校長的姿態，但很顯然他在努力拯救自己的專業生涯，而科茨是他的救生筏。戈德堡曾一度懇求說：「你們看，我很難將塔尼西斯．科茨的專業生活與他的個人生活分開，因為……我的意思是，我想要說出來。我只是覺得需要這麼說。我的意思是，他是我一生中最親愛的人之一。我願為他而死。」在許多為這樣一份雜誌撰稿的人眼中，這樣的效忠已然足夠，而且推測這或許可傳達一些關愛。但科茨可不是這樣做的。

討論威廉姆森時，科茨設法達成他迄今為止在每本回憶錄中所做的：從他本人得以攀爬到最高位階來觀看這起事件，並為其留下最糟糕的印象。科茨在會議上說，除了一些花哨的散文，他對威廉姆森沒有任何期望。毫無期待，只知道威廉姆森——這是一個非比尋常的主張——沒有能力「將我當成享有完整人權的人類，或者坦白說，他看待你們當中的多數人也是如此。」[57]科茨提出這樣一個可怕的說法，認為威廉姆森沒有將科茨以及任何一個黑人視為「享有完整人權的人類」，並且說，這就是可悲的現實，然後又洋洋灑灑提到一堆他在職業生涯中被允許得以擺脫的東西。詹姆斯．鮑德溫從未將白人形容成一群無可救藥的人。他也沒有誇大他們罪行的必要。科茨不僅誇大傷害，而且是在知道所有的武器現在都在他這一邊的情況下這樣做。舞台上現在有一把槍，但持槍的不是白人，而是他。當學生在美國各地的校園開始運動，若想知道到隨便亂提主張，並且將小事化大，災難化一切是否有益，可以看看科茨的例子，他們就知道這一招很管用。

在這個現代化的資訊時代，一個國家提高種族意識所釀成的後果，也不會僅侷限在這個國家。雷妮．艾多—洛奇（Reni Eddo-Lodge）在種族關係迥然不同的英國，也仿效科茨在美國的成功手法。她的書《為什麼我不再與白人談論種族》（*Why I'm no Longer Talking to White People about Race*）於二〇一七年首次出版時，不僅引發了與科茨相同的議題，也獲得相當的讚譽和獎項。

艾多—洛奇將「白人特權」這類概念的討論帶進英國主流的公共論述，但是她得比科茨更努力挖掘那些她所要批評的事物。艾多—洛奇在書的開頭描述一些英國過去發生的恐怖事件，如一九一九年在利物浦碼頭的種族攻擊事件，黑人水手查爾斯．伍頓（Charles Wooton）遭到殺害。[58]艾多—洛奇以相當不尋常的手法描述這起事件，彷彿這不僅可用來象徵一個國家，還是一段隱藏的歷史。最關鍵的是，這是一段需要她挖掘出來的歷史，透過她的努力來告訴我們，過去比我們想像的還要糟，因此現在的白人勢必更糟。

以這種報復的心情來搜尋過去時，會如何面對當下的人，對他們有怎樣的反應？一種後果是復仇的常態化，這種復仇心態經過晚近這幾年的滲透，已經進入到日常語言。因此，二〇一八年一月於倫敦舉行的「女性大遊行」（Women's March），一名頂著粉紅色頭髮的年輕女性揮舞著一張標語，上面寫著「白人老頭滾出去」。[59] 諷刺的是，在她旁邊的社會主義工人黨（Socialist Workers' Party）的旗幟則寫著「對種族歧視說不」。這位年輕女子就站在在一座戰士紀念碑旁揮舞標語，而這座紀念碑當然是用來紀念許多沒有機會變老的白人，整個畫面讓人不勝唏噓。

在這個復仇的新時代，數落白人的罪狀絲毫不會有問題，尤其是白人女性，若是其他膚色的人做了同樣的事，卻認為無傷大雅。因此《衛報》認為，發表一篇標題為「白人女性如何運用眼淚策略來避免問責」的文章，完全符合時宜，作者在文中抱怨：「通常，當我試圖與白人女性交談或爭論時，她的說詞或作為會對我造成不利影響，我會遇到那些淚流滿面的否認，以及表示我在傷害她的憤慨指控。」[60]「白淚」（White Tears）是一個流行的主題標籤，另外成為流行語的還有「醃豬肉」（gammon），那些受到網路意見啟發的人，會用這個詞來指稱皮膚會泛紅的白人。在二〇一二年左右開始有人使用這個詞，到二〇一八年，在電視節目和網路上也經常看到有人隨意用這個詞，不僅是拿白人的膚色以及似豬的外觀特徵開玩笑，還暗示這樣的潮紅掩蓋了一些難以壓抑的憤怒和可能的仇外心理。這又是另一個反種族歧視主義者為了追求反種族歧視，卻訴諸於種族歧視手法的例子。這樣的姿態可能會帶來怎樣的負面後果？

智商

建立多元化和文明社會的一大重要基礎就是人人平等。平等是每個西方政府以及主流公民組織的既定目標，也是任何一個希望在有禮社會中找到一席之地的人的渴望。但是，在這種渴望、推定或希望之下，卻隱藏著一顆最讓人痛苦的未爆彈，這也是為何我們需要在這個推特標籤時代更加謹慎行事的一大理由。這是一個關於平等的含義，以及它是否真的存在的問題。

基督教傳統的核心是建立在上帝眼中的平等。但是進入世俗人本主義時代後，上帝眼中的平等便轉譯成人類眼中的平等。這產生一個問題，那就是許多人意識到，或是害怕，或是直覺上認定，人並不是生來完全平等。人的美貌和天賦不一樣，力量或感知也不同。人的富裕當然不相同，甚至可愛程度都有差異。儘管政治左派不斷談論平等，甚至公平的必要性，就像愛德華多・博尼利亞—席爾瓦等人主張的，結果平等（equality of outcome）不僅是眾所盼望，也是可能達成的；但政治右派卻以訴求機會平等（equality of opportunity），而不是結果平等來回應。實際上，幾乎可以肯定的是，這兩種主張不論是在小尺度的地方層級，還是擴展到國家範圍，都是行不通的，更不用說是在全球尺度了。

富裕人家的孩子會享有貧窮人家孩子得不到的機會，這樣的孩子幾乎可以肯定在人生一開始就享有優勢，即使不是一生都如此。儘管每個人都可以上更好的學校，但並不是每個人都可以進最好的學校，儘管很多人會希望能夠進哈佛，但並不是世界上每個人都進得了。每年約有四萬人想要進哈佛大學，但並非所有人都進得去。碰巧的是，那裡最近才引爆一顆破壞力最強大的地雷，而且餘波盪漾，可能至今還沒有消失。

正如之前提到的，是哈佛給世界帶來「隱性偏見測試」，或正如一個網站標題所言，「你有種族歧視嗎？哈佛種族主義測驗將會告訴你。」[61]若真是如此，那麼這座美國歷史最悠久的大學應該也要接受這項測驗。而且，若是隱性偏見測試真的是準確的，那最後的結論勢必會揭露哈佛大學確實帶有嚴重的種族歧視。

二〇一四年，名為「公平錄取學生」（Students for Fair Admissions）的組織對哈佛提起訴訟。這個組織代表的是亞裔美國人，他們認為，在過去幾十年，這間大學的招生政策展現一種歧視的模式。他們特別指出，哈佛以「平權行動」，或稱「優惠性差別待遇」（affirmative action）為名，不斷地打壓亞裔美籍的申請人。這所大學還禁止含有其入學標準資訊的文件外流，宣稱這些文件實際上是哈佛的商業祕密。不過，由於這所大學聲稱在招生過程中沒有歧視「來自任何群體」的申請人，最終被迫公布這些機密。[62]難怪他們會想要隱瞞。

哈佛每年只能接受約四．六%的申請人，難免需要進行某種形式的審查。但是，哈佛採行的審查程序確實難以讓人接受。就跟美國其他多數大學一樣（而且也從這裡擴散出去），哈佛希望在選擇過程中消除種族偏見的觀念。但是事實上，若是真的消除種族偏見，那就無法獲得一個能夠完全代表各種族的學生群，而會讓入學審查變成特別有利於某些族群的制度。精明如哈佛當然意識到這一點，並且會找到解決這個問題的方法，特別是要增加能夠入學的非裔美國人的數量。於是，最後決定要設法改變其表面上色盲的入學政策，打壓表現過好的族群。哈佛就這樣將這個原本無關種族的申請入學過程，轉變成對種族偏執的篩選過程，以便提高某些族裔的入學機會。

儘管這所大學在法庭上否認這些指控，但根據其自身的紀錄，哈佛在過去幾年一直例行地將亞裔美國人的申請資格降級。特別是他們的人格特質（包括「積極人格」、友善和可親性）等方面。相當不幸的是，在披露資料的階段，發現他們對亞裔學生的降級是在哈佛沒有與申請人面試或見面的情況下發生的。這看起來像是故意要降低亞裔美國人的人格分數，甚至在沒有見到他們本人之前。哈佛或其他卓越的教育機構為什麼需要這樣做呢？主要有兩個原因。首先，哈佛跟其他類似的精英學府一樣，致力於向全世界展現他們不僅有最優秀的人才，而且是經過對多樣性承諾的甄選過濾器後，所得到的最優秀人才。第二個原因是，如果哈佛在承諾「平權行動」政策和多元標準時，沒有刻意優惠某些群體，並讓其他族群處於不利地位，那麼哈佛會擔心最後收到的學生，可能不夠多樣化。具體一點來說，他們的學生族群組成可能不成比例，甚至會出現以亞裔美國人和源於中世紀德國萊茵蘭一帶的阿什肯納齊（Ashkenazi）猶太人為大宗，美籍白人或黑人則淪為少數。在這裡，我們窺見到世界上最醜陋的一種地雷。

對智商和遺傳學的研究提案，可能是所有研究領域中最危險和最封閉的主題。當查爾斯・莫瑞（Charles Murray）和理查・赫恩斯坦（Richard J. Herrnstein）在一九九四年出版《鐘形曲線》（*The Bell Curve*）時，一般相信就是他們啟動了這枚地雷。儘管很少有評論家真的讀過這本書，但書中遺傳學研究的繼承論點卻遭到廣泛抨擊。少數出版社意識到這主題相當重要，至少有加以討論的必要。不過，對《鐘形曲線》的反應是打壓這本書和其作者（赫恩斯坦不幸或幸運地在本書出版前不久就過世了，所以只剩下莫瑞）。幾乎所有評論這本書的刊物都指出，其發現是「爆炸性的」。[63]但是大多數批評家決定對這些爆炸性的發現採取非常具體的動作，也就是盡可能動用一切資源將其覆蓋，然後盡量將其緊密壓平。有學者寫一篇相當極端，但在那時不算罕見的書評，標題是「學術納粹主義」，聲稱這本書是「納粹的宣傳工具，披著受人尊敬的偽科學外衣，是希特勒的《我的奮鬥》的學術版本。」[64]不是隨便一本老舊的《我的奮鬥》，而是希特勒本人的版本。

對《鐘形曲線》的批評，說明了為什麼沒有人願意整理那些顯示智力測驗分數會隨種族變化的證據，就是有些群體在智力測驗中的得分較高，而其他群體必定較低。當然，這並不是說這些群體的每個人都是如此。正如莫瑞和赫恩斯坦再三費心指出的，族群之內的差異大於族群之間。然而，只要曾查閱過不同種族智商差異的學術文獻的人，會比任何人都明白喬登·彼得森所說的，這領域的文獻是「一場道德上的噩夢」。[65]這是一場人人都亟欲擺脫的噩夢。

有幾種方法可以讓人對此望之卻步。首先，就是很簡單地將作者打為種族歧視主義者，在加以潑糞，用一堆粗話穢語將其掩蓋，之後就靠著所產生的氣味來完成剩下的工作。這一招的效果出奇的好，當查爾斯·莫瑞在二〇一七年應邀前往佛蒙特州的米德爾伯里學院（Middlebury College）講他的另一本新書時，遭到學生抵制，他們阻擋莫瑞前往大會堂發表演講，然後將他趕出校園，在這過程中還攔下試圖護送莫瑞出去的女性學者。其他掩蓋《鐘形曲線》爭議的手法還有質疑一般的智商預測因子，或是主張測驗的內在偏見會傾向某些族群而不是其他人。這些反駁的主張早已被有說服力的證據所推翻，但是在二十五年後的今天，事態變得很明朗，絕對沒有人會根據事實來討論《鐘形曲線》的爭議。得知這些事實會讓人感到非常不舒服，所以不能在知識界自由自在地討論。這種拒絕使用智商差異證據的退步立場說明了一件事，即使事實俱在，即使已經很清楚了，但是對此進行深入研究會產生道德疑慮，會讓人覺得居心不良，而且無論結果如何，都將給我們帶來在倫理道德方面無從解決的大難題。

從「事實錯誤」退縮到「事實無益」，這就是面對這一主題不斷增長的學術文獻的主要態度。二〇一八年，這領域的世界級專家哈佛大學的大衛．萊許（David Reich）發表一篇文章，主旨與他的遺傳學新書相吻合。在諸多討論中，他鉅細靡遺地剖析關於種族（以及性別）只是「社會建構」的主張，根本毫無遺傳學基礎可言。萊許解釋了這種社會建構觀點如何成為主流價值中的正統，以及為什麼它沒有希望抵擋現在排山倒海而來的證據。萊許知道這條路上會有很多難關，因此他先在的文章中承認，他「非常能夠理解那些擔憂遺傳發現可能會遭到濫用，成為那些擁抱種族歧視主義者的說詞。」但他補充說道：「身為遺傳學家，我也知道，現在不可能再繼續忽略『種族』之間的平均遺傳差異。」[66]然而，在這領域不管有多少紮實的研究都嫌不夠，關於種族和智商的爭論再次爆發。一個相當典型的攻擊是：「難到萊許真的不知道種族歧視主義者和性別歧視者，會如何扭曲他的思想嗎？還是說，他在某種程度上，也抱持和他們一樣的偏見？」[67]

即使到了今天，光是與莫瑞平心靜氣地溝通，也會引發同樣的戲碼。神經科學家山姆．哈里斯（Sam Harris）承認，長久以來他都避免與莫瑞或是他那本最著名的書有一丁點的接觸，因為那個領域布滿泥沼。讀這些文獻時，他說他意識到莫瑞「也許是我一生見過的知識分子中，受到最不公平待遇的。」[68]光是邀請莫瑞來參加哈里斯的播客（Podcast），在節目中就莫瑞的研究進行一場值得敬重的深刻對談（標題為「禁忌的知識」），就招致各種媒體試圖用同樣的論調來批判哈里斯。《*Vox*》聲稱這不是在探尋「禁忌的知識」，僅是「對美國的偏執和種族不平等提出最古老的辯解」。[69]除了其他令人不安的事情外，這評論忽略了這樣的對談或許兩者兼具的可能性。

目前關於智商的探尋和辯論就停滯在這個地方。因為擔心這些知識可能會被壞人利用，所以就不能繼續探尋下去，或必須予以否定。正如莫瑞在與哈里斯的對談中提到的，圍繞這主題的所有憤怒可能都來自一個明顯的原因，那就是從政府高層到今日社會的大多數機構，對「多樣性」和「平等」這一特定觀念的承諾是無所不包和不計代價。將此寫入就業法規和就業政策，嵌入所有的社會政策，每個人都「口徑一致」。的確，這一假定非常廣泛，可以說任何破壞或背離它的提案勢必會遭到全力推翻，就像過去的教會一樣，他們在勢力達到頂端時也會打壓任何與教義背道而馳的人。只不過今日的教義是人人平等，而種族、性別和其他許多特徵，僅僅是社會建構出來的，只要得到適當的鼓勵和機會，每個人都可以成為他們想要成為的人；生活完全取決於環境、機會和特權。這就是為什麼連細微末節的爭論，好比說哈佛大學的亞裔入學問題出現時，竟會引起這麼大的痛苦、困惑、否認和憤怒。通常，否認是系統性的，但偶爾會聚焦在特定對象或個人身上，然後就會使出所有招數，對付那些提出（或僅是威脅要提出）異端思想的人。事實上，有些人（而且數量可能不斷在增加）確實歡迎研究這非常令人不安的領域。在面對這個黑暗區域時，可以輕易看出滿懷顧慮的人，和積極喜悅的人之間有何差別。

總而言之，這是所有軟、硬體問題中最嚴重的一個。在過去那段不光彩且漫長的時期，世人認為種族是硬體問題，至少大部分是硬體。然後在二次世界大戰後，在這場衝突帶來的恐怖情節與種族問題聯繫起來後，世人的共識開始往相反方向而去。種族與其他一切一樣，都變成（或是出於必要）一種社會建構。因為如果這問題真的出在硬體，那麼到達某個階段時，我們可能會陷入嚴重的麻煩。

二〇一九年三月，華盛頓大學的羅賓·狄安傑羅（Robin DiAngelo）教授在波士頓大學演講。狄安傑羅專門從事所謂的白人研究（whiteness studies），並寫了一本《白色脆弱》（*White Fragility*）的專書。由於狄安傑羅是白人，她必須做一些自我貶抑才能贏得聽眾的信任。她這樣做是為了向他們保證，她意識到，光是上台講話就可以「增強白色感和白色視角的中心性」。她要求寬恕，她說：「我想要少一點白，這意味著少一點壓抑、遺忘、防禦、無知和傲慢。」她還向波士頓大學的聽眾解釋，那些將人視為個體，而不去看他們膚色的白人是「危險的」。[70] 這番話意味著馬丁·路德·金恩的願景在不到半個世紀的時間，就完全被顛覆了。

如今，在種族的討論上，聲調似乎又回到劍拔弩張的狀態，關於種族差異的主張也日漸增多——正是在我們大多數人滿心以為這種差異可能消失的時代。有些人懷著忿忿不平的心態，有些人抱持歡樂雀躍的心情，在這片滴答作響的寧靜大地上跳動著，根本不知道埋在下面的是什麼。

【插曲】
寬恕

我們才剛要開始理解社群媒體時代降臨所造成的結果，但已經面臨到我們難以解決的問題。公私語言的區隔崩解是其中之一，不過還有比這個更大的問題（雖然有部分是肇因於此），而且是所有問題中最深層的，那就是我們沒有為自己預留餘地，沒有準備一個退場機制讓我們能夠擺脫科技造成的困境。這似乎只會造成災難，卻提不出解方，只會傷害但不補救。就拿現在稱之為「公共羞辱」的現象來講好了。

二〇一八年二月，就在《紐約時報》延攬鄭莎拉進入編輯委員的幾個月前，這家報社宣布另一項人事案，聘用時年四十四歲的科技記者奎因．諾頓（Quinn Norton）。消息一出，網民立即開始工作，跟後來對待鄭莎拉的方式如出一轍，也是去分析她的推特發文。他們再次發現，用社會正義運動家的話來說，她的推文「不佳」。自二〇一三年以來，諾頓在許多推文中會使用「娘炮」（fag）」一詞，好比說「看！娘炮」以及（有一次她與另一位推特用戶在聊天時發過）「你這個吃屎的娘炮，敏感的愛哭鬼。」[1]然後還有另一次——網民一路回溯到二〇〇九年——有人發現諾頓使用當前最不可接受的「黑奴」一詞。二〇〇九年，在與另一個推特用戶聊天時，她回答說：「如果上帝要讓一個黑奴來和我們的學生談話，祂得讓得讓（原文如此）他當上總統。哦！但是等一下……嗯。」[2]這項人事聘用案宣布七小時後，《紐約時報》表示計畫有變，諾頓不會加入這家報社。

之後，諾頓一篇刊登於《大西洋》雜誌的文章，解釋了她對這件事的理解。她承認自己過去寫過，或是在推特上發出許多愚昧無知和讓她感到尷尬的內容。她解釋這樣的感覺，套用她自己的話來說，這是在網路上很快就出現她本人的「分身」。就跟其他曾遭到網路羞辱的人一樣，這個遭到大家抵制的分身並不是「真正的她」，而是一個醜陋的、簡化的，語境脈絡外很小一部分的自己。

她繼續解釋，她認為自己是所謂的語境崩坍（context collapse）的受害者。這個術語也是指公私語言間的區隔消失，是指在一群體內的對話，為不了解原始上下文討論脈絡的外人所聽聞。諾頓說，她那次在網上使用「黑」開頭的字眼，其實是在一條支持「歐巴馬（總統）」的討論串中。由於諾頓在網路上與形形色色的白人種族歧視主義者交流，有的討論串處於友好的狀態，有的則不是很友善，因此她有可能使用一些粗言來回應那些惡言相向的人。至於為何會使用「娘炮」一詞，她解釋，她會與活動分子組成的「無名氏」（Anonymous或簡稱Anons）的成員接觸。[3]在這類群體中，就是會用這類字眼，但顯然在傳送到《紐約時報》的世界時，語境的傳達出了差錯。這兩個世界相遇了，諾頓在那兒成了歷史，而世界狂奔而來，加以踩踏。

不過這些個案都有值得反思的地方。首先，因為諾頓和鄭莎拉這類案例引發一個問題：「在網路時代，什麼能夠公平地代表一個人？」要怎樣描述一個人才算是公平？以諾頓為例，她日後可能會被簡化為「因為種族歧視而遭到《紐約時報》解雇的恐同科技記者」。她可能會認為，描述她個人較為公允的說法是「作家和母親」。但是鄭莎拉也可能認為自己並沒有種族歧視。那麼是誰能夠這樣稱呼他們呢？如果是網路暴民的話，那我們就有麻煩了。

誠然，只有在一人生活中最不堪的面向裡，才含有讓那些網民停下來查看的資訊。對於那些沉迷於羞辱他人和幸災樂禍的網民來說，這些可是純度很高的金礦。我們都明白，那種看著某人從恩典中墮落的愉悅感；也能感受到，加入懲罰犯罪者行列伸張正義時的興奮。即使（或許尤其是）他們的過錯也是我們自己會犯的罪。從人類學家兼哲學家荷內・吉哈赫（René Girard）的研究中，我們得知這樣的心態可能源自於找個代罪羔羊的社會解脫。所以，這種傾向尋求的是最不經慎思明辨的一種生活描述，正是這一點最為駭人，也最讓人震驚。

這裡還附加一個泥沼。在舊派新聞踐踏某人的生活時，當事人能夠依靠或求助的地方本來就不是很足夠。而今日在網路上，當你的生活慘遭這種方式橫掃時，甚至連個可以申訴的監管機構都沒有。網路上有成千上萬，甚至是數百萬人參與其中，但卻沒有一個機制可以追溯到他們當中的所有人，並讓他們承認是以不公平的方式在翻你生活中的舊帳。沒有人有這個時間，也很少有人具有這樣的重要性。網民還是要去揭其他人的瘡疤。此外，舊日媒體能夠踐踏的人群有限，今日的科技幾乎可以找上地球上任何人，然後讓他們身陷旋風之中。

再來，諾頓和鄭莎拉等人的故事之所以重要，也是因為這彰顯出網路時代仍未開始解決的問題：我們這個時代何時才能學會寬恕？人的一生難免會犯錯，所以任何一個健康的人或社會，都必須要有一定的寬恕能力。寬恕有部分是來自我們遺忘的能力。但是網路永遠不會忘記，一切都可以由新的一批人重新召喚出來。諾頓未來的雇主勢必會看到她用過「黑奴」一詞，姑且不論上下文為何，難免會心生疑慮，擔心她是否是他們真正想要雇用的人才。

諾頓和鄭莎拉那些具有爭議的推文早就從其推特頁面刪除，但已被其他多個用戶截圖下來，供之後其他用戶使用。今天在網上看到這些陳舊的推文，可能還是會引起很大的反應，就像是昨天或今天才發出的，而不是幾年前或十年前。

直到最近，就算是赫赫有名的人，他們的口誤或過錯也會隨著時間逐漸消失，為人淡忘。不過有些過錯事關重大，因此永遠不會為人遺忘，這就是何以那些在法庭上受審或入獄的人，一輩子都會留著這項紀錄。但是，生活在一個明明沒有犯罪卻會產生相同效應的世界，這一點令人特別抓狂。這可以上訴到哪個法院？尤其是當犯罪的性質或構成犯罪的條件，幾乎每天都在變化時。今天提跨性別時的正確方法是什麼？你有沒有把這個詞拿來開玩笑，或是侮辱他人？二十年後再回頭檢視我們今日的表現，看起來將會是如何？誰會是下一個喬伊・瑞德，得承擔其他人表達「錯誤」觀點時也表達「錯誤」觀點的責任？如果不知道這些問題的答案，那就得設法確保我們不僅可以預測明年風向的轉變，還得預測餘生的世局變動。祝你好運。

研究顯示，當今年輕人的焦慮、抑鬱和精神疾病有所增加，這點毫不令人意外。與其說這是「雪花主義」（snowflake-ism）的一個例證，也就是社會上一有個風吹草動，就出現「雪崩時沒有一片雪花是無辜的」那種瞬間遭大量文章洗版的情況，還不如說這是青年世代的合理反應，是在面對一生之中複雜性成倍增加的世界自然產生的反應。在一個受到無止盡地產生問題卻不給解答的科技工具所推動的社會，這完全是合理的反應。但其實是有解答的。

一九六四年十一月，漢娜・阿倫特（Hannah Arendt）在一場於芝加哥大學舉辦的「基督教與經濟人：富裕社會的道德決策」（Christianity and Economic Man: Moral Decisions in an Affluent

Society）研討會上發表名為「勞動、工作與行動」（Labour, Work, Action）的演講。在這場演講中，她探討何謂「積極」生活。當我們「積極」時會做些什麼？不過在她的演講快要結束時，阿倫特反思了目前世上積極生活的一些後果。每個人的生活都可以成為傳頌的故事，因為有一個起點和終點。但如今，在這兩個固定點之間的行動，也就是我們在世界上「作為」時的一切，會產生無窮盡的後果。「人類事務的脆弱和不可靠」，意味著我們不斷地在「關係網」中行動。其中，「每一行動不僅引發一個反應，而是引發連鎖反應。」這意味著，「每個過程都是另一無法預測的新過程的起因」。一個字或一個作為能夠改變一切。這造成的後果就是，如阿倫特所說的，「我們永遠無法確切知道我們在做什麼」。

阿倫特說，讓「人類行動的脆弱性和不可靠性」變得更糟的事實是：

儘管在行動時我們不知道自己在做什麼，但我們永遠不可能取消已經做的事情。行動過程不僅不可預測，還是不可逆的。沒有一個作者或製作者可以消除他所不喜歡，或是後果不堪設想的事。

要避免受到不可預測性的傷害，唯一的工具是履行承諾的能力，阿倫特就此推論，只有一種工具可以減緩我們行動的不可逆轉性，那就是「寬恕的能力」。這兩者必然要結合起來，透過承諾來團結，並且透過寬恕來保持這種團結。關於後者，阿倫特寫道：

如果不被原諒，我們便無法從作為的後果中解脫，那我們的行動能力就此限制在一項我們永遠無法恢復的行為上。我們將永遠是這個後果的受害者，就像是不知道要如何破解魔咒的魔法師的學徒一樣。4

在網路興起之前就已經是如此，但自那以來，變得更加真實。

解決這問題的關鍵在於歷史遺忘而不是個人遺忘，在於歷史寬恕而不是個人的寬恕。遺忘與寬恕不是同一回事，但是遺忘常常伴隨著寬恕，而且肯定會加速寬恕的過程。一個人或一族人會做出可怕的事情，但是隨著時間過去，記憶逐漸消失。人逐漸忘記醜聞的確切細節或性質。環繞在一個人或一個動作旁邊的雲霧，會在大量的新發現和新體驗中消散。在最嚴重的歷史錯誤中，當受害者和加害者都過世後，不論是犯下罪行的人，還是承受罪行的人就此離開世界。後代子孫可能有一段時間會記得部分片段，但是隨著世代交替，侮辱和不滿情緒逐漸消褪，那些繼續把舊恨加上新仇的人，通常不會被認為具有敏銳度或榮譽感，而是好勇鬥狠。

網路不僅可以幫助人記憶，還可以幫助人從一個陌生的、全知的角度去接近過去。這使得過去，就像其他事物一樣，成為任何一位帶有世仇宿怨的考古學家的人質。很久以前的醜聞，在經過幾個世代的淡忘後，又會再次浮上檯面。我們怎麼能夠就這樣忘記一百多年前犯下的罪行？我們不應該都知道嗎？難道我們不應感到羞恥嗎？現在不知道這些的我們，還有什麼說詞？

就是連那些看似塵埃落定的事情也可以再掀波瀾。奧登（W. H. Auden）在他的詩作〈紀念葉慈〉（In Memory of W. B. Yeats）中寫下打響他文學名聲的詩句：「以時間這奇怪的藉口，／赦免了吉卜林和他的觀點，／並且原諒保羅．克勞德爾，／畢竟他寫得一手好詩。」5 只不過現在我們明白，就算那時大家原諒了吉卜林，日後可能還是會翻舊帳。也許在某種程度上總是會對這類作家這樣做，但是今天的方式可以擴及到遙遠的地方，而且是以快速而瘋狂的方式進行。

二〇一八年七月，曼徹斯特大學（University of Manchester）的學生塗掉以吉卜林的〈如果〉（If）為題的一幅壁畫——這首詩之前曾票選為英國人的最愛。儘管有許多人深受這首詩所感動或鼓舞，但這些學生還是決定要抹去它。或許他們日後會以瑪雅·安傑盧（Maya Angelou）的一首詩來覆蓋原作，這恐怕是大勢所趨，在所難免。這所大學學生會的「解放與獲取」主管為這一行動辯護，解釋吉卜林犯下了「企圖尋求大英帝國佔領印度的正當性」，以及「剝奪有色人種的人性」的罪行。6

在網路出現前，人們犯下的錯誤僅會在他們生活的社群或圈子中流傳。然後，至少日後還有可能在世界的其他地方展開新生活。如今，無論去到哪裡，他們的分身（doppelgänger）都將如影隨形。甚至往生後，這樣挖掘和盜墓的情勢仍會繼續下去，不是本著探尋或寬恕的精神，而是懷著報應和復仇的心態。這種態度的核心在於我們這時代對過去所抱持的一種詭異的報復本能，這意味著我們知道自己比歷史上的人更好，因為我們知道他們的舉止，並且知道我們會做得更好。這裡存在一個巨大的現代謬論。當然，人們會認為他們若是回到過去會表現得更好，但那只是因為他們知道歷史的結局。然而歷史上的人不曾擁有過這樣未卜先知的奢望。就他們遇到的情況和當時特定的傳統，他們在其所處的時空背景下，做了或好或壞的選擇。

以某種程度的寬恕來看待過去，是對於日後獲得原諒，或至少求取後人理解的一項早期預防措施。因為我們現在正在做，或打算做的所有事情，不見得將來都能夠通過這種報應和評判的旋風。

這樣的寬恕態度可以用在個人以及歷史嗎？可以套用在與我們一起經歷過歷史的人身上？

二〇一七年的跨年夜，英國政府走露人事任命案的消息，傳出身兼記者和學校創辦人托比・楊（Toby Young）已獲任命，將會加入教育部設立的政府高等教育諮詢委員會。多年來，楊最知名的事蹟是提倡政府推出的「免費學校」計畫，並致力在倫敦開辦新學校，以及領導新學校網（New Schools Network）。走上這條路之前，楊曾將他在美國的挫敗經驗寫成《如何弄得眾叛親離》（*How to Lose Friends and Alienate People*）一書（日後還被改編拍成電影）。這是一本眾聲喧嘩、自揭瘡疤又富有啟發性的書，就像楊的許多新聞專欄文章一樣，在某種程度上，也是靠著語出驚人的行文風格吸引讀者。也許他改過向善，在人生方向上做出重大轉變，可能會獲得一些寬恕，但是會有一段時間，楊肯定是同時扮演兩種截然不同的角色，一邊是語出驚人的風趣記者，一邊是幫助貧困家庭孩童接受更好教育的公益人士。瘋狂的網民就是在這樣的十字路口逮住他。

宣布任命後的短短幾天，楊的推特帳戶（以及往日的文章）成了線上犯罪考古學家尋找錯誤的寶庫。的確，對於任何不熟悉他作品的人來說，這簡直是挖掘到網路版的圖坦卡門（Tutankhamun）陵墓。

有人發現楊在二〇〇九年多次表達對女性乳房的興趣，而且會在推特上和他的追隨者談論。他談到一個朋友的「大咪咪」。觀看每星期三英國首相在下議院的電視答問轉播時，他在推特上問了他的追隨者：「工黨議員艾德・米勒班（Ed Miliband）的頭後面，有個很正的乳溝。有人知道那是誰的嗎？」[7]他後來表示，自己對這些發文不會引以為傲。但是網民的挖掘不會停止。在二〇〇一年《旁觀者》（*The Spectator*）雜誌的一篇文章，他討論到在「人與汽車」頻道上有一齣新的電視節目《魅力遊戲》（*The Glamour Game*），他說這基本上是部色情片，而且他很喜歡。副編輯遂將這篇文章的標題定為「色情癮者的自白」。[8]過了大約二十年後，這成了對他的一項指控。工黨和保守黨議員對他大肆批評。倫敦《泰晤士報》（*The Times*）下的標題是「『色情成癮者』托比．楊努力扮演學生督察的角色」。[9]倫敦在通勤地點免費發放的《標準晚報》（*The Evening Standard*）的標題則是「首相泰瑞莎．梅（Theresa May）的新壓力，要求解雇『色情成癮』托比．楊擔任監管職位。」[10]

後來又有人發現他曾經用「古怪的傻瓜」一詞來形容某位同性戀名人，並且曾經出席在倫敦大學舉行的智商和遺傳學會議。基本上，這時代的每條地雷線他都踩過了。宣布新職位的九天後，看來網民對楊過往事蹟的挖掘似乎欲罷不能，或許會持續一整年，於是他辭職了。接下來的幾週，他失去了他試圖留住的其他工作和職位，包括經營新學校網的工作，這是他當時主要的收入來源，也是他人生第二階段的熱情所在。

沒有人會挺身而出，幫楊所發的那些女性乳房的推文緩頰。會有許多人質疑，發出那些自認具有「幼稚」幽默感推文的成年人的判斷力。[11]楊的例子就跟其他遭到公開羞辱的個案一樣，為我們帶來所有問題中最重要的一個：是否存有寬恕他人的途徑？楊多年來擔任志工幫助弱勢兒童，是否可能彌補他那些大咪咪推文的罪過？如果是這樣，那需要多少？要幫助多少個孩子才能消除掉多少則胸部推文的罪？從犯錯到寬恕，要間隔多久時間才算適當？有人知道嗎？有人想要處理這個問題嗎？

現在是嘗試思考這些問題的時候了，畢竟我們已經進入這當中幾處最險惡的地方，我們現在得承受跨世代的羞辱。二〇一八年八月，禮來糖尿病製藥（Lilly Diabetes）宣布，將取消贊助專業賽車手康納．戴利（Conor Daly），就在這位二十六歲的年輕人即將於NASCAR賽車首次亮相前。這次的醜聞與戴利本人的言行無關。贊助商之所以撤回對他的支持，是基於一件可以追溯到一九八〇年代的故事。在戴利出生前十年，他的父親接受廣播電台採訪時，用了一個具有貶低意味的詞來描述非裔美國人。老戴利宣布對此感到「自慚形穢」，並說這一詞彙在他的祖國愛爾蘭具有不同的意思和含義，而當時他才剛移居到美國。他對自己的失言表示羞愧和遺憾，並請求寬恕，但是他的兒子仍然失去贊助。[12]

基於某種緣故，我們甚至沒有對此展開搏鬥，但我們已經創造一個幾乎不可能寬恕他人的世界，在這個世界，父親的罪惡理所當然地傳到兒子身上。而且，我們仍然對解決這難題的機制漠不關心，也沒有設法去凝結共識。

在過去幾個世紀中，世人的共識是，只有上帝才能寬恕最終的罪過。但是在日常層面，基督教傳統以及其他傳統也強調對寬恕的渴望，就算這不是必要的。甚至達到無限寬恕的地步。[13]哲學家尼采（Friedrich Nietzsche）在「上帝之死」的後果中預見，人會陷入無盡的基督教神學循環，找不到出口。更具體一點來說，人將繼承罪過、原罪和羞恥的概念，但不再能訴諸基督教信仰提供的救贖手段。今天的我們確實生活在這樣一個世界，在這裡，一舉一動可能都會給我們帶來無法想像的後果，招致比以往任何時候都多的罪惡和恥辱，而我們卻無力彌補挽救。我們不知道誰能夠承受，又是誰能夠接受這狀況，也不知道這樣沒完沒了的狂熱執著和譴責，是否真的是我們想要的。

我們就這樣生活在一個人人自危的高風險世界裡，就像提姆．杭特教授一樣，得和自己開過最爛的玩笑共度餘生。而且在這裡，人的動機不在於處世的行動和作為，而是在於對他人的反應：特別是在一齣受苦被錯認是道德美行的戲碼中，嘗試扮演受害者或法官的角色。在這個世界裡，沒有人知道誰能夠獲得緩刑減罪，但每個人會為了維護自身聲譽而去爭取，並且緊抓不放。在這個世界裡，有一股最強大的「力量」不斷在施展著，這股力量，基於沒人知道是否真誠的理由，一直在評判，甚或是毀滅另一個人的生命。

到目前為止，對這個難題我們只有暫時想到兩個沒什麼說服力的答案。首先是我們會原諒我們喜歡的人，或是其所屬的部落或觀點與我們自己相符合的人，或至少與我們的敵人相左的人。這就像是艾茲拉．克萊因原諒鄭莎拉的原因，因為他喜歡她。而托比．楊因為不討人喜歡，就不會得到原諒。這是可以想像到最確定的一種方法，早已存在於每一處的部落差異（tribal difference）。

第二條臨時路線是近來劉易斯．漢密爾頓（Lewis Hamilton）所採用的，他也是賽車手。二〇一七年聖誕節，他在Instagram帳戶發布一段影片。漢密爾頓說：「我現在很傷心。看看我的侄子。」然後，這位三十二歲的車手將手機轉向穿著粉紅色和紫色相間禮服，並揮舞魔杖的小侄子身上。「你為什麼穿公主的洋裝？」漢密爾頓問他，還加了一句：「男生不穿公主裙的。」小男孩在此期間則是笑個不停。

但沒過多久，這段影片很快就對漢密爾頓及其職業生涯造成致命的影響。一個反霸凌的慈善機構譴責他在社群媒體平台上「傷害一個小孩」。在網路上，漢密爾頓飽受抨擊，說他展現出對跨性別的厭惡，並且植入過時的性別刻板印象。媒體決定對此大做文章，將其轉成頭條新聞來報導。一個旨在幫助強姦倖存者的反強姦慈善組織出面呼籲，要收回這位車手的大英帝國勳章（MBE）。

漢密爾頓本人迅速在社群媒體上為他的「不當」評論道歉，並告訴大家，他有多麼愛他的侄子。他在一則留言中說：「我希望我的侄子能夠自在地表達自己，就跟我們大家一樣。」在另一則訊息中提到：「我一直支持任何人過他們想要的生活，希望大家能原諒我這種失言。」[14]

顯然光是發道歉文還不夠。幾個月後，到了二〇一八年八月，男性雜誌《GQ》的讀者可以在封面上看到劉易斯・漢密爾頓的照片，雜誌裡有大量的採訪和照片，包括封面在內，他都是穿著裙子。除了敞開式的閃亮格子呢上衣，炫耀他的腹肌和胸肌，他特地穿上由發亮的補丁和色塊組成的蘇格蘭短裙式服裝。伴隨封面圖片的標題是：「『我想彌補』——劉易斯・漢密爾頓絕不迴避問題」。[15]所以到目前為止，這是尋求寬恕另一種唯一可用的模式。如果你夠有錢和有名，可以聘請公關界的人，可以買下男性雜誌的封面，穿上裙子，臣服在這個教條迅速變動的時代之前。難怪有越來越多人相信，他們只要照單全收，接受那些教條就好了。不准提問。沒有異議。

第四章
跨性別

在我們之前的每個時代曾執行或允許過的作為，就今日的標準來看，簡直是道德淪喪。因此，除非我們有任何理由認為我們比過去任何時候都更加理性，更有道德感，或是更加明智，否則可以合理假設，目前我們正在做的某些事情（儘管可能是在彰揚這時代的美德），過了幾個世代之後，未來的人可能會呲牙裂嘴地說：「他們那時到底在想什麼？」我們這個時代可能有怎樣的盲點，這相當值得思量。在我們今日的作為中，有哪些在子孫後代的眼中，可能會激起類似我們現在回顧奴隸貿易，或維多利亞時代清煙囪的童工的心情呢？

就拿二〇一三年九月在比利時去世的納森．沃赫斯特（Nathan Verhelst）來說好了，他的生理性別是女性，父母最初取名為南西。自小生長在一個充滿男孩的家庭，她總覺得父母偏心，比較疼愛另外三個兄弟。這個家庭肯定有很多奇怪的事。沃赫斯特去世後，他的母親接受當地媒體採訪時表示：「當我第一次看到『南西』時，我的夢想破滅了。她長得好醜。我生了一個鬼魂。她的死並不困擾我。我沒有感到任何悲傷、懷疑或悔恨。我們的感情從來就不好。」[1]

這段談話和其他的，清楚顯示南西在成長時感到被父母排斥，並在某個階段開始有了如果自己是男兒身，人生會變得更好的想法。二〇〇九年，三十幾歲時，她開始接受荷爾蒙療法。此後不久，她進行兩次乳房切除術，然後進行一系列手術來建造陰莖。

從二〇〇九到二〇一二年，她總共進行三項大型的性別重置手術。在這整個過程要結束時，當時的「納森」，對手術結果的反應是：「我原本準備要慶祝我的新生，但是當我照鏡子的時候，我對自己感到厭惡。我的新胸部不符合我的期望，我的新陰莖出現排斥反應。」沃赫斯特經歷的所有手術都留下明顯的傷疤，顯然他對自己的新身體深感不滿。沃赫斯特有一張照片是在沒什麼人的比利時海灘上拍的，那時他已是「納森」。他看著鏡頭，在陽光下瞇起眼睛。儘管有紋身覆蓋他的胸部，但乳房切除術留下的疤痕仍然可見。在另一個場合所拍的照片，他穿著鞋子和西裝躺在床上，看起來在這具身體中不是很舒服。

納森期盼的生活並沒有到來，隨之而來的是憂鬱症。因此在二〇一三年九月，就在他最後一次的性別重置手術一年後，年僅四十四歲的沃赫斯特接受國家進行的安樂死。在他的出生國，安樂死是合法的，而比利時的相關醫療當局同意沃赫斯特由於「無法承受的心理痛苦」，可以進行安樂死。在安樂死前一週，他和一些朋友舉行一個小型派對，據說他的客人跳舞歡笑，並高舉香檳「敬生命」。一週後，沃赫斯特前往布魯塞爾一家大學醫院，透過致命藥劑的注射而死亡。「我不想成為怪物」，他在死前這樣說。2

不難想像，後代子孫在讀到這樣的故事時，會覺得有多麼不可思議。「所以，比利時的衛生部門試圖將一名女性變成男的，失敗之後就殺了她？」這當中最難理解的一點可能是，國家之所以殺他的原因，就跟與之前為他動的那些手術一樣，不是抱持惡意或殘酷的心態，而是純粹出於仁慈。

當然，就各方面來看，沃赫斯特的例子相當不尋常，卻非常值得關注，因為這個例子反應出一些我們很少思考的問題。什麼是跨性別？誰是跨性別？又是什麼條件讓某人具有跨性別的身分？我們真的可以確定有存在這樣一個類別嗎？若是如此，我們可以確定將某人的生理性別轉變成另一種的療程，每次都行得通嗎？而且，這真的是解決難題的最佳方法嗎？

本書論及的所有主題，還有我們這個時代面對的所有複雜議題之中，沒有一個像跨性別這樣，會激起這麼大的困惑與基進的假設，並且提出那麼強烈的要求。也沒有其他議題這麼迅速達到這樣的階段（儘管其影響的人相對較少）：報紙會以整個版面來報導跨性別的最新發展，然後是永無止盡地要求改變稱謂用語，同時還要求據此建立相關科學。[3]從接受同性戀的存在，到有必要將同性婚姻合法化的立場，花了數十年時間，不過在某些人看來，同性戀人權的討論還是發展得太快。相較之下，跨性別的接受度則是創紀錄的快，在短時間內成為一種接近教條的狀態。英國政府的保守黨部長正在推動讓人便利更改出生證明，以及出生性別的法規。[4]為了讓跨性別兒童更容易受到接納，地方當局已經發布教育指南，建議小學教師應告訴兒童，包括男孩在內的「所有性別」，都會有月經。[5]在美國，於二〇一九年五月通過聯邦法案重新定義了「性」，並在當中納入「性別認同」。[6]

到處都彌漫著這樣的感覺。我們現在經歷的群眾瘋狂之中，跨性別像是一把破城槌，彷彿這就是打破父權制高牆的最後一擊。英國同性戀權益組織石牆，推出新版的同性戀平權T恤，這次上面印的標語是：「有些人就是跨性別。接受吧！」但是他們真的是嗎？我們應該接受嗎？

無奇不有

應該說，「跨性別」這現象的起源並沒有什麼奇怪之處。今日，很多人都歸類在這個標籤下。僅僅在最近幾十年，有一系列形形色色的人被歸類為跨性別，這當中有的只是偶爾打扮成異性的人，但有的則是完成全套的性別重置手術。這在很早就讓人對跨性別產生困惑，那就是我們對跨性別的認識存在很大的落差，對某些層面很熟悉，對另一些則很陌生。

不僅是大多數文化都具有某種類型的性別模糊，或性別流動，而且世界上也很難找到有哪個文化是不包含（或不允許）某種形式的性別模糊的存在。跨性別並不是晚期現代的發明。正如之前所提，奧維德在提爾西亞斯的故事中就談過兩性間的轉換。在印度，有所謂的海吉拉（Hijras），這是指雙性人和變裝癖這一類人，印度文化對他們的認識和接受可以追溯到幾個世紀以前。在泰國，則有俗稱人妖的第三類女性（Kathoey），一般都認為這種女性化的男性，既不是男性也不是女性。而在薩摩亞（Samoa）島，則有法法菲妮（fa'afafine），是指生活和裝扮都好比女性的生理男。

甚至在世界上最討厭男同性戀的地方，也允許某些人跨越性別。阿富汗有女扮男裝（*Bacha posh*）的傳統，沒有生下男性子嗣的父母可選擇一個女兒，將她裝扮得像男生一樣。而且在一九六〇年代初期，早在伊朗革命發生前很久，霍梅尼（Ayatollah Khomeini）就曾頒布一項允許性別重置手術的法規。確實，自一九七九年的革命以來，伊朗成為中東地區性別重置手術領域的領導者，但這在很大程度上是肇因於一項令人感到不安的事實，因為這是當地少數同性戀避免嚴峻懲罰的一種方式，在被發現是同性戀後，他們寧願進行這項相形之下沒那麼恐怖的手術，儘管有些人原本並沒有動手術的意圖。

就此看來，幾乎每種文化都存在某些模糊性別界線的意識，從變性癖（打扮成異性）一直到變性（經歷一系列手術以「變成」異性）。無論背後的演化因素是什麼，有相當多的文化早已對此產生適應，接受某些人可能誕生在一個性別的身體，但卻希望生活在異性身體中的想法。

但是這些人是誰？又是依據哪些界線來區分，不僅要區分他們和其他人，還有在這個定義鬆散的群體中要如何細分出來？這個主題充滿煽動性，談起來就會讓人情緒高亢，因此論述時需要動用一種鑑識法，但是連這種做法也永遠無法滿足所有人。不過，總是得從某個地方開始。也許最好的起點是從跨性別辯論中，目前較確定的部分開始。一旦就辯論中最不具爭議性之處達成共識，那麼就可以更清楚看到當中爭議最大的地方，也是這場爭鬥陷入苦戰的地方——這兩者當然不是巧合。

雙性人

若是我們信任的是科學家，而不是社會科學家，若是我們同意處理人本身的問題，會比處理他們所聲稱的身分要來得容易，那麼在跨性別辯論中，爭議最少的問題要算是雙性人的問題。

雙性（intersex）是醫學界數百年來所熟知的一種自然現象，但對外界的人來說，面對這問題時卻有點不知所措。事實是，有一小部分的人出生時帶有模糊不清的生殖器官，或是兼具兩性的其他生物特性（例如異常大的陰蒂或特別小的陰莖），這意味著他們可能介於這兩個性別之間。並非所有的症狀都是外顯可見的。極少數的情況可能會有外部展現一性別特徵，但內部卻隱藏另一性別的器官痕跡。例如苗勒管永存綜合症（Persistent Mullerian Duct Syndrome, PMDS），這是指生來具有男性生殖器的人，又同時長出女性生殖器官（例如輸卵管甚至子宮）的人。

幾個世紀以來，醫學專業人士早已注意到這些現象，不過公眾對此的認識卻非常有限，注意力往往集中在「怪胎」。馬戲團把「長鬍子的女人」塑造成大自然創造出來的怪胎，就歷史文獻提到的「雌雄同體」描述來看，世人早已注意到，在既有的性別之間，除了易裝癖之外，還存在其他類型的人。儘管總是被輕描帶過，沒有成為討論的焦點，但一直以來都有人意識到人類的生物特性帶來某些複雜的挑戰，而且通常都很殘酷。

即使到今天，世人對雙性人的比例到底有多少還是不清楚。據估計，今日美國每千名兒童中就有大約一名，出生時具有性別不確定的性器官，而每三百名兒童中，大約有一名需要轉給專科醫師處理。[7]當然，對雙性人認識越多，要如何處理那些一出生就面臨這種挑戰的人，爭議也就越大。二十世紀下半葉，位於巴爾的摩的約翰霍普金斯大學（Johns Hopkins University）發展出一套標準模型，讓專家檢查那些轉診過來的孩子，判斷哪種性別在他們身上較為明顯，或是更容易讓孩子適應，然後以手術和荷爾蒙進行相應的治療。

積累大量的不當醫療案例後，開始出現另一種方法來處理這類問題。過去三十年，大力推動雙性人人權的美國生物倫理學教授愛麗絲．德萊格（Alice Dreger）便是這陣營的重要人物。儘管她本人並不是雙性人，她是少數反對早期進行手術的人之一（通常這麼做是為了滿足父母的要求），並且提倡要讓公眾和專業人士更認識這一現象。這樣一定會釐清更多，幫助那些面臨挑戰的人。

在她探討這主題的專書《伽利略的中指》（*Galileo's Middle Finge*）中，德萊格回憶在一九九〇年代末期，有一位資深的外科醫師告訴她，她只是沒弄懂這當中的動態關係。根據他的說法，發現孩子的生殖器官模糊時，父母面臨到一個他們難以應付的問題。「母親一直哭泣，父親則是喝得爛醉。」他對她說：「如果你讓生殖器官模糊的孩子就這樣長大，不動手術……這孩子會在青春期就自殺。」[8]

但是從一九九〇年代中期網路發明以來，這一切開始改變了。正如德萊格指出的，「維多利亞時代的醫師是無法想像怎麼會有這種事情發生：出生時患有各種性別異常的人開始互相認識，並開始組織起來，展開身分認同的權利運動。」[9]北美雙性人協會（Intersex Society of North America, ISNA）於一九九三年成立，後來類似的團體也相繼成立。傑佛瑞．尤金尼德斯（Jeffrey Eugenides）二〇〇二年的暢銷小說《中性》（*Middlesex*）讓這類故事受到更廣泛的關注。少數一些勇敢的人公開自己的故事。但是，該採用什麼樣的醫療干預才算合適，又是何時該進行？還有究竟什麼是最好的做法？這些問題仍然存在嚴重的爭議。

儘管如此，透過北美雙性人協會這類團體的倡導，許多事情都變得日益清晰。其中一點便是，雙性人確實存在，而且不應該對他們完全無法控制的生理條件負責。天生的雙性人可以感受到相當的同理心，並且為人所理解。人們對那些出生時就發現自己拿到一手爛牌的人（或者至少可以說是不甚理想的組合），應該抱持怎樣的感受呢？如果世界上真的有所謂的性別硬體問題，那毫無疑問就是雙性人。

對任何開始思考這議題的人來說，雙性問題完全是合情、合理又慈悲的事業。的確，任何關心人權的人都應該考量這問題。然而，令人震驚的是，很少有單獨處理雙性人問題的時候，甚至在每日都有跨性別新聞的今天，也很少論及雙性問題。箇中原因似乎是，在公眾開始關注雙性人的同時，又出現一堆看似雷同但實際上差異很大的其他議題。

變性

二戰後的歐美出現幾個備受矚目的變性個案，試圖轉換自己的性別。在英國有從男兒身的羅伯轉變成羅貝塔的科威爾（Roberta Cowell），在美國則是從喬治轉變為克莉斯汀的約根森（Christine Jorgensen），當時他們都成為世界各地爭相報導的頭條新聞。到今天還有人記得，當報紙刊登這些首次「變性」的新聞時，父母親還會把報紙藏起來。因為這些報導不僅為文用字淫蕩，而且充滿情色性慾，還衝撞到當時最基本的社會規範。人可以改變性別嗎？如果是這樣，那意味著所有人都可以變性嗎？這是否意味著——如果受到鼓勵——大家都可以去變性？

回顧過去，不難理解為何這些早期變性個案會引起這樣深層的困擾。第一次世界大戰後，對於陽剛女和陰柔男的想法成了評論年輕一代的必備話題（*idée fixe*）。一九二〇年代的一首熱門歌曲是「陽剛女！陰柔男！哪隻是公的？哪隻是母的？今日實在雌雄難辨。」10

在當時，同性戀和易裝癖似乎有很強的關連：也許這些變性人是非常執著的易裝癖，或者是特別女性化的男同志。但是第一位出櫃的跨性別人士駁斥這些猜想。在職業生涯早期，科威爾曾是一名戰鬥機飛行員，此後也是相當出名的賽車手。若是這還不足以駁斥上述的論點，肯定也讓極端女性化的推論站不住腳，儘管不是沒有可能。然後出現了這些個案自己提出的主張。以科威爾為例，她希望人們相信她生來就是雙性人的事實，她接受的陰道成形術和其他手術，只是改正她出生時發生的故障。同性戀、雙性人、跨性別者、變性人這些類別，越是公開在陽光下，就越能看出其間彼此重疊的部分。

要再過一陣子，才有人有足夠的勇氣和描述能力，開始從這團混亂中提取出我們現在所知道的「跨性別」要素。任何懷疑是否真有這類人存在的人，都應去讀讀這些跨性別者的作品，他們不僅對這問題進行深刻的思考，也表達自己的深刻看法。變性前叫做詹姆斯的英國作家簡・莫里斯（Jan Morris）算是相當成功的例子，她將許多跨性別者認為難以傳達的經驗與感受，透過文字交流出去。就跟羅貝塔・科威爾一樣，莫里斯的故事也帶來層層的困惑和謎團，至今仍困擾著讀者和訪談者。

莫里斯在二戰的最後幾天曾在軍隊服役，之後他曾擔任《泰晤士報》和《衛報》的記者。莫里斯在中東、非洲和鐵幕國家擔任通訊記者，這工作就跟他的軍職一樣，並不符合大眾對於那些想要成為女人的男人的想像，不過最令人意想不到的是，他還有一樁幸福的婚姻，他娶了一個女人，育有五個孩子。

詹姆斯・莫里斯過渡到簡・莫里斯的變性過程是從一九六〇年代開始，最終在一九七二年進行性別重置手術。當時的他已是知名作家，很快就成為世界上著名的跨性別者。莫里斯寫下的《難題》（*Conundrum*, 1974）就是這段過渡時期的回憶錄，這本書至今讀起來仍相當具有說服力，當然也是迄今為止探討為什麼有些人覺得有必要轉變性別最好的文本之一。確實，讀了莫里斯的書之後，很難相信跨性別這類的人是不存在的，或者「僅僅是」想像力在作祟。莫里斯將自己身為一個小男孩的最早記憶描寫下來，三四歲時坐在母親的鋼琴下，並意識到自己「出生在錯誤的身體中」。[11]在隨後的年月中，他歷經軍職、婚姻和父親的角色，但這信念從未消失過。一直到他遇見著名的紐約內分泌學家哈里．班哲明（Harry Benjamin）醫師後，才找到解決這問題的辦法。這些解決方案是在學界試圖了解跨性別的最早階段提出來的。當時，有少數像班哲明這類的醫師，他們發現有些人認為自己出生在錯誤性別的身體中，他們對這樣的研究發現感到滿意。至於要如何處理攤在他們面前的問題，則又是另一回事。一些像班哲明的專業人士對此的結論是，可以改善些什麼。正如他曾經說過的，「本著慈悲，或僅是依據常理推斷，我問自己，要是我們不能改變他們的信念來適應他們的身體，那麼在某些情況下，我們是否應該改變他們的身體來適應這樣的信念？」改變身體，或如莫里斯所言，「消除這些多餘的東西……剷除我身上的錯誤，重新開始。」這不僅是當時的他想要的，也是他一直以來的夢想，甚至會出現在他的祈禱中。[12]

莫里斯在《難題》中描述這種成為女性的慾望一年強過一年。每年他的男性身體「似乎在身邊變得越來越堅硬」。一九五四到一九七二年，莫里斯接受一種荷爾蒙療法，他準確描述男性服用女性荷爾蒙後會覺得自己變年輕和柔軟的奇特效果。這些荷爾蒙不僅拆解掉讓莫里斯感覺積累在他全身的陽剛層，還移除了那些看不見的積累的彈性層，這是為人類物種的雄性提供的一層保護，但同時也破壞了身體的感覺。長時間下來，莫里斯變成「有點雌雄難辨、模稜兩可」的人。有人認為他是男同性戀，其他人則認為他是介於兩性之間。偶爾會有男人會為他開門，或誤將他認成女人。所有這些都是發生在手術前。

在那時候的歐美，很少有外科醫師願意進行這項仍處於試驗階段的手術。但是同樣也沒有人知道，導致某些人想要轉變性別的確切原因。這會是一種精神疾病嗎？如果不盡然所有案例是如此，那麼在有些案例中這算是一種病嗎？若是如此，有誰能夠將這兩種區分開來？這種切除身體部位的衝動，要如何與其他有類似狀況的人區分開來？像是有些患者告訴醫師，認為自己是擊退拿破崙海軍的知名海軍上將納爾遜（Admiral Nelson），由於對此信念十分執著，甚至希望能夠切除右手臂？和他們相比，那些想要切除陰莖的人有比較理智嗎？

在一九六〇年代和一九七〇年代，開始出現幾位願意進行此類手術的外科醫師，他們會要求患者提供足夠的保證。其中一項是患者絕對不能患有精神病。其次，患者不得透過改變性別而拋棄任何依賴他們目前性別的人。第三，患者應接受荷爾蒙治療一段時間。最後一點，患者必須扮演這個他們決定採用的性別多年。從那以後的幾十年，這些原則基本上沒有太大變動。

經過多年的荷爾蒙治療後，莫里斯最後選擇讓摩洛哥的喬治・布勞醫師（Dr Georges Burou）幫他動手術，就是在《難題》中提到的那位「B醫師」。這位醫師之前已經幫另一位英國名人愛波兒・艾許利（April Ashley）動過男變女的性別重置手術，儘管他行事低調，但在這時期，布勞醫師在某些圈子已很有名。盛況一時，甚至讓「拜訪卡薩布蘭卡」成為一種流行的說法，取代變性手術一詞。在那些找上他的患者的眼中，正如莫里斯所描述的，去布勞醫師位於卡薩布蘭卡後街的外科和療養中心看診，「就像是去拜訪巫師一樣」。[13]

任何懷疑會有人全心全意相信自己需要改變性別的人，都應該去讀讀莫里斯對他願意經歷這一切的描述。兩名護士進入布勞醫師診所的房間，一位是法國人，另一位是阿拉伯人。他們告訴莫里斯稍後要進行手術，但首先需要剃光他的私處。由於他也有一把剃刀，於是他索性自己動手來剃，任那兩個護士坐在桌上翹著腳抖腿。他用冷水和摩洛哥肥皂刮去恥骨部位的毛，然後回到床上進行注射。護士叫他睡覺，說等一下就會開始手術。不過，莫里斯對接下來發生的事，做了相當令人動容的描述。在兩位護士離開房間後，他搖搖欲墜地從床上起來，這時麻醉藥已開始作用，但他「想去對著鏡子跟自己說再見。我們再也見不到面了，我想要好好看看另一個我，祝他好運。」[14]

莫里斯在診所待了兩個星期，身上包紮著繃帶，並且描述手術後的感覺是「非常乾淨」。終於切除掉那個我日益討厭的突出物。就我自己來看，我變得正常了。」[15]莫里斯描述手術後的這段時間，以及返家後的時期，是一段不斷感到「欣快」的經歷，同時還伴隨著無比的確定性：「我做了正確的決定。」[16]這股幸福感沒有消褪。在動筆寫《難題》時，莫里斯明白從「詹姆斯」轉變成「簡」的過程，是「降臨在人類身上最棒的一種經歷」。這是毫無疑問的。

這位真實世界中的提爾西亞斯，不僅能夠轉換男女觀點，而且熟悉社會看待——或至少是曾經看待——男人和女人的獨特方式。坐在她身邊的計程車司機，不顧她的意願，吻了她嘴唇一下。那些只對男人而不對女人說的話。那些只對女人而不對男人說的話。而且還通曉一個更大的祕密：不是世界如何看待男人和女人，而是男人和女人如何以不同的方式來看待世界。這些聽在現代女性主義者的耳中恐怕會不太滿意。

例如，莫里斯描述兩性觀點與心態的根本差異。還是男兒身時，詹姆斯對他那個時代的「大事」較感興趣，但作為一個女人，簡則開始關注「小事」。成為女人後，簡寫道：「我的視野似乎收縮了，我比較少宏觀的看法，而開始著重細節。我寫作的重點改變了，從地方轉移到人。」[17]

她樂意承認變性造成的問題。就某些方面來看，這是一場悲劇，而且無疑給她周邊的人帶來沉重的壓力。一九七二年手術前，她不得不與妻子伊麗莎白離婚，不過在英國同性伴侶合法化後，她於二〇〇八年與她再婚。她以父親角色扶養長大的四個孩子，顯然很難適應這個變化，儘管他們看上去就跟任何人一樣都具有適應力。但她承認，整個過程引起許多人困惑，這些困惑就在這「細緻身體」受到「化學物質轉變，並且在遙遠的城市挨一刀」的過程中不斷積累！所有這些都是為了給她一個「身分」，她特地將這個詞以大寫的「I」來總結。[18]正如她所說的：「沒有人會為了好玩而去動手術，當然，如果我生來可以選擇不用歷經這種複雜事情的生活，我一定會接受。」[19]她說，沒有什麼能動搖自己的信念，且堅信生來男兒身的她實際上是女的。她說，為了要實現擁有女兒身的夢想，她什麼都願意做。她說，要是她再次被困在那個籠子裡，「沒有什麼能夠阻撓我完成這個目標……我會在全世界尋找外科醫師，我會賄賂理髮師或墮胎專家，我甚至會拿起刀自己動手，無所畏懼，沒有擔憂，也無需再多思量。」[20]

要確定哪些人是天生雙性人，是極其容易的。讀了像莫里斯這類人的描述後，就有可能了解，某些人生來是一種性別，但他們真心相信自己應該屬於另一性別。但這當中最困難的是，也是我們目前沒有什麼方法可以得知的，就是要如何從生物學的科學描述，一躍而飛到完全聽信一人的說詞。雙性人是有生物學證據的。未來幾年，或許也會在心理學或生物學中為跨性別者找到證據，但是我們現在甚至連這會由哪個領域研究的問題都搞不清楚。若是覺得這樣去檢視某些人對自己「身分」的整體感受，看似不必要地挑剔，那讓我們先來思考一下，在這片微妙領域中的一小塊，先去看看那裡的難題。

幻想變性性興奮

若是我們先從光譜的一端來認識天生的雙性人，而且承認這是所有問題中最清楚的硬體問題，那麼其餘的跨性別問題就是從這裡往光譜的另一端移動。換言之，就是從基於明顯生物學證據所描述的，那些介於兩性之間的人，朝向那些除了提供自身證詞以外，沒有其他用以區別的證據的人。在跨性別者的定義中，硬體部分證據是在哪裡結束？軟體部分又是從何處開始？這是當今最危險的一項猜測練習。我們現在就開始吧。

在一整條性的光譜上，有某個地方代表那些生來就是雙性的，他們出生時帶有一般的XX或XY染色體，和這些染色體所負責的生殖器官以及隨之而來的一切，但是他們相信——基於我們至今仍不理解的原因——自己生在錯誤的身體中。他們的大腦告訴自己是男人，但卻困在女兒身。或是剛好相反過來。就算真的有什麼條件導致這種情況，我們也不知道，因此不太了解這種情況在人群中有多普遍。目前在跨性別者和非跨性別者之間，也沒有發現什麼重大的生理差異。而且，儘管已經對大腦功能的差異性進行不少研究，但迄今為止，還是沒有找到腦生理方面的硬體證據，來支持某些人想要從一種性別的身體轉變為另一種。

不過，就跟同性戀的情況一樣，這裡也有一股力量，想要將這問題的本質從軟體推向硬體。在跨性別的世界，這樣的推動主要集中在數個領域。產生這股推力的一個起因是，對任何都想改變性別的人來說都很明顯：性興奮。一個男人可能喜歡穿著女士內衣甚至是成套的女性服裝，因為這帶給他一種表演的「衝勁」：長筒襪、蕾絲花邊的觸感、踰越、頑皮。所有這些都是長久以來某些人渴望的性怪僻。在描述這種本能的一些專有名詞中，有一個不是特別可愛的用語：幻想變性性興奮（autogynephilia）。

幻想變性性興奮是在想像自己扮演異性角色時所引起的。不過即使在這個「社群」中，也存在分歧——現在想必大家都對分歧的存在習以為常——而且對不同類型的幻想變性性興奮存在，有不同的考量與爭議。因為幻想變性性興奮的程度差異很大，可能從僅是穿女性的衣服，一路擴展到真的擁有女人身體的想法。

近年來在跨性別辯論中最驚人的一股趨勢是，幻想變性性興奮已然失寵。或是換句話說，假設那些自認是跨性別的人只是具有極端性怪僻的說法，惹惱了許多跨性別者，因此現在提出這說法反而遭到譴責，就像許多事情一樣，被打成仇恨言語。

西北大學（Northwestern University）心理學教授麥可・貝里（J. Michael Bailey）於二〇〇三年將他的長期研究出版成書：《將要成為女王的男人：探討性別扭曲和變性的科學》（*The Man Who Would Be Queen: The Science of Gender-Bending and Transsexualism*）。貝里在書中探討另一種變性的觀點，即一種性別的大腦被困在另一種性別的身體中。他的研究特別著眼在跨性別受到慾望的對象和本質所推動的可能性。根據加拿大成癮和心理健康中心（Centre for Addiction and Mental Health）的雷・布蘭查德（Ray Blanchard）的研究，他提出改變性別的慾望在某種類型的女性化男同性戀者身上尤其普遍。這種說法對某種類型的男同性戀來說很合理，因為他們要去吸引的是其他生理男性，但他們無法吸引直男（因為自己是男兒身），也吸引不到男同性戀（因為太過女性化），所以自然會想要變成女人，這樣就有更多機會吸引他們真正渴望的人。布蘭查德以「同性戀變性人」（homosexual transsexuals）一詞來描述這一類人。

貝里在他的書中還探討另一類自認是跨性別的人。有的男人一直是異性戀，甚至可能結婚生子，但最後卻宣布自己想成為女人，震驚了身邊所有人。儘管他們外在生活中可能從未表現出女性氣質，但這些人私底下卻會因為裝扮成女人，或成為女人的想法而產生性慾。貝里蒐集大量資料，用以證明他定義的兩種跨性別者中，第一種在全世界較為普遍。在許多文化中，已經對非常女性化（通常是同性戀）的男性所造成的難題提出某種算是「答案」的回應。而且，儘管貝里跟布蘭查德一樣，注意到這類人的性衝動與幻想變性性興奮者之間的區別，他們兩位都沒有譴責或批評這兩個群體。實際上，雙方都主張要給他們絕對平等的人權、關懷和支持。儘管如此，貝里還是踩到地雷。

在他的書出版前，有好幾年時間，跨性別運動人士一直齊心協力將整個運動去性慾化。這正是為何整個談論的用字會從「跨性」（transsex）轉變成「跨性別」（transgender）的一大原因。正如愛麗絲．德萊格在她探討這主題的書中寫道：「在貝里之前，跨性別運動的許多倡導者花了很長時間，努力在他們的公眾形象中去性慾（*de*-sexualize）和去病態（*de*-pathologize），以減少汙名，改善他們接受醫護服務的管道，並且為跨性別者建立基本人權。」[21]德萊格將此與同性戀權利運動成功爭取平權的例子相比，他們當時努力將世人對同性戀的注意力，從臥室裡的活動轉移到在房子裡其他地方。

貝里的書有可能將這些努力化為虛有，因此隨之而來的是一場針對他本人的抗議運動，跨性別領域的學者和活動人士立即展開行動，不僅批評和駁斥貝里的研究，還試圖要把他從西北大學的職位上拉下來。洛杉磯的跨性別顧問安德里亞・詹姆斯（Andrea James）是當中較為極端的一位批評者。她選擇回敬貝里的方式是在自己的網站上張貼貝里孩子的照片（他們在小學和中學時所拍攝的），並標注明顯的性慾標題。[22] 在其他看似經過策劃協調的抹黑行動中，甚至有幾個人站出來表示他們在書中遭到歪曲，但後來卻發現他們根本沒有被寫在書裡。這本書原本獲得同性戀文學組織LAMBDA的提名，但很快就遭到除名。據貝里的一位朋友表示，他對他的書引發的極端反應感到「恐懼」，出版後幾乎變了另一個人。[23]

所有這一切之所以會發生，僅是因為貝里進行了詳細的研究，想要找到關鍵問題的根源，但卻給了一個剛好不太受歡迎的答案。因為到目前為止，本世紀最神奇的一件事，就是不論在哪一方面將跨性別者扯到性享樂，都成了一種無法接受的侮辱，是將其性化的誹謗。

目前要抱持的正確觀念是，跨性別者絕對不會因為在身為跨性別者的這個想法中獲得任何的性興奮。他們非常厭惡這個想法。沒有什麼比這更無聊了。所以，二〇一八年十一月，安德里亞・隆恩・朱（Andrea Long Chu）在《紐約時報》發表一篇文章，談論她下一階段要接受的性別重置手術。這位布魯克林的「散文家和評論家」為她的文章下的標題是：「我的新陰道不會讓我高興，而且也沒有這個必要。」她在文章中概述：「下週四，我將得到一個陰道。這手術將持續約六個小時，我需要至少三個月的恢復期。在我死之前，我的身體都會將陰道視為一道傷口；手術後，將會需要定期而痛苦的保養維護。這是我想要的，但不能保證這會使我更快樂。實際上，我並沒有抱持這樣的期待。這不應讓我失去獲得它的資格。」[24]

儘管有（自稱是幻想變性性興奮患者）安妮・勞倫斯（Anne A. Lawrence）[25] 和其他與此大相

逕庭的論調出現，但是變性慾是受到幻想變性性興奮所推動的這一觀點，已成為跨性別運動者的痛苦來源。之所以會有這樣的急轉彎，背後原因相當明顯。這又帶領我們再度回到軟硬體問題的爭論。因為若是人具有特殊的性慾，這可能來自硬體，也有可能是軟體。因此很難說服社會改變所有的社會和語言規範，來接受這些性事。社會或許可以容忍你，可能會祝你一切順利。然而，你有穿女性內褲的慾望，並沒有因此有理由迫使每個人都要使用一套全新的代名詞，或更改每間公共廁所，或是教養孩子時要教導他們兩性之間沒有區別，或是性別只是一種社會建構。

如果跨性別在很大程度上，主要是或完全是關於色情刺激，那就等於是在說，改變社會基本規範僅是為了那些穿著橡膠能夠引起性快感的人而已。幻想變性性興奮有可能會讓跨性別成為是軟體問題，這就是它成為眾矢之的的原因。因為，就跟同性戀平權運動的狀況一樣，這裡也有一股動力想要證明跨性別者「天生如此」。

而讓這一切變得更加複雜的是，許多跨性別者的行為（就像在簡．莫里斯的例子中看到的）確實展現出想要轉換成異性身體的慾望，這肯定不只是性幻想或性快感而已。畢竟，很難想到還有什麼比決定接受一場永久改變自己身體的不可逆的手術，更需要個人承諾的事情了。願意割斷自己的陰莖，或是翻轉陰道的人，都不會是輕率行事。選擇這樣的手術可不是在選擇一種癖好或生活風格，其實正好與此相反。但是即使這樣，也不能就此「證明」跨性別是硬體問題。因為就是有人為了滿足他們信以為真的事會不顧一切地付諸實行，這稱不上是什麼極端的情況。問題在於，一個人，甚或是很多人，他們所自認的真實自我，是否有必要讓其他人當成事實來接受。

跨性別的突破

有些人認為，因為缺乏證據，以致跨性別問題給人一種這只是個人的錯覺。而且，即使鼓勵社會接受跨性別者的主張，這種懷疑仍舊在深處暗潮洶湧地激盪著。

二〇一五年四月，電視實境秀明星、前奧運選手布魯斯．詹納（Bruce Jenner）以跨性別者身分出道，並表示她的新身分是凱特琳．詹納（Caitlyn Jenner），隨即成為世界上可能是知名度最高的跨性別者。幾週內，她登上《浮華世界》（*Vanity Fair*）的封面，標題便是「叫我凱特琳」。在知名肖像攝影師安妮．萊博維茲（Annie Leibovitz）拍的照片中，詹納穿著緊身胸衣，露出上半部的乳房，至於下半部則是全世界將會從文中得知的，她那尚未切除的男性生殖器。萊博維茲的拍攝鏡頭巧妙避開詹納身上最明顯的男性部位。以交叉的雙腿來避開突起部位，並要她的手臂往身體後方延伸，讓這位前奧運選手的肩膀看起來小一點，少露出一點二頭肌。一年前，《時代》雜誌曾以跨性別女演員拉弗恩．考克斯（Laverne Cox）為封面，標題是「跨性別引爆點：美國的下一道民權前線」。[26]當時瀰漫著一道新前線需要突破的感覺。正如石牆組織的茹絲．杭特（Ruth Hunt）所言，當他們的組織將跨性別活動加在工作項目時，可以感到「現在輪到他們了」。[27]同性戀的大業基本上大致完成，而且似乎每個人都知道種族和女性運動進展的輪廓。有些人，尤其是那些發行量下滑的傳統雜誌，似乎早已準備要展開一場新的民權爭鬥。凱特琳．詹納出現的時機正好。

二〇一五年是跨性別者的人權、知名度和訴求成為主流的一年。詹納無所不在，除了隨處可見的萊博維茲拍的照片外，有幾個月的時間，詹納橫掃在美國舉行的所有頒獎典禮。《魅力》

（*Glamour*）雜誌將她評選為「年度女性」之一。詹納獲得卓越運動獎（Excellence in Sports Performance Yearly award, ESPYs）年度勇氣獎，並且受到體育界男男女女起立熱烈歡迎。就跟每個不斷在發展的跨性別故事一樣，這當中的每個片段和碎片都有炸飛別人的潛能，甚至是遭到眾人撻伐前還心生猶豫的任何人。或是還在鼓掌中的人。

在ESPYs頒獎典禮上，美式橄欖球四分衛布雷特·法夫爾（Brett Favre）首當其衝，先是在社群媒體上遭到抨擊，隨後其餘的媒體也加以撻伐，原因只是他沒有熱情地拍手歡迎詹納。儘管法夫爾也加入觀眾席上的人群，起立鼓掌，但在其他人坐下來之前，他就先行回座了，鏡頭剛好被捕捉到這個之後引起爭議的畫面。對於這種行為，《紐約郵報》譴責這位鏡頭中的罪犯熱情不足，下的標題是「布雷特·法夫爾讓每個人對ESPYs感到不舒服」。[28]到底要為一名獲得勇氣獎的跨性別女性站立鼓掌幾秒才是正確的，光於這點，似乎沒有人能夠確定。也許要去翻閱一些蘇聯政治局的禮節規範，或許可以參考。毫無疑問，這則新聞傳達出來的唯一訊息是，當每個人都起身為跨性別者鼓掌時，最好要確定自己是最後一位就座的人。

詹納爭議的其他碎片也以同樣意想不到的方式引爆。二〇一五年七月，時年三十一歲的保守派評論員班恩·夏皮羅（Ben Shapiro）應邀參加HLN頻道的《德魯醫師待命》（*Drew On Call*）醫療談話節目，與現場來賓一起討論詹納的勇氣獎。坐在夏皮羅旁邊的另一位來賓是柔伊·圖爾（Zoey Tur），主持人介紹她是位「跨性別記者」。在討論中，德魯醫師問圖爾是否覺得詹納真的很「勇敢」。圖爾表示「勇敢就是做自己」，而當一個跨性別者是「你所能夠做出最勇敢的一件事」。

這時夏皮羅發表他的看法，表示為詹納喝采，是「將錯覺納入主流」。「你為什麼說這是『錯覺』？」另一位憤怒的女來賓問道。夏皮羅繼續說道，並且依舊用「他」而不是「她」來稱呼詹納。儘管布魯斯．詹納有六十六年時間，變身為凱特琳．詹納只有三個月時間，但攝影棚裡的其他人立即指責夏皮羅，批評他這樣很粗魯。「是她，」那位生氣的女來賓堅持說道：「你這樣使用代名詞很沒禮貌。這樣不尊重人。」

不在乎使用代名詞要有多禮貌，夏皮羅繼續講下去。「不要管尊不尊重這事，」他說：「事實是不會在乎你的感受。凱特琳．詹納體內的每個染色體，每個細胞都是男性，除了他的一些精子細胞除外。而且他仍然保有所有男性器官。他內心的感覺與他的生物自我並不相關。當時，在棚內唯一對詹納獲得該獎項有些許批評的來賓（主要是因為詹納是富有的白人，而且過去在LGBT問題上並沒有表現出足夠的支持），迅速表示他與這番言論不在「同一陣線」。就隨後發生的事情來看，也許這人當時立馬跟他劃清界線是有必要的。

主持人試圖讓現場平靜下來，並請圖爾向所有人解釋關於性別不安（gender dysphoria）的科學。圖爾表示：「我們都知道染色體不一定決定你是男還是女。」然後，她自認高人一等地將手放在夏皮羅的肩膀上，對他說：「所以你根本不知道自己在說什麼。你沒有學過遺傳學。」夏皮羅試著問是否允許他們討論遺傳學，但又被打斷了。於是他對圖爾說：「先生，那你的遺傳學是什麼？」這時，圖爾把她的手放在夏皮羅的脖子上，語帶威脅地說：「你現在把這句話收回去掉，不然你就準備坐救護車回家。」

不為所動的夏皮羅說：「對於一場政治討論來說，這個舉動似乎有點不妥。」通常其他來賓在攝影棚中對於暴力威脅可能會感到不悅，但當時現場的情勢非常詭譎，每個人都轉而指責夏皮羅。

另一位男性來賓宣稱：「說句公道話，你那樣說是有點粗魯，這樣有失公允。」另一位男性來賓也譴責夏皮羅，說他一定知道使用「先生」一詞來稱呼圖爾是對她「極度的侮辱」。所有人講完之後，圖爾對還是不為所動的夏皮羅說：「你被仇恨吞噬了。你就是這樣，你這個小男人。」

夏皮羅在這過程中都沒有發脾氣。他沒有「激怒」圖爾。在她威脅要用救護車將他送回家後，他並沒有說：「這舉動不太淑女喔。」他沒有等她出手揍他，然後告訴她，「天哪！你像男人一樣打拳。」他甚至沒有指出一個像圖爾這樣對待自己身體的人，竟然試圖拿他矮小的身材來貶低他的男子氣概，這聽來有多麼奇怪。夏皮羅只是簡單地指出生物學在這討論中的重要性，幾年前這是毫無爭議的，但如今媒體和名人卻受到廣泛的抨擊，使得大家寧願捍衛一個使出人身攻擊威脅的人，而不願顧及一個只是「使用代名詞」沒禮貌的人的安危。

可能有好幾種原因，促成這樣迅速又幾乎是漫天漫地而來的單方向的撻伐。其中一個（這展現在《時代》封面）是源自於恐懼、懷疑或希望的心態，一般認為跨性別者是新一批要爭取同性戀、女權或公民權的團體，而在這十年中，任何在跨性別議題上選錯邊的人，將來回顧過去時勢必會對自己的作為感到遺憾，而且恐怕會飽受負評，就像現在的社會檢視過去那些反對這些運動的人一樣。就某種意義來看，這當中確實有些相似之處。要是無法在基因層級區別同性戀，那麼唯一能顯示差異的地方就是他們的行為。所以當同性戀說自己是同性戀，並且做出顯示他們是同性戀的事情時，他們就是同性戀。按照同樣的道理，也許人們在說自己是跨性別者時，他們就是跨性別者，而且就像同性戀的例子，沒有人會期望（或要求）跨性別者展現出任何外在跡象，甚或是帶有任何的生物跡象。

但是這當中其實有個非常明顯的差異。若是有個女同性戀愛上一個男人，或者男同性戀突然愛上一個女人，或者異性戀男女突然愛上與自己同性的伴侶，他們所有現有的生物硬體都還在身上。不論是同性戀轉回異性戀，或是異性戀變成同性戀，這兩者都不會產生永久性或不可逆的變化。但是跨性別倡導者的目標是不可逆轉的，而且會改變生活。對變性表示關注，或敦促要謹慎行之的人，不見得是「否認跨性別者的存在」，或主張應將他們視為二等公民，更不是企圖導致跨性別者自殺（這是最災難的主張）。他們可能只是警告一些目前尚未釐清的事，提醒大眾一旦決定，這是沒有轉圜的餘地。

目前很多人在公眾場合噤聲不語的顧慮，正是來自對這種不可逆轉的關注。新聞報導指出，自稱患有性別不安的兒童人數增加，還有越來越多的證據顯示，一旦開始有人這樣表示，就會產生所謂的「集群效應」（cluster effect）。也就是說，一旦學校裡有許多兒童聲稱自己生錯身體，提出類似主張的學童就會呈指數型增長，這意味著父母和其他人的擔憂並不是沒有道理，他們一直很害怕會走向這種局面。在幾歲時可以讓那些相信自己生錯身體的人接受藥物或手術，這類問題尤其值得深入探討。這之所以重要，是因為世人日益意識到那些診斷患有性別不安症的孩子，在擺脫這問題長大成人後，有許多人都變成同性戀。這問題帶來更大的問題。沒有人喜歡回想那個告知同性戀「這只是一個階段」的年代，但要是跨性別真的只是一個階段（甚至只是偶爾出現的念頭），那該怎麼辦？如果太晚才發現這只是一個階段該怎麼辦？這些問題基本上並不是「跨性別恐懼症」，而是站在以兒童為中心的出發點，那些試圖將這種擔憂病態化的嘗試，只是讓這條引爆炸彈的地雷線變得比實際上更為醜陋。

一個年輕人的故事

當然，鑑於這話題的敏感性，我得將下面要講的故事的主角改名。我們姑且叫他「詹姆斯」吧！不過，這人是真實的，他的情況與經歷也算不少見，而且他的故事應該多少是當前社會討論的一部分。

現年二十多歲的詹姆斯生長在英國。十幾歲的時候，他發現自己特別為同志和變裝的場景所吸引。他有很多同志朋友，從十六歲開始就經常流連在變裝俱樂部。他喜歡那裡的人，那樣的場景和親密感。在他看來，他在那裡遇到的人幾乎是「失落的一代人」，他們聚集在那個世界，因為他們擔心要是父母知道自己是同性戀或喜歡變裝，便會拋棄他們。結果，這些人不僅在一起玩得開心，還變得「像一家人」。最終，詹姆斯自己也開始做一些變裝。大約在這個時候，他還與一位二十出頭接受過男轉女的變性手術的人成為非常親密的朋友——在詹姆斯眼中，這人簡直就是神話。

十八歲左右，詹姆斯去看家庭醫師，鼓起勇氣告訴他：「我想我生錯身體了。我覺得我可能是個女人。」在此之後一年半，他開始四處尋找不同的醫師，想要找一個比他的家庭醫師更了解他實際狀況的人。最後在十九歲時，他被轉診到曼徹斯特一處性心理機構，並在那裡進行三個半小時的心理分析，問及他的性生活以及與父母的關係等等。實際上，他對這些問題的私密程度感到有些驚訝。但是那位在曼徹斯特的諮商師對他的判斷相當明確，告訴他：「你是跨性別者。」因此，他最後被轉診到位於倫敦的查靈十字路口（Charing Cross）的性別認同診所。

這間診所的候診室色彩繽紛，從「非常女性化的人到戴著假髮扮成動畫人物工程師巴布的人」

都有。六個月後，他們為包含詹姆斯在內的約莫二十人召開一個工作坊。諮商師跟他們解釋了簡稱NHS的國家衛生局（National Health Service）對他們情況的最佳理解，說明之所以請他們過來的原因（就跟班哲明醫師告訴莫里斯的一樣），「我們知道這是大腦的問題。但我們無法對大腦動手術，因此我們會盡力讓你們的身體與大腦相匹配。」然後，改由國家衛生局接手詹姆斯等人的案子。工作坊結束六個月後，他開始第一次的一對一訪談，其中涉及相當多的細節，問及他的人際關係和工作。個人的全面穩定性顯然很重要。詹姆斯會去看內分泌專家，測量他的睪固酮讀數。有一次的讀數很低（實際上每次的讀數會變動），但他們就拿這次的讀數當作是他確實有需要解決跨性別問題的證據。回顧過去，詹姆斯對很多事情感到震驚。其中一個是他從未接受過任何形式的諮商。他所說的自我感受完全被相關單位接受。另外還有另一件事，他現在說，「一切都有點太好了。」那裡「從來沒有壓力」，從來沒有任何「拷問」。

扮演兩年異性角色的生活後，他就算是取得可以進入下一階段的證據。而且，由於與NHS的會面都相距六個月，因此詹姆斯在幾次會面後，就累積到兩年的標準。在這一階段，便開始進行荷爾蒙替代療法。正如詹姆斯所言：「如果你有耐心，並且願意玩他們的遊戲，要獲得荷爾蒙是輕而易舉的。你只要每年去那裡兩次，然後等待。」當然，他這個小組裡的人，還有現場的朋友，大家都在談論如何進入下一階段的故事。

詹姆斯就這樣開始使用雌激素，包括每日的服用劑量和注射。他和其他人對這一過程的描述，完全正中紅心，符合性別之間沒有本質區別的主張，就像其他許多的主張一樣。確實，要是在其他情況，描述雌激素對男性身體的影響，一般都會認為是嚴重的性別歧視。詹姆斯的經歷就跟大多數人開始服用雌激素和抗雄性激素（睪固酮的阻斷劑）的人一樣。其中一項變化是他變得比以前更加情緒化。「我經常哭。」他的皮膚開始變軟，體內的脂肪開始重新分布。不過，他還注意到其他變化。他喜歡的電影，甚至連音樂也開始發生變化，他在床上的偏好也是。

詹姆斯服用雌激素一年多了。他算是發育較晚的人，有人推測他開始荷爾蒙療程時，可能還處於青春期的最後階段。他參加兩次會議（一次是透過Skype，另一次是親自參加），討論是否有可能進入下一階段。他知道，拖延個案意味著NHS不能急就章地完成這一過程，但是他說，他向他們提出了在國外接受私人治療，進行性別重置手術的可能性。許多人都推薦太陽光海岸的馬貝拉（Marbella）的一間診所，他說，當他提到他正在考慮走這條路時，NHS對此不置可否。他拿到關於手術、藥品，甚至航班等的費用資訊。「我差一點就要去做了，」他說：「現在我很慶幸我沒有去。」

即使服用荷爾蒙，並且努力進行下一階段的過渡期間，他開始遭遇到許多困擾。到那時為止，詹姆斯其實只聽到這場爭論的一方。他那些跨性別的朋友向他展示一條他也可以走的路。而NHS並未質疑他選擇走這條路的判斷。他們把他當作是一個需要治療的病人來對待。但是詹姆斯在網路上尋找後，發現了反方的觀點。在替代媒體上，他發現有YouTube上的網紅和其他人士質疑這樣的決定是否明智，其中包括一些他沒料想到的年輕人和嬉皮。他也因為自己的信仰而苦苦掙扎。生長在一個自由派基督徒的環境，他四周圍繞著上帝和設計的問題。一方面他會想，「如果上帝不存在，那麼我的身體就不是祂所設計的。」但是他也開始認為，那些聲稱自己出生在錯誤身體的人，其實是以非常自我中心的角度在看事物，好像這是「給他們的一場挑戰」。如果整個宇宙只是一個巧合，「為什麼要如此大費周章地改變自己？」他開始懷疑，他遭遇到的一些問題的解答，也許是要靠心理學，而不是外科手術。具體來說，他開始研究「我需要做些什麼來滿足我的身體，而不是改變我的身體。」所有與他交談的諮商師，沒有人要他思考此類問題。「從來沒人鼓勵我深入探究這一點。」

還有其他原因讓詹姆斯開始懷疑變性是否真的是他想要的。正如他和他的圈子中的其他人都很清楚的，服用荷爾蒙多年的人，最終都會在自己身上發現不可逆轉的效應。這大概是發生在抗雄性素療程的兩年後。當詹姆斯接近他的抗雄性素療程的第二年時，他開始感到緊張。NHS沒有提供急診醫師讓他諮詢，因為他們那邊也不堪重負，來找他們諮詢變性問題的人非常多。他必須再等六個月。但是詹姆斯覺得他等不了那麼久。他不僅面臨身體發生永久變化的可能性，還有許多生物事實。在使用抗雄性激素藥物超過兩年後，大多數男人將變得不育，也就是不可能為人父，生育孩子。詹姆斯不僅在想他是否真的想成為一個女人，還在想將來是否有一天他想要當個父親。他有一個男朋友，而他的男友不相信詹姆斯實際上是個女人。他的男朋友只是認為詹姆斯像他一樣，是個同性戀。詹姆斯本人則認為荷爾蒙快要將他帶到「無法回頭的那一步」。

因此，在單方面考慮了所有這些因素後，在沒有得到讓他服用荷爾蒙的醫師的支持或建議下，詹姆斯決定停用這些荷爾蒙。他說擺脫它們是「非常強烈的」。這帶來的變化比他開始使用荷爾蒙時「要嚴重得多」。他經歷到可怕的情緒波動。雖然服用雌激素讓他更愛哭，還改變他對電影的喜好，但是當睪固酮重新進入他的體內後，也產生同樣強烈的種種「性別」效應。他注意到許多常見的行為。他變得更容易生氣、更具攻擊性，而且更有性慾。

今天，他已經停用荷爾蒙兩年多。但是那段跨性別的「過渡」期的效應仍然還在。他認為自己的狀態可能「還好」，但也可能永遠不育。更直接的事實是他的乳房，或是他所謂的「乳房組織」仍然相當突出。問到這個問題時，他害羞地將T恤頂部的一側拉開，露出一條束帶。他一直穿著這種緊身背心，試圖掩蓋他擁有乳房組織的事實。他的衣服明顯寬鬆，顯然是為了避免任何可能突顯他身材的情況。他認為自己有可能得去動手術，才能去除剩餘的乳房組織。

隨著時間過去，他得以思考自己最近幾年來的變化。他說：「我確實相信有跨性別者的存在。目前正朝著這個方向前進的人數之多，在他看來，就意味著這是一項事實。但是他說，對這整件事，我們還沒有足夠嚴密地評估或思考。」他這樣形容，對此的整個想法仍然固定在幾件事上頭，比方說「所以，你不喜歡橄欖球。這很有趣。」當他告訴曼徹斯特的心理分析師，小學時他跟所有的男孩都處不好，他的回答是「啊哈！」這反應就像他告訴他們，小時候他偶爾會偷穿姐姐的寶嘉康麗（Pocahontas）的洋裝那樣。

「我一直對於NHS沒有納入其他可能的選項，感到不可思議。」而且從他去見諮詢專家的那一刻起，他「覺得自己就好像在一條傳送帶上那樣。」NHS人滿為患，在英國只有兩位醫師在做性別重置手術，一位是全職，一名是兼職。不過醫師始終跟他們保證，在英國已經有大約三千人接受過治療，據信還有五千人在等待名單上，NHS正忙著訓練更多人來因應這個需求。也許有些患者在傳送帶把他們送到手術現場時，會像詹姆斯那樣感到猶豫。但是即便如此，正如詹姆斯身上這件寬鬆衣服所見證的，這一過程可不是完全免費的。

詹姆斯是同性戀，他曾提到自己是「非常的同性戀」。他覺得自己一直都有點像是個「社交變色龍，也許那些相處對我產生了影響。」但是他說：「我不想加入那些說跨性別者會造就更多的跨性別者的行列。」在他看來，這太接近過去說「同性戀導致更多同性戀」的論調。「但這確實點出了些什麼，」他補充說道：「像是『我非常酷的跨性別朋友』這類話語。就跟其他人一樣，他對究竟跨性別是什麼也感到很困惑。他說：「我們真的需要了解更多，如果真有這回事的話。」比方說，為什麼在性別重置手術前後的自殺率沒有變化？「我們跑得太快，」他說：「這就像未經思考的膝反射一樣。我們害怕站在歷史錯誤的那一邊。」但他知道情況可能會更糟。想到他差點要去動手術，詹姆斯表示：「我真不敢想，要是當時我去做了，現在的我會處在什麼樣的境地。我不知道我是否還會在這裡。」

聽詹姆斯的故事——這與其他人的故事類似——讓人注意到一點，那就是我們假裝知道很多，但實際知道的甚少。對於那些尚未解答的問題，我們似乎以很快的速度找到解決方案。另一件讓人關注的是，跨性別不斷入侵我們這個時代其他許多充滿爭議的話題。

同性戀平權運動多年來一直在爭論任何人都可以是同性戀，而陰柔男和陽剛女這類形容同性戀的歷史觀點不僅過時無知，而且是帶有偏見和恐同傾向。然後又來了另一項權利訴求，這與原本的非常接近，接近到可以和「同性戀」共享一個英文縮寫代號。不過這觀點所暗示的，比起主張某些行為特徵就是典型的同性戀專有的想法，更具有破壞性。跨性別的主張不斷在暗示，那些稍微有點女性化，或是不喜歡運動的人，不僅是同性戀，而且很可能出生在錯誤的身體中，實際上他們的內在是個男人或女人。就這些主張所造成的許多聯想來看，竟然沒有多少同性戀表達抗議，反對這些融入在跨性別運動中，著實令人驚訝。同性戀團體普遍同意，跨性別者的權利也可納入他們的平權運動中，都位在同一軌道上，構成連續性，還可以放在同一組英文首字母縮寫中。然而，許多跨性別者提出的主張不僅僅與同性戀運動的主張相抵觸，還動搖其深層的基礎。「有些人是同性戀，或可能是跨性別，或者剛好反過來。就這樣接受吧。」

但是，跨性別者衝撞的不僅是同性戀的界線而已。他們非但沒有如交叉主義者所聲稱的，「解開」那些層層壓迫的交集，反而將他們的運動目標設定在最舒適的狀態，製造出一大堆不合邏輯的說法。

二〇一四年在衛斯理學院發生的事件，便是一個發人深省的案例，一名剛進入這所女子大學的學生宣布，她是個「男性中心的酷兒」，希望大家叫她「提莫西」，並期望大家用他而不是她這個代名詞來稱呼。據報導，儘管是以女孩身分申請進入這所希拉蕊．柯林頓的母校，但據說其他學生對這位自認是男性的同學，並沒有感到什麼不妥。直到提莫西宣布他想競選多元文化事務協調員一職，這個職位的設置目的是在校園內促進「多元文化」。就一般的預期來想，這位「男性中心的酷兒」可能擁有獲選的完美背景。然而，據報導顯示，衛斯理的學生認為由提莫西擔任這樣的職位恐怕會延續這所學院的父權制。後來出現一項棄選活動。策劃「棄選運動」的一名學生表示：「我認為他會做得很好，但是讓一個白人男性在那個位置上，我就是覺得不妥。」29

提莫西就這樣經歷所有的壓迫形式，從女人到跨性別者，再到白人，然後又進入白人父權制的形象中。從弱勢少數到壓迫者。從女性過渡到男性會創造出一堆問題，而從男性轉變為女性的也會產生另一堆問題，最麻煩的是和那些出生時是生理女性的人。在這種情況下，女人是不會與LGBT的「G」一樣對他們坐視不管，這群感到自家草坪被人踩踏的女人可不會全都保持沉默。確實，在這個新的交叉權利聯盟中，他們是走得最快的一群。

女性主義的絆索

近年來，踩到跨性別絆索的女性有很多共同點，其中一點是她們全都位在每個女性議題的前方陣線上。而這完全是有跡可循的，因為如果說現代主要的平權運動是基於希望證明是硬體問題造成自己的身分認同困擾，那麼跨性別者的主張則迫使這運動的其他部分朝著完全相反的方向發展。跨性別運動人士企圖要將跨性別說成是一種硬體問題，但首先必須得說服大家生為女人是軟體問題，這樣他們才可能贏得這場爭論。但並非所有的女性主義者都願意承認這一點。

英國記者茱莉・賓德爾（Julie Bindel）一直是英國，甚或是全世界最堅定且頑強的女性主義者。身為女性正義組織（Justice for Women）的創始人之一，她自一九九一年以來，就致力於協助那些因為殺害施暴伴侶而遭到監禁或可能要面臨刑期的女性。作為在第三波和第四波女性主義之前出櫃的女同性戀，賓德爾從不吝於將對自己的觀點公諸於世。在本世紀初期，她開始注意到那些生來是男性的人，現在要求被視為女人來對待（無論是否動過手術），這剛好都是她的領域——包括那些顯然是最敏感的議題。

二〇〇二年，一則來自加拿大的新聞讓賓德爾特別生氣，報導指出溫哥華的人權法庭裁定應當允許名叫金柏利・尼克森（Kimberley Nixon）這位由男轉女的變性人接受訓練，擔任女性強姦受害者的顧問。確實，仲裁庭裁定，溫哥華強姦救濟組織拒絕讓尼克森擔任這一職務，侵犯了她的人權。法庭判給尼克森七千五百美元，補償她的「尊嚴」，這是有史以來這類案件中賠償金額最高的。這項裁決後來被溫哥華的英屬哥倫比亞最高法院推翻。不過對於賓德爾這一代的女性主義者而言，在強姦輔導中，受害者無法確定幫助她們的女性實際上真的是個女人，這是不可能的，這是一條無法踰越的界線。她在《衛報》上為那些「不相信藉由外科手術打造陰道和靠荷爾蒙發育乳房就能讓你成為女人」的強暴輔導組織的姐妹們辯護。她慷慨激昂地說：「至少就目前而言，法律規定，要像女人一樣遭受歧視，首先，你必須是個女人。」也許賓德爾已經知道她正在陷入一個充滿苦難的世界，又或許她不知道。不過在二〇〇〇年代初期，踩踏這枚地雷要比之後幾年容易些。無論如何，她在結束自己的長篇文章時，語出驚人地說：「我對切割自己生殖器的男人沒有問題，但這不會讓他們成為女性，就像將一小根吸塵器軟管塞到你的牛仔褲中，不能使你成為男人一樣。」[30]

因為這句話，以及這整篇文章，賓德爾的餘生都將處在苦難中。一開始，報紙上充滿著各處來的投訴信。賓德爾本人很快地為她這篇文章的語氣論調道歉。但是隨後幾年，她發現如果不取消自己的演講或是不在公告板上的演講消息，她很難在公共場合發表演講。允許她演講的場合，經常會有人安排激進的抗議活動和糾察人士阻止她。甚至十年後，因為警方獲報數十起對她的強姦和死亡威脅，因此她被迫取消出席在曼徹斯特大學的一場小組會議。

賓德爾可能是第一個踩到跨性別地雷線，並承受後果的左翼女性主義者，但她絕對不是最後一個。二〇一三年一月，蘇珊娜・摩爾（Suzanne Moore）發文在左翼的《新政治家》（*New Statesman*）雜誌上的一個專欄，討論女性的憤怒力量。在這篇專欄文章中，摩爾提到許多她所觀察到的歧視女性的不公正現象，從國會女性議員的數量到對墮胎的態度，她還聲稱削減六五％的公共部門預算會影響女性權益。但不幸的是，摩爾在文中納入了關於女性自身的主張，引起一場風暴，她寫道：「我們因為自己不快樂而憤怒，因為沒有受到適當地受到愛護而憤怒，也因為沒有一副像巴西變性人那樣的理想身材而憤怒。」[31]如果說一篇文章的上面可以冒煙，那麼摩爾這篇就是了。

不論是在現實世界，還是在虛擬世界，摩爾很明顯犯了一項嚴重錯誤。在許多對她罪狀的指控中，有一項是「跨性別恐懼症」。摩爾表示她不在乎這個詞，這樣的回應顯然無濟於事。那些習慣以此來指責女性的人，在發現這項武器沒有起什麼作用時更是惱羞成怒。不過，由於讀者反應過於強烈和狂暴，在幾個小時內，摩爾不得不出面「澄清」自己的觀點，並向讀者保證，她不是大家所謂的以言語文字散播仇恨的人。[32]一天前，她還是基進的左派女性主義者，如今卻成了一個心懷仇恨的反動派右翼偏執狂。遭到跨性別陣營和其他人指控她是最執著的偏執狂之後，摩爾宣布，為了避免網路「霸凌」和網軍「撻伐」，她決定離開社群媒體。

還是有些人對這事件看不過去，朱莉·布希爾（Julie Burchill）便是其中一位。這位一九八〇年代的新聞界「頑童」，不僅以行文用字深具風格出名，還是一位文字拳擊手。在她自己的文章中，提到她的朋友蘇珊娜·摩爾遭到霸凌的慘況，只因為一次不當提及跨性別者，就險而失去工作和生計，這實在是太超過了。

在布希爾的論述中，摩爾不僅是朋友，而且是少數幾位像她這樣出身自工薪階級家庭，在新聞界成功闖盪出自己一片天地的女性。布希爾不會讓她的「同鄉」在沒有人力挺的情況下就此隕落。

因此，在那個星期天的《觀察家》（*Observer*），布希爾決定製造一場核子風暴等級的蘑菇雲，以此掩蓋摩爾那篇文章造成的濃煙。

布希爾攻擊那些摩爾的批評者，說他們攻擊一個女人。布希爾指出，像她和摩爾這樣的女人，一輩子都得過著生而為女人的生活。要經驗生理期的痛苦，要抵抗陌生男人的性騷擾，要經歷分娩和更年期，然後現在得享受荷爾蒙替代療法的樂趣。如果像摩爾和她這樣的女人，現在要被人「穿著洋裝的小雞雞」和「頂著假髮的頻尿人」指名教訓，難道也是活該嗎？

她這番話幾乎瞬間就引發反應。英國負責兩性平權事務的琳恩・費瑟斯通部長立即發文，表示布希爾對「跨性別社群的辱罵」是「令人反感」的「老頑固的嘔吐物」，《觀察家》應該要因為這「東西」而將其開除。部長還呼籲該報社的編輯辭職。果不其然，心生畏懼的《觀察家》立即發文為這篇專欄道歉，並迅速移除發布在網站上的這篇文章。該報的編輯約翰・穆赫蘭德（John Mulholland）在道歉文中解釋為何他們選擇「下架」這篇刊登出來的文章，他寫道：「我們錯了，鑑於所造成的傷害和冒犯，我在此表達歉意，並決定撤回這篇文章。」這在英國新聞界幾乎是前所未聞的舉動。五年後，布希爾自己在談到這起事件時，表示這是造成她新聞生涯告終的一項原因。[33]至於那位要求將她解雇的琳恩・費瑟斯通，不久後就失去了在國會的職位，不過立即在上議院獲得終身的席位。

下一位步上賓德爾和布希爾後塵的，也許是現代女性主義者中最著名的一位。這位《女太監》（*The Female Eunuch*）的作者，在她的職業生涯中其實只深入談論過一次跨性別問題。在她一九九九年的著作《整個女人》（*The Whole Woman*）中，吉曼・格瑞爾（Germaine Greer）在

「反串女角」（Pantomime Dames）這一章，以整整十頁的篇幅討論生來是男性的人不能歸類為女人的原因。儘管這不是她主要論述的重點，但她提到「變性人選擇」的「殘害」。她譴責許多由男轉女的變性人，都選擇那種「極為保守」的性感身型，她認為這會強化既有的刻板印象。她還點出一項重要的事實，那就是這些變性過程中的外科手術經常被輕描淡寫的帶過，但其實這完全不簡單。一九七七年，史丹福大學（Stanford University）的性別診所表示，他們的兩階段性別重置手術平均需要進行三個半的手術，而且至少有五〇%的患者會出現某種形式的併發症，經常是終生都要進出外科的診間。[34]格瑞爾也指出其他人很少注意到的另一點，不過那些孩子聲稱自己患有性別不安症的家長很快就得開始擔心的問題：跨性別「僅是全然依照他／她自己的劇本來判定，而這當中任何類型的性行為都是可以習得的，而且正如同多數的自傳那樣，都會加以杜撰渲染。」[35]

之後，格瑞爾就沒有繼續再深究這個主題。但是在短短十五年間，她在書中提到的這套觀點就超出可接受的常規。二〇一五年底，格瑞爾原本預定在卡地夫大學（Cardiff University）發表一場名為「女性與權力：二十世紀的經驗」演講。但是，有為數甚多的學生不想聽到這位二十世紀末期最重要的女性主義前輩的聲音，反而動用他們那個時代的驅逐性字眼來遊說校方。

他們表示，格瑞爾對於跨性別議題的觀點是「有問題的」。她曾「一次又一次地展現出她對跨性別女性的厭惡觀點。」若是在幾年前，說格瑞爾是厭女症者，恐怕會被認為是嚴重的精神錯亂。但是現在毫無問題，還有位反格瑞爾的請願組織者自稱她是「左派酷兒女性主義政治」。這些學生聲稱，格瑞爾犯下的罪狀中有一項是「不斷地混淆跨性別女性的性別，並完全否認有所謂跨性別恐懼症的存在。」請願者儘管承認「應該鼓勵在大學中展開辯論」，但他們警告「邀請一位對邊緣的弱勢群體帶有這種問題觀點，與仇恨心態的講者前來是危險的。」36

隨後接受BBC採訪時，格瑞爾對這項爭議的看法是：「顯然有人已經決定不允許我發表談話，這只是因為我不認為透過手術變性的男人是女性。我並不是在說不應該允許人接受這樣的手術。我的意思是，這些手術並不會使他們成為女人。這只是一種意見，並不是一項禁令。」更重要的是，正如格瑞爾所解釋的，她對跨性別議題根本不感興趣。「這不是我所關注的議題。多年來我沒有發表過任何關於跨性別的文章。」至於因為碰觸到這議題所引起的麻煩，她說：「我遭遇到很多事，有人指控我從未做過或未曾說過的事，大家似乎對證據，甚至是誹謗中傷都不關心。」當問及她是否還願意去卡地夫大學時，她回答：「因為這件事，我又更衰老了。我今年七十六歲。我不想去那裡，領受眾人叫罵，或是朝著我扔東西。這真得很煩人。這不是那麼有趣，也不值得。」37

但是侮辱格瑞爾，並且將格瑞爾從最新版本的女性主義中驅逐出去，已成為這一代受益於她開拓性研究女性的入門儀式——無論她們是否意識到這一點。在劍橋大學（Cambridge University，也是格瑞爾的母校，她是一九六〇年代在此就讀）的《校隊》（*Varsity*）雜誌，伊芙・霍奇森（Eve Hodgson）發表一篇標題為「吉曼・格瑞爾不再是女性主義者」的文章。根據她的說法，「為何格瑞爾現在不是一個白人老婦，搞得自己流亡海外。她的評論具有難以補救的破壞力，反應出她完全不尊重跨性別者。就她的想法來看，她再也不能算是一位傑出的女性主義者。不再支持我們所做的同樣事情。」38正如彼得・泰爾不再是同性戀，肯伊・威斯特不再是黑人一樣，吉曼・格瑞爾也不再是女性主義者。

隨著時間過去，這種蔑視前輩的態度顯然不僅限於大學，而是遍布各地。而格瑞爾這一代的女性主義者，因為對跨性別的態度而受到譴責已經完全常態化。二〇一八年九月，英格蘭北部有位叫凱莉—潔．金恩—明斯霍爾（Kellie-Jay Keen-Minshull）的全職媽媽，她花了七百英鎊，在利物浦租了一個廣告牌。她張貼的海報上僅寫著一個字的字典定義。整張海報上寫著：「女人：名詞，成年女性」。金恩—明斯霍爾說，她花錢張貼這張海報是有原因的，因為她擔心「女人」這個詞會變成是「適用於任何意思」。不過，這個字典的定義並沒有持續很長時間。自稱是「跨性別者社群盟友」的學者阿德瑞安．哈羅普（Adrian Harrop）博士，向警方抱怨這塊廣告看板是「使跨性別者感到不安全的象徵」。[39]在隨後的電視討論中，一位天空衛視（Sky）的主持人指責金恩—明斯霍爾張貼這張海報是因為「跨性別恐懼症」。哈羅普斥責金恩—明斯霍爾稱呼他時沒有使用「博士」這個完整頭銜，他接著表示，將跨性別女性排除在女性的定義之外，「在一個現代和進步的社會中是不合適的」。[40]即使是右翼和保守派的新聞網站也報導金恩—明斯霍爾上電視的新聞，觀眾給她「貼上『可恥』的標籤」因為她「堅持」跨性別女性和一般女性是不一樣的。[41]

那些試圖建立起女性界線的女人，開始在各地遭到相同的抨擊。二〇一八年的「倫敦同志大遊行」（London Pride），一群女同性戀運動人士認為跨性別者接管了整個慶祝活動，為了表示抗議而惡搞LGBT派對。英國的同性戀新聞媒體指責這些簡稱「排跨基女」（TERF，全名是「排除跨性別的基進女性主義者」（trans-exclusionary radical feminist））的女性是偏執狂，還散發仇恨言論，幾週後，有報導指出，曼徹斯特同志大遊行（Manchester Pride）有一位英文名字縮寫為MC的男同性戀，大喊應該拉著那批倫敦抗議者的「下垂乳房」，將她們驅逐出去，當時引來一陣「歡呼」。[42]

受過某些傳統訓練的女性主義者就這樣失去平台，飽受威脅而且頻頻遭到消音，但很少人會問，為什麼她們不得反對新興的跨性別論述的要點。隨著越來越多女性在這片領域中因為踩線而遭到驅逐，這當中的爭議點變得日益清晰。像賓德爾、格瑞爾和布希爾這樣的女性主義者，主要是來自仍然關注女性生殖權、擺脫暴力和虐待關係的女性主義學派。她們也相信，要打破對女性應該或能夠達到的形象的刻板印象，沒有什麼是女人。也許她們與跨性別運動最不契合的地方是，跨性別者在很多方面都沒有去挑戰關於性別的社會建構，反而是去強化這些。

比方說，知名的男轉女變性人布萊爾・懷特（Blaire White）。在轉變成女人的過程中，他所選的是一種青少年男性幻想的女人身型：突出的乳房、飄揚的頭髮，還有豐盈的嘴唇（這形象只維持到二〇一八年底，之後他又宣布要逆轉，以便生子）。或是想想女性原型光譜的另一端。二〇一五年十二月，茱莉・賓德爾終於獲准在曼徹斯特大學演講，在那裡，她與跨性別者簡・法伊（Jane Fae）這位作家兼活動人士一起參加小組討論。在賓德爾演講以及在這場討論的其他時間，法伊都坐在那裡織一件紫粉紅色的衣物。她早就準備好要把編織用品帶上場。或是再回想一下，之前提過的那位接受性別重置手術的愛波兒・艾許利，二〇一五年一部慶祝她八十大壽的紀錄片在她度過童年時代的利物浦播放，她在這裡獲頒城市之鑰。整部影片看下來，實在很難讓人擺脫那種艾許利似乎正在試鏡，準備扮演英國女王替身的感覺。[43]特定時代的女性主義者，因為沒有搭上跨性別這班列車而受到譴責，但從來沒人解釋為什麼她們應當要上車。跨性別陣營在攻擊目標時所用的語言可能會很豐富多彩，就像他們攻擊其他目標時一樣，但是那些指控他人滿心仇恨、危險、助長暴力，甚至不算是女性主義者的說詞，迴避了他們提出的一個真正的問題。為什麼女性主義者應該對那些只是為了炫耀自己完美乳房、模仿王室成員，或學習編織而變成女性的男人感到毫無異議呢？

父母

已故的歷史學家羅伯特・康奎斯特（Robert Conquest）曾經提出三項關於政治的金科玉律，第一條是「每個人在面對自己最熟知的東西時都是保守派」。而為人父母者，最熟知的可以說是他們自己的孩子。最近探究跨性別者本質的關鍵問題大幅增加，其中一個可能原因是，在英美等國家的父母開始擔心下一代將會學到什麼。在某些地方，他們還得擔心目前已經教授的。

當父母聽到舊金山的發展心理學家戴安・艾倫賽夫特（Diane Ehrensaft）的談話時會不擔心嗎？她表示，一個一歲的「指定男性」嬰兒解開連身衣的動作以及揮動方式，實際上是在進行一種「關於性別的前言語交流」。[44] 與時下部分的媒體不同，父母不會因為九歲的扮裝皇后拿到LGBT時尚公司的模特合約而興致沖沖，並在YouTube影片中告訴其他孩子，「如果你想成為扮裝皇后，但你的父母不讓你這麼做，那你需要新父母。」[45]而且他們也擔心孩子的學校允許任何人表示自己其實是另一個性別，並要求大家以這種性別來對待他們。英格蘭北部的一對父母最近描述她十六歲的女兒是如何以女同性戀出櫃，後來又變成跨性別者的始末。當這對父母親自參加家長晚宴時，他們赫然發現學校早已改用女兒選擇的男性名字，並以男性代詞來稱呼她。校方則是「全力配合」。[46]

蘇格蘭政府提供給學校的建議是，如果孩子想改變性別，不應告知孩子的父母。蘇格蘭政府四處發放的「支持跨性別年輕人」的官方文件中建議，學生應該能夠以自己感到舒服的性別參加體育競賽；校外旅行時，如果學童想與異性同住一室，不應告知父母。在英國的其他地方，有父母參加家長晚會時發現老師用「錯誤」的性別稱呼孩子，但後來老師告訴他們：「哦！你不知道嗎？你的兒子／女兒自認是個女孩／男孩。」這情況還是發生在上課期間給學童服用阿斯匹靈，必須徵得家長同意的一所學校。

家長也逐漸熟悉何謂「集群」（clustering）現象。比方說，二〇一八年，布萊頓（Brighton）一所以「自由主義氛圍」聞名的學校，發布了「平等資訊報告」，當中有四十名十一至十六歲的學生「不認同出生時的性別」。另有三十六名學生說，他們的性別是流動的，意思是他們並沒有「一直」認同自己出生時的性別。所有這一切產生的一個效應是，在短短五年間，英國的兒童轉診到性別門診的人數增加七〇〇%。47

當然，像「美人魚」（Mermaids）這樣的跨性別活動組織認為，現在這種集群現象和轉診數量增加之所以發生，是因為與幾年前相比，有些人更清楚意識到自己是跨性別的。不過，還是有其他至少具有相同可能性的解釋。其中之一是在流行文化中，特別是網路，呈現跨性別者的方式。另一個是權威人士對跨性別者提出的任何要求都越來越讓步。

在網路文化中，服用荷爾蒙將會被描述成一種極度容易而且毫無後果的做法。在YouTube、Instagram和其他網站，有數不清的人表示自己是跨性別，並且煽動觀眾也是他們其中一員的可能性。一支由（女轉男的變性人）玉．波格斯（Jade Boggess）拍的「服用睪固酮的一年」影片，在YouTube有超過五十萬瀏覽人次。另一部由瑞安．賈伯斯．弗洛雷斯（Ryan Jacobs

Flores）拍的同樣主題的影片，觀看次數更是超過三百萬。在這類影片中，他們將要注射的睪固酮（testosterone）簡稱「T」或「男人汁」。當中有些歷經過渡期的跨性別者甚至因此變成網紅。不是像凱特琳．詹納這樣的老派人物，而是像潔斯．詹寧斯（Jazz Jennings）這樣才華橫溢的YouTube新星。

二〇〇〇年出生的詹寧斯，原本是個男孩，六歲時開始在媒體上分享身為跨性別者的經驗談。七歲時這個孩子就接受芭芭拉．華特斯（Barbara Walters）採訪，在她的諸多問題中，還問到這個孩子受誰吸引。詹寧斯的星運亨通。十一歲時歐普拉電視網（Oprah Winfrey Network）為她製作一部紀錄片，名為《我是女生》（*I am Jazz*）。詹寧斯十幾歲時就獲得許多媒體獎項，還入選「最具影響力人物」的名單。這又為她帶來商品促銷的代言和其他成名優勢。在TLC旅遊生活頻道播出的實境節目《我是女生》現已進入第五季，繼續提升她和她的父母與兄弟姐妹（都出現在節目中）的知名度和財富。在第五季的節目中，年滿十八歲的潔斯，準備進入「性別確認手術」。躺在推床上時，她敲敲手指，輕輕笑著說：「讓我們開始吧！」在YouTube上，《我是女生》的片段更有數百萬瀏覽次數。

但整件事不僅只是流行文化的鼓動，還要有願意配合的醫療專業人員。像《我是女生》這類系列節目，可以很明顯看出醫療專業人員非常樂意盡其所能，幫助一個出生時是男孩的人變成女孩。這樣一面倒的接受度，導致英國NHS簽署了一項協議，即NHS專業人員絕不會「壓抑個人對性別認同的表達」。[48]儘管有些醫療專業人員警告，這有「過度診斷和過度治療」的可能性，但所有的假設都繼續朝著這樣的單一方向發展。

一個家庭的故事

下面的故事一對美國父母，近年來全家準備度過這段跨性別旅程的經驗。為了保護孩子的身分，這故事的地點和某些細節我會刻意模糊帶過。不過這家人原本是住在美國的一個大城市，直到最近才搬到較為農村的環境，也就是我前去與這孩子的母親訪談的地方，我將其改名為莎拉。

無論從哪方面來看，莎拉都是一個普通的中產階級媽媽。她照顧自己的孩子，她的丈夫則努力工作，支持一家人的生活。她形容自己的政治立場是「中間偏左」。四年前，她女兒十三歲時宣布自己是跨性別者，說自己實際上是男孩。她的這個女兒之前已診斷出患有輕度自閉症，難以被某些同年齡的同儕所接納。她難以理解日常對話時散發出的訊號。很少人會找她玩遊戲，她所有的同學都覺得她的服裝品味很奇怪。莎拉的女兒沒多久就發現在學校裡男孩比女孩更容易接納她。但是即使那樣，她仍然無法完全獲得她想要的社交認可。「為什麼沒有人喜歡我？」她曾經斷斷續續地問過她媽媽。試圖弄清為什麼她「和女孩處不來」的原因，她也試圖要了解為什麼她通常無法融入同儕之中。

然後有一天，她對她母親說，她實際上是一個男孩，這就是造成她這些問題的原因。莎拉問她，怎麼會有自己是跨性別的想法。畢竟，對於她的家人來說，這一切似乎都發生得太突然了。她的女兒說，這個想法是她在學校聽了一場演講後產生的。這時，她女兒的學校約有五%的學童被確定為跨性別者。這當中有一群非常相似的兒童，包括那些診斷出自閉症的兒童，以及在同儕間不受歡迎，或不擅與人交往的。當然，她的母親會想要再了解更多。要是在她的學校沒有其他孩子被判定是跨性別者，她是否還會認為自己是男孩？莎拉的女兒回答說不會，她不會這樣認為，因為她「甚至不知道有這樣一個選項」。她還說，這不是她以為自己是男孩，而是她就是一個男孩。而且，她的母親沒有辦法理解這一點，因為她是所謂的順性別者。莎拉之前從未聽過「順性別」一詞，更不用說被冠上這個稱號了。莎拉的女兒不斷告訴母親，「跨性別的孩子知道自己是誰」。

不過莎拉還是表態支持。她同意用她偏愛的新的男性化名字來叫她的女兒，並開始使用「他」來稱呼女兒。她甚至把女兒介紹給朋友時，都說這是她兒子。為了盡可能地支持，母女倆甚至一起參加「跨性別大遊行」，一路跳著女神卡卡的「天生如此」。莎拉盡力支持她女兒，還幫她買了一條束帶來掩蓋發育中的乳房。一個母親能做到這樣真的很不容易。

同時，可以理解的是，莎拉開始在網路上閱讀一切關於跨性別的資訊。這對她的家庭生活來說是全新的，她想獲得各式各樣的意見，以便對自己的生活有所了解。莎拉自己承認，她對這些線上辯論的第一印象並不是很好。她認為網路上多數的批評性文章都帶有一種「反ＬＢＧＴ」的情緒。在她看來，寫這些文章的人通常是「頑固的或宗教信仰很虔誠的」。她過去從未深入探索過這個議題。她「只是擔心自己的女兒」。因此，莎拉開始與一些專業人士交談，從一些性別臨床醫師開始。

第一位醫師告訴她的，與她從那些和她有相同處境的許多人那邊聽聞到的吻合。臨床醫師告訴她，「父母的接受是防止自殺的第一步」。就跟任何父母一樣，這是他們能想像到的威脅中最可怕的夢魘。這位醫師還告訴莎拉，既然她的女兒自己「堅持、執著並且始終如一」地這樣宣稱，那這就意味著她的女兒確實是個男孩。

莎拉不僅擔心專業人士的話，同時還得擔心她女兒所講的。每當莎拉的女兒描述她對性別不安的感覺時，她會注意到女兒的口氣似乎是在「照本宣科」。而且說這個劇本具有操縱性還太過輕描淡寫。有一陣子，她的女兒擬定一份要求清單，當中還提到，除非能滿足這些要求，否則她會採取一些勒索和威脅的手段。

莎拉的女兒宣布自己是跨性別者時，只有十三歲半。十四歲半時，她去看了治療師。十五歲時，被告知她應該開始服用阻斷青春期發育的亮丙瑞林（Lupron），而且每個階段都會被強調。母親質疑女兒的感受是種「侮辱」，這在跨性別者身上是如此，在自閉症患者身上亦然：「自閉症患者知道自己是誰」，她女兒會說這種話讓她放心。甚至連問這一點，都會被說成是有「殘疾歧視」（able-ist）。看過幾個不同的治療師後，母女倆最終還是回去看第一位。當莎拉對專業人士提供給女兒的選項表示擔憂時，特別是要讓她女兒服用青春期阻斷劑（puberty blocker）這一點，醫師就會告訴她：「你可以選擇服用青春期阻斷劑，不然就是去住院治療。」最後，莎拉的女兒在十七歲半時表示想要進入變性過渡期。

當然，莎拉有問她女兒是否真的想要這樣做。她特別跟女兒強調這是條不歸路，是無法回頭的。與荷爾蒙治療相比，性別重置手術是完全不可逆轉。莎拉問女兒，要是她選擇變性，然後又覺得需要回到過去的性別，那該怎麼辦？要是她決定做的這項改變不是真正想要的，又該怎麼辦？她女兒的回答是：「那我就自殺。」正如同吉曼・格瑞爾在早些時候所聲稱的那樣，沒有父母可以輕視這種威脅，但這當中似乎確實存在一套運作模式。而且這威脅不僅來自年輕人，還來自一些推動這些病例的醫療專業人員。

比方說，醫學博士密雪爾・佛希耶（Michelle Forcier），她是布朗大學（Brown University）醫學院教授，也是羅德島州普羅維登斯市（Providence）終身醫療內科醫師集團（Lifespan Physician Group）的性別與性健康部門的主任。二〇一五年接受NBC採訪時，在問及三四歲的孩子是否可能知道自己想要什麼時，佛希耶回答：「說三四歲的孩子不懂得性別，並不能給我們的孩子很多信任。」問到在等待變性之前會造成怎樣的傷害時，她說：「最大的傷害就是什麼都不做。」那等待的風險又是什麼呢？她的回答是：「等待的風險是自殺。等待的風險是逃避。等待的風險是濫用藥物。等待的風險是欺凌和暴力。等待的風險是憂鬱症和焦慮症。」[49] 性平運動團體「性別光譜」（Gender Spectrum）的資深主任喬爾・鮑姆（Joel Baum）對此的看法更加鮮明。對於那些擔心同意讓孩子接受荷爾蒙療程的父母，他說：「你或許會有孫子女，或是搞得連孩子也沒有，因為他們會終止與你的關係，又或者是在某些例子中，是因為他們為自己選擇了一條更危險的道路。」[50]

問題在於以這種災難化口吻來提出選項，不斷強調不做治療的後果，這樣等於沒有留下任何討論或異議的餘地。因此，當孩子說出他們認為自己可能是生錯性別的那一刻起，父母就必須接受這一點，而且從那時開始，必須採取一系列改變生活的步驟，而且有越來越多專業人員希望家長盡量不要阻撓，鼓勵他們去接受治療。

然而，詹姆斯以及莎拉女兒的故事充滿其他可能的轉折。正如詹姆斯所言，如果他不曾經歷過變裝和到跨性別的環境，他可能壓根兒不會考慮要成為一個女人，同樣地，莎拉的女兒也承認，如果不是同一所學校裡有其他學生提出相同的主張，她可能不會考慮自己是個男孩的可能性。這一切帶領我們進入這整個問題的癥結所在。即使真的有些人患有性別不安症，即使對於某些人來說，改變人生的手術是最好的選擇，但要如何將他們與那些聽了建議後又發現自己做了錯誤決定的人區分開來呢？

要減緩目前跨性別運動氣勢如虹的步伐，一項最實際而且很有可能的論點是，發生雪崩式訴訟的機率越來越高。目前在英國，縱使包括NHS在內的許多地方早已對跨性別敞開大門，不過未來採取法律行動的機率應該還是會遠遠低於美國吧！儘管英國的醫療服務部門正兢兢業業地在滿足日益增長的性別重置手術的需求，但在美國，推動這一發展的不僅是一項運動而已，後面還有龐大的商業動機。跨性別這個領域是個開始吸引商機的社會需求，其中一個跡象是，跨性別主義者，包括一些外科醫師在內，現在都在談論這項改變人生的手術的非凡意義。其中一些可能需要有顆很強的心臟，才能看得下去。

專業領域

要說明這情況，久安娜．歐爾森—甘迺迪（Johanna Olson-Kennedy）醫師是很好的例子。她目前擔任洛杉磯兒童醫院跨性別健康與發展中心的醫學主任，公認是這領域的佼佼者。這個中心是全美最大的跨性別青少年診所，也是獲得美國國立衛生研究院（National Institutes of Health）資助的四個單位的其中一間，他們得到為期五年的資助經費，研究青春期阻斷劑和荷爾蒙對兒童的影響。但這樣的研究，竟然沒有設置對照組。

在執業生涯中，歐爾森—甘迺迪曾定期開立荷爾蒙給病患，年齡最低的兒童只有十二歲。而且她在《美國醫學會雜誌》(*American Journal of American Association*)發表一篇名為〈跨性別為男性的未成年和青少年的男性胸部重建和胸部煩躁不安症:術前和術後的同齡層比較〉,[51]提到接受手術的女孩,最年輕的只有十三歲,接受手術前會進行不到六個月的異性荷爾蒙。這意味著,在這些女孩中,有的人早在十二歲就開始服用會改變一生的藥物。此外,根據他們的進度報告,到二〇一七年,有資格接受這類治療的兒童年紀最小只有八歲。

歐爾森—甘迺迪醫師的公開聲明,充滿著堅持與保證的口吻,甚至可以說洋溢著教條主義。她一直公開批評那些建議要先讓想變性的孩子接受心理健康評估的人。她將這些想改變性別的孩子與她治療過的糖尿病童相比,她說:「當我要開始為他們進行胰島素療程時,不會把他們先送去諮商師那裡。」[52]她大力提倡的觀點是,對孩子自己決定的任何質疑,都可能破壞專業人員與患者的關係。正如她所寫的:「醫病關係的建立需要誠實和安全感,如果青少年認為會因為他們透露給治療師的資訊,而無法得到他們需要和應得的東西(不管是阻斷劑、荷爾蒙或手術),就會破壞他們的安全感。」[53]有人提出十二三歲的孩子可能沒有能力做出明智的決定,而且這是沒有轉圜餘地的,但歐爾森—甘迺迪對這種想法表示懷疑。她說:「我從來沒有遇過使用阻斷劑的人,之後會不願意再進行變性荷爾蒙的療程。」為了要突顯這一點,她強調:

衡量是否要採用青春期抑制劑(puberty suppressant)或變性荷爾蒙的醫學干預時,我們認為這個決策過程中最重要的人就是孩子,是這個年輕人。有些中心會使用更多的技術、心理測試,來探究兒童心理發展的各種因素。在我們的診所並不採用這種模式。[54]

不過在其他場合她曾說，遇過少數患者停止治療，或對接受變性療程感到後悔的個案，但是她補充說，不應讓這些個案影響到其他希望變性者的態度。在她看來，問題在於做這樣重大的決定時，有時主導權會落入「專業人員（通常都是順性別者）的手中，由他們來判斷年輕人是否準備好了。」歐爾森—甘迺迪認為這是一個「腐舊的模式」。55

儘管內分泌學會（Endocrine Society，全世界內分泌學和新陳代謝研究領域歷史最悠久的領導組織）發布的指導原則已指出，「鮮少有發表十三歲半至十四歲年齡層之前的」荷爾蒙治療的「相關報告」。56 歐爾森—甘迺迪和其他同僚似乎對自己的作為充滿信心，比方說，在她那篇洋洋灑灑駁斥文中，不僅訓斥了反對她的人，還有那些批評她鼓勵孩子採取這些不可逆轉療程的人。在一段遭到祕密錄音的演講中，她抱怨道，她說的那些就是她覺得「一定要說出來的」。這就是她給任何一位認為孩子沒有能力做出這種基本的、改變一生的選擇的批評者的答案。歐爾森—甘迺迪揮舞著手臂，氣呼呼地喊出這樣頑固的觀點。她指出，有人在不到二十歲就結婚，就去選擇要讀哪間大學，這些也是在青春期做出的「改變人生的選擇」，大部分的時候，結果不是也挺不錯的。她說，我們花太多時間專注在負面問題，「我們確實知道，青少年實際上有能力做出合理、合乎邏輯的決定。」到目前為止，這些話聽來滿有道理，沒有什麼好反駁的。但之後她隨隨便便提出的觀點，卻令人瞠目結舌。「關於胸部外科手術，」她說：「如果你希望在以後的生活中有乳房，你可以去買一對。」57

真的嗎？去哪裡買？要如何進行？難道人像樂高玩具一樣，是可以隨意堆疊、取下並加以更換的積木？今日的變性手術做起來真的這麼輕鬆嗎？不會流血，不用縫合，也沒有疤痕嗎？所以任何人都可以隨時將乳房裝置在胸部，然後從此過著幸福快樂的生活，享受這個身上的新部位？今日典型的男變女性別重置手術，不僅是要改變生殖器和乳房，還涉及到下巴、鼻子和前額的削骨手術，在過程中還要將皮膚從臉上剝除。另外還再進行頭髮植入、言語治療等等。[58]而想要成為男人的生理女性，必須從身體其他部位的皮膚取來製作一個類似陰莖的構造。經常是取自手臂的部位，但不保證這一定會成功。而這些都需要花費數萬甚至數十萬美元。將這一切描述為是很棒的事，需要練就一定程度的空口說白話的功夫才行。

情況越來越糟。二〇一七年二月，一個名為WPATH的組織在洛杉磯舉行首屆USPATH會議。WPATH是「世界跨性別健康專業協會」（World Professional Association for Transgender Health）的英文首字母縮寫，但這其實是「首屆美國跨性別健康科學專業研討會」（Inaugural United States Professional Association for Transgender Health Scientific Conference）。[59]部分的議程稱之為「兩性之外——非二元性別青少年的照護」。在這部分的會議中，歐爾森—甘迺迪醫師顯然是與一整間完全附和她的聽眾講話。但是除了他們顯然同意的一些她提出的假設外，標題中的「青少年」的實際年齡層也在議程中變得清楚起來。

例如，歐爾森—甘迺迪描述她與一位八歲孩子打交道的經驗，她說這孩子在「出生時分配到的是女性的性別」（顯然這點對她來說滿好笑的）。歐爾森—甘迺迪是這樣描述的，「所以這個孩子來找我」，她的父母感到困惑，他們的女兒「完全展現出男性」，意思是「留著短髮，穿男孩的衣服。」但問題是這孩子就讀的學校是非常宗教取向的。而在女孩的洗手間（這是這孩子得去的地方），大家的反應是「為什麼女生廁所裡有個男孩，這是一個真正的問題。」所以這孩子就在想，「這對我來說不是很好，所以我想弄清楚，我想在入學時登記為男孩。」歐爾森—甘酒迪繼續喋喋不休地說著這個故事，好似再講一則滑稽的軼事，包括對於這對困惑父母的印象，以及周圍人士的瘋狂態度，這些人顯然看不出這位醫師和在場的聽眾都覺得再明顯不過的事實。

去找她的一些「孩子」顯然對自己的性別有很「清楚」的認識，並且能夠「完善地表述」，這就足以為他們的狀況「背書」。這個「孩子」顯然沒有「真正組織或思考過所有不同的可能性」。歐爾森—甘酒迪講了一個三歲女孩告訴母親，她覺得自己是男孩的故事，但她現在的醫師表示這孩子並沒有這樣說過，這時現場聽眾都心領神會地笑了起來。歐爾森—甘酒迪還提起，當她問那個「孩子」（在之前那個例子）她是男孩還是女孩，孩子臉上浮現「困惑」的表情，這孩子回答說：「我是女孩，因為我有這個身體。」歐爾森—甘酒迪對此補充說：「這就是這孩子學會根據他們的身體來談論性別的方式。」然後，她提出一個絕妙的比喻，「完全是當時靈光乍現想出來的」。她問孩子是否喜歡果漿土司餅乾。那位八歲孩子說喜歡。於是，歐爾森—甘酒迪重述她和這孩子的對話。她問這孩子，如果是在「肉桂口味」包裝的盒子中拿到一包草莓口味，他會怎麼想？這算是草莓果漿土司餅乾？還是肉桂果漿土司餅乾？「這孩子的回答是這樣的，『嗯！這是草莓果漿土司餅乾』，而我就會說，所以……」這時，觀眾全都笑了，並且報以掌聲。歐爾森—甘酒迪繼續說道：「然後這孩子轉向母親，說：『我認為我是男孩，有個女孩把我包起來了。』」講到這裡，觀眾立即發出「酷！」和「啊喔！」的讚賞聲。歐爾森—甘酒迪最後的總結是，「最棒的是那位母親發出『啊喔！』，然後站起身來給孩子一個大大的擁抱。這是一次很棒的經驗。」在其他聽眾起身並講述他們自己的感人故事前，她繼續說道：「我擔心我們在講『我是』時，其實是相對於在講『我希望我是』，因為我認為人在理解和講述性別時，受到太多的語境脈絡所限制。所以，我不認為是我讓這個孩子覺得自己是個男孩。」這時觀眾對這樣一個想法發出讚賞的笑聲。「我認為，給這個孩子談論關於他的性別語言是真的很重要。」60

在USPATH研討會場，就觀眾的反應來看，有很多奇怪的地方，其中之一是歐爾森—甘迺迪並不是在跟一群「專業人士」會談，而是在對一群「會眾」講話。討論一組既有的想法。慶賀一套固定的美德。還擬出一整套加以嘲笑並駁斥的主張。這些聽眾不像學術會議或專業會議那樣坐在那裡聽演講，然後就內容提問。他們歡呼、大笑、嘆息和鼓掌，活像是一場基督徒的聚會。

或是某種喜劇俱樂部。歐爾森—甘迺迪問下一個拿到麥克風的人：「你是醫療人員嗎？」「呃，」他以這樣的聲音回應。「好吧！」她顯然還捨不得放棄麥克風：「嫁給一個在精神健康專業領域工作的人，讓我學到一件事。」聽到這裡，那位醫療從業人員以沙啞的聲音說：「請多跟我說一點。」這時聽眾席間又傳來一種似乎喜不自禁的掌聲、歡呼和讚嘆的笑聲。在她講完後，終於輪到這位醫療服務人員說話（原來她是愛荷華州來的）：「我只是想分享一下，在我執業時，在我初次見到某人時，我所做的只是告訴他們，如果你有根魔棒或是像《星際迷航》中的那些高科技產品，讓你可以為所欲為時，那你會希望看到什麼？我能夠為你做什麼？我就是透過這樣的方式來得知他們想要的結果，以及可以動用的工具有哪些。」通常，如果一個孩子說他們想要揮魔杖來變化什麼東西時，他們很清楚地意識到魔杖以及任何咒語，在真實世界是行不通的。只有在跨性別者的意識形態中，成年人才會告訴孩子可以揮動魔杖，可以實現願望，只要他們是真心誠意的想要，大人可以讓這魔術成真。

事實證明，歐爾森—甘迺迪醫師與這位與會人士所開的這個玩笑，不像在USPATH會議上的聽眾所想的那樣有趣。因為她嫁的「精神健康專業人士」的執業方式非常特殊。

艾登．歐爾森—甘迺迪（Aydin Olson-Kennedy）在洛杉磯性別中心工作。他在該中心公告的簡歷中提到他還是一位「有執照的臨床社會工作者」、「精神衛生專業人員」，並且還有參與「倡導工作」，艾登．歐爾森—甘迺迪本人也接受過變性手術。正如性別中心的介紹所指出的，「身為跨性別者，他為他的執業生涯帶來獨特的面向，他自己也曾經需要類似的精神健康和醫療服務。」在這樣集醫學、護理、社工和倡導於一身的情況下，這些專業要在哪裡交會，就是問題所在。

在部分的她轉變為「他」的過渡階段，艾登接受兩次乳房切除術，這種手術很少會留下疤痕。但是也許艾登選擇進行這項手術是他似乎很樂意將這推薦給其他人。已知接受這手術的病例包括一個有精神問題病史的十四歲女孩，另一個例子更令人震驚，是個患有唐氏症的美國孩童。大家叫這個女孩梅利莎（Melissa），有許多身體和心理問題，據說還有白血病。由於種種複雜的原因，這孩子的母親四處求醫，想要為她女兒尋求其他的診斷意見。在他人的幫助下，她最後得出的結論是，她的女兒實際上是個跨性別者。艾登．歐爾森—甘迺迪也支持這一主張，而且是他提出要讓這女孩進行性別重置手術。他的確要求其他跨性別人士捐款，好讓這個罹患唐氏症的孩子可以進行兩次的乳房切除術。[61]這整件事透露出更多詭異之處是，艾登是安度藥廠（Endo Pharmaceuticals）註冊有案的顧問，而這家藥廠就是睪固酮的生產商。

最後會走向何方？

如果說L、G和B是LGBT中不確定的元素，那麼最後一個T就是當中不確定性最高，而且最不穩定。如果說我們對男同性戀、女同性戀和雙性人還處於不是很清楚的狀態，那麼跨性別幾乎就是個謎團，而且會帶來嚴重後果。這並不是關乎平權的要求——很少有人會認為，應該否定任何人享有平等權利的主張。這是關於那些會造成問題的先入為主的觀念和假設。要求每個人都同意使用新的性別代詞，適應在廁所會遇到異性的時候，這算是相對輕微的訴求。較為嚴重的是，在這樣非常不清楚的狀況下，就鼓勵兒童接受醫療干預，而且按照態勢看來，鼓勵的年齡層只會持續下降。二〇一八年底，威爾斯的一個私人性別臨床醫師因非法提供醫療服務而遭法庭定罪，因為她的診所為十二歲以下的兒童提供變性荷爾蒙。[62]

當跨性別運動提出的要求受到這麼多威脅言論、勒索手段和災難化說法支持時，適用的年齡層怎麼會不繼續下降？任何提及跨性別的弊端或擔憂的人都會遭到痛批，說他們不是在鼓勵針對跨性別者的暴力行為，就是在鼓勵跨性別者自殘。這意味著，在這個問題上，非跨性別者唯一能做的就是保持沉默，除非是開口附和，否則就永遠不要談論。這種立場已經導致女權運動和跨性別運動發明出新概念，例如某些人是「非二元」（non-binary）和「性別流動」（gender-fluid）」。BBC的一部影片《不要對非二元性別者說的話》（*Things Not to Say to a non-Binary Person*）找來一些年輕人談論男性和女性的觀念是多麼「侷限」，而且過於簡單。正如其中一個人所講的：「我的意思是，男人是什麼？女人又是什麼？」[63]觀看影片中的年輕人以及其他抱持同樣觀點的人，會產生一種壓倒性的感覺，會覺得他們實際上是在說「看著我！」

當有些年輕人說他們是跨性別者時，也是這樣的狀況嗎？這一點幾乎可以肯定。然而，沒有一種明確的方法可以判定這適用於誰，又有哪些人不適用，或是說應該鼓勵誰去走醫療干預的路，又該強烈建議誰要保持距離。甚至連久安娜·歐爾森—甘迺迪也承認，大多數被判定為跨性別者的人，並沒有出現任何性發育障礙。

以荷爾蒙和手術當作解答，並且以極為簡化的方式呈現這兩者，無疑會說服許多人，讓他們相信生活中的問題可以透過改正這一基本的誤會來輕鬆解決。到目前為止，這或許解決了潔斯·詹寧斯的問題，或許在凱特琳·詹納身上也奏效，但絲毫沒有彌補納森·沃赫斯特的痛苦，即使他真的接受了療程。當前的問題不在於差異，而是確定性，一種虛假的確定性，將根本還搞不清楚的問題，包裝得好像是我們理解最清楚、最完善的一件事。

結論

社會正義、身分政治和交叉性的倡導者認為，我們生活在充滿種族歧視、性別歧視、恐同和恐跨性別的社會中。他們認為這些壓迫是相互聯結在一起，如果我們可以學會看穿這個網路，將其解開，那麼最終就可以將我們這個相互壓迫的時代釋放出來。之後就會有某件事發生，但究竟是哪件事還搞不清楚。也許社會正義是一種一旦實現就可一直維持的狀態，又或許需要不斷的關注。我們現在不太可能弄清楚。

首先，這些相連的壓迫其實沒有完全緊密糾結在一起，而是在進行醜陋而嘈雜的磨合，不論是在彼此之間，還是在各自的內部。他們是在製造麻煩，而不是減少摩擦；是在增加緊張感和群眾的瘋狂，而不是讓大眾平心靜氣地討論。本書著重在四個我們社會中最常浮現的議題，這些不僅已成為日常新聞的主要內容，還形成全新的社會道德基礎。挑起女性、同性戀、不同種族背景的人，以及跨性別者處於劣勢的問題，不僅成為一種表達同情心的方式，還是道德形式的證明。這關乎著對於這項新興宗教的敬拜方式。挺身為這些問題「戰鬥」，並加以誇大渲染，已成為當代展現自己是好人的一種方式。

當然，他們這樣做也是有道理的。讓人按照自己的意願生活，這一想法透露出我們社會最為人所珍視的成就，而放眼全球，這樣的成就仍然極為罕見。目前世界上仍然有七十三個國家立法禁止同性戀，其中有八個國家甚至會將其處以死刑。[1] 在中東和非洲許多國家，女性連最基本的權利都沒有。種族暴力事件在一個又一個國家爆發。二〇〇八年，南非的黑人城鎮發生針對莫三比克人的暴動，導致數十人死亡，數千人無家可歸，最終有兩萬人從南非逃回莫三比克。在當今世界，西方高度發展國家對跨性別者希望過的生活，所提供的法律保障比任何一個地方都來得多。所有這一切，可說是法律制度和權利文化的一大成就，值得慶賀。但是這裡出現了一個悖論：所有這些成就卓著的國家，現在全都列為在這方面表現最差的國家。也許這正是曾任美國駐聯合國大使的政治學家丹尼爾・派屈克・莫尼漢（Daniel Patrick Moynihan）對於人權見解的另一個版本：侵犯人權的主張與一國侵犯人權的個案量成反比。在不自由的國家，是不會聽聞有違反人權的消息。只有在一個非常自由的社會才會允許，甚至鼓勵這種對自己國家不公義之處，無止境的主張。同樣的道理，只有那些離法西斯主義無限遠的人，才會把美國的一間人文學院，或是在波特蘭的用餐經歷，說成是法西斯主義。

但是這種指責、主張和怨恨的精神，卻迅速地傳播開來。而且這全是靠著新科技的問世才辦到的，即使我們進入智慧型手機和推特時代不過只有十年光景；即使在此之前，人權和自由主義實踐的語言早就出現問題。彷彿自由主義的探究精神在某個階段為自由的教條主義所取代，這個教條堅持早已塵埃落定的問題依舊是懸而未決，堅持已知中依舊含有未知，也堅持我們很清楚知道要如何沿著這些歪理謬論的路線來建構社會。這就是為什麼，權利的產物現在反而成了權利的基礎，即使由這些基礎建構出來的很不穩定。問題是，這種自由主義不會讓大家在胸有成竹之處注入一定程度的謙卑。這樣一種教條主義，或可說是復仇式的自由主義，在某個階段可能會破壞，甚至摧毀整個自由主義時代。畢竟，目前尚不清楚大多數人是否會繼續接受這些告知他們要去接受的主張，如果他們不接受，是否會被這些丟到他們面前的一堆名號所恫嚇。

必須要指出這套新的存在理論及其論證的缺陷，因為如果再任由這支交叉性列車繼續行駛下去，將會引起難以估量的苦難。這套形上學目前正在為新一代的學子所吸收，社會上的每個人也都被迫餵食，但這套形上學具有許多不穩定因素，而且是根基在我們想要表達出對未知的確定性的渴望上，以及對我們實際了解事物的輕蔑以及不置可否的心態上。它的基礎是任何人都可能成為同性戀，女人可能比男人更好，人可以成為白人但不能成為黑人，以及任何人都可以改變性別。凡是不吃這一套的人都是壓迫者，而且所有的一切絕對應該扯上政治。

這當中夾雜的矛盾和困惑一生也處理不完。問題不僅是出在某些論點上，還來自他們所依據的絕對基本原理。同性戀或異性戀男女，對於那些不依照出生時既定性別而逕行決定性別的人，可以主張什麼呢？為什麼一個展現出男性化特徵的年輕女性，就要被看成是尚未動手術轉成男性的跨性別者呢？為什麼一個喜歡扮成公主的小男孩，就會是一個等待著變成女人的跨性別者？那些提出果漿三明治包裝錯誤說法的性別專家，本身可能連閱讀包裝的能力都有疑慮。據估計，大約八〇％目前診斷為所謂的性別不安症的兒童，等到青春期就能擺脫這個問題。也就是說，他們將會對出生時的生理性別感到自在安心。在這些孩子中，大多數長大成人後會成為同性戀。[2] 新一代的孩子成長時會告知他們，那些女性特質會使他們成為女性，而男性特徵則會讓他們成為男人，這看在被世人接受同性戀身分幾十年的男女同性戀眼中，又要作何感想？而女性在面對這一切時又要怎麼做呢？多年爭取身為女性的權利後，卻被告知也要和生理男性分享她們享有的那些權利——包括話語權在內。

這些主張並不交錯，只是讓人錯亂

與社會正義倡導者所主張的剛好相反，LGBT這些類別實際上並沒有在彼此間產生多大的交互作用。這套壓迫矩陣並不是一個巨大的魔術方塊，等待著社會科學家把每個方形一一排列好。這當中包含一套根本無法同時成立的要求，尤其是在這樣的論調下。

二〇〇八年，《倡導者》雜誌展開反對美國憲法第八修正案的活動，這項提案若是通過，將會推翻加州同性婚姻的可能性。為了繼續爭取同性婚姻，這份美國最著名的同性戀雜誌在二〇〇八年十一月的封面上推出這樣的標題：「同性戀是新黑人」。這一主張可沒有得到多少美國黑人的共鳴。副標題更是極盡聳動之能事：「最後一次偉大的民權鬥爭」。就算是動用新聞業解套的老招數，在這些句子後面加上一個問號，也於事無補，還是招致大量批評。[3]正如一位評論者所言，「同性戀是新黑人」這個論點之所以令人反感，其中一個原因是「同性『婚姻』與在北美洲持續兩三個世紀的反異族通婚法之間根本毫無關連」。[4]只要這類爭議和比擬看似可以取代昔日類似的，而且所有的權利要求和成就不相違時，就會爆發這類爭執。

有時候，只是因為有人問錯了問題。瑞秋・多爾扎爾事件發生後，《海巴夏》（*Hypatia*）這份女性主義哲學期刊刊登一篇由蕾貝卡・圖維爾（Rebecca Tuvel）寫的文章，她當時是個尚未拿到終身職的學者。在文中，她提出整件事中最有趣的一個問題。她將瑞秋・多爾扎爾與凱特琳・詹納所受到的差別待遇並列，質疑既然我們「接受跨性別者改變性別的決定，那是否也應該接受跨種族者改變種族的決定。」結果這個論點並沒有引來什麼好評。但是就邏輯的一致性來看，圖維爾提出一個很好的觀點：如果應該允許人們決定自我認同的身分，為什麼這項權利可以跨越性別的邊界，卻得在種族的邊界上停下來？但是就當下的規矩來看，她把自己推向最糟的境地。黑人活動人士群起動員，抗議這篇文章。還有人組織請願活動來反對圖維爾，也出現一封眾人簽名連署的公開信，甚至還有一位《海巴夏》的副主編加入指責她的行列。有人指控這份期刊竟然任由「白人順性別學者」參與辯論，讓「跨性別恐懼症和種族歧視主義」的態勢更加惡化。[5]

這本是鮮為人知的女性主義雜誌在全球掀起波瀾，在很短的時間內，《海巴夏》便公開道歉，表示根本不該刊登這篇文章，編輯群辭職，期刊的管理階層全遭到更換。圖維爾解釋她寫這篇文章，「是基於支持那些不具常規身分的人，他們經常因為遭到嘲笑、羞辱和消音而感到沮喪。」[6]不過她表示，她寫文章的唯一目的只是要「擴展思維」，但這樣的解釋顯然不受歡迎。要是蕾貝卡．圖維爾有看過瑞秋．多爾扎爾在二〇一五年於《真實世界》（*The Real*）所講的話，她就會知道自己提出這問題的答案。在那個節目上，有色人種的女性多爾扎爾清楚表示，沒辦法接受跨種族主義，因為一個從小到大都是白人的人，是無法理解從小到大都是黑人的人的感受。他們不可能有相同的經歷。[7]這與第二波女性主義者，在同一時間對變性人提出的觀點不謀而合。但是在種族這邊成立的論點，在女性主義那邊卻不成立。

有時，由於有人提出錯誤或尷尬的問題而讓事態變得更困難。在其他時候，則是因為推出來整頓局面的人選本身，具有意想不到的混亂和複雜生活。

二〇一七年十月，英國雜誌《同性戀時報》（*Gay Times*）宣布喬許．瑞佛斯（Josh Rivers）將擔任第一位BME編輯——這是黑人和少數族裔（Black and Minority Ethnic）的英文首字母縮寫，不過之後就被更受歡迎的黑人、亞洲人和少數族裔的英文首字母縮寫所取代，擴展為BAME（Black Asian and Minority Ethnic）。但瑞佛斯只當了三星期的總編輯就下台了。人事消息公告後不久，《*Buzzfeed*》就決定要來挖掘他的推特發文史，結果發現他的另一面，這個網路版的他留下一長串恐怕會引起麻煩的言論。從二〇一〇到二〇一五年，瑞佛斯對他的兩千名追隨者發表許多評論，《*Buzzfeed*》提出警語，表示其內容「將會震驚許多讀者」。

瑞佛斯過去並不是特別的反種族歧視。實際上，他對猶太人特別有意見，也不是十分喜歡亞洲人。對於其他種族的評語更糟，包括非洲人，尤其是埃及人。他形容埃及人是「肥胖、發臭、多毛、笨拙，而且是從身後插進的強姦者。」他不喜歡肥胖的人、上班族，以及他所謂的「遲緩人」。女同志是他發飆的另一個對象，而他對變性人的看法尤其沒有受到時代的啟發。二〇一〇年，他曾對一個人說：「看過來，變性人（一）。你看起來像是隻毒蟲（二）。你這個變性僻（以及三）。你的假髮糟到我都不屑提。親愛的，把你的眼睛移開。」[8]另一家同性戀出版物也對這條推文串發出健康警告，他們毫不留情地報導整個事件，並且警告讀者，這條推文「特別恐怖」。[9]《同性戀時報》的內部立即展開迅速「調查」，並在二十四小時內宣布，他們的第一位BME編輯的工作已立即終止，他之前發表的所有文章均已從網站上刪除。他們承諾，這份雜誌「不會容忍這類觀點，並將繼續致力於推動尊重和包容，」如雜誌所承諾的。[10]幾週後，瑞佛斯為他先前的推文內容道歉，並在一次採訪中解釋自己對這些事件的看法。他說，對他的推文的反應已被「種族化」。他繼續說：「白人的回應是：哈哈！哈！啊哈！就是這樣——實際上就是簡單易懂。黑白分明，就跟以前一樣！」[11]在他看來，對他那些帶有種族歧視的推文的批評，本身也是一種族歧視。

類似的失望情緒蔓延四處。讓男轉女的變性人參加女性運動競賽，往往會衝撞到男女平等的想法。二〇一八年十月，在加州舉行的UCI大師賽世界女子錦標賽，由男轉女的變性人瑞秋・麥金農（Rachel McKinnon）贏得冠軍。屈居季軍的珍・華格納—阿薩里（Jen Wagner-Assali）認為麥金農的勝利「不公平」，要求改變自行車國際組織的規則。但是冠軍對此加以駁斥，她指出，認為男轉女的變性人會以任何方式威脅女性參與體育賽事的想法，是一種「跨性別恐懼症」的表現。12

類似的爭議不斷。當澳洲女子手球隊考慮不該讓漢娜・穆塞西（Hannah Mouncey）加入時，她說這等於是向女性和女孩傳遞一個關於她們身體的可怕訊息。據此，穆塞西說：「如果你個頭太大，你就不能參加比賽。這想法是非常危險的，落後的。」穆塞西是手球隊中唯一的變性人，她的身材與其他人的差距相當明顯。澳洲女子手球隊與穆塞西的團隊合影，看起來像是一支手球隊，後面加入一個體格很壯的男子橄欖球員。這真的只是體型歧視嗎？注意到她們身材之間的差別，真的就是落伍退步嗎？這就跟女子九十公斤級舉重比賽的評論類似，像勞雷爾・哈伯德（Laurel Hubbard）——之前是卡文（Gavin）——這位出生時是男性的變性人，她在這類比賽中是否佔盡便宜呢？

二〇一八年，十八歲的麥克・貝格斯（Mack Beggs）連續二年贏得德州女子六A級（一一〇磅）摔跤冠軍。貝格斯那時正從女性過渡到男性，因此有服用睪固酮。當另一位女性對手遭到毆打時，媒體對貝格斯勝利的報導往往集中在觀眾群中有些人會發出噓聲，好像偏執和胸襟才是這裡真正的問題。但是這類自欺欺人的現象正在持續。畢竟在體育界，發現某人服用睪丸激素通常是阻止此人參賽的理由——除了一個例外：這人是為了過渡到異性而服用睪丸激素。在這種情況下，個人敏感度超越科學。一如既往，情況越來越糟。

男人不應毆打女性，這樣一個準則不僅來自女性主義，而是任何體面的文明社會都會遵循。目前許多有肢體接觸的體育賽事，經常出現天生是男性的人把女性打倒在地的情況，然而世界在發現這種狀況時，卻只是轉過頭去不加聞問。在綜合格鬥（Mixed Martial Arts, MMA）賽事，這種爭議已經持續好幾年，其中以法倫・福克斯（Fallon Fox）一案最為著名。福克斯出生時是男性，之後還結婚並生了一個孩子，也加入過海軍，到二〇一三年時，她以跨性別者身分出道，參加女性的綜合格鬥競賽。正如一位獲得學會認證的內分泌學家雷蒙娜・柯魯奇克（Ramona Krutzik）醫師解釋的，福克斯佔有很多優勢，諸如在身為男性期間積累的骨密度，在那幾年積累的肌肉量以及睪固酮留在大腦的印記，這些都不會因為服用雄激素或進行手術而消失。所有這一切不僅可能讓福克斯具有身體的優勢，而且攻擊力可能略勝一籌。13

正如綜合格鬥專家和播客喬伊・羅根（Joe Rogan）指出的，「男女可以產生的力量存有巨大差異……臀部的形狀、肩膀的大小、骨頭的密度、腳的尺寸，都有所不同。」而這項運動，正如羅根指出的，其目標非常明確，就是要「把你面前的另一個人痛打一頓」。然而，就是連質疑是否應該允許具有天生男性體力優勢的人，在現場觀眾面前把女性打倒在地，也會引發最強烈的反彈。正如羅根後來所說的，「我被狠狠地教訓一番，比我過去一生中所承受的多得多。我從來沒有想過有一天我會說：『嘿！我不認為一個男人應該能夠把自己的陰莖切掉，然後去把女人打得一敗塗地』，然後有人就會說：『你真是搞不清楚狀況』，但現在這真的上演了。」14

如果說，提高對於人種之間差異的認識，是為了展開某種宏觀的正義制度，或是消除相關的偏見，釋放出每個人，那麼即使在這過程的早期階段，製造出來的問題就多於解方，讓情況惡化的程度也遠高於其治癒力。選角爭議的論戰持續反轉當年馬丁．路德．金恩提出的色盲意涵，要每個人忽視其他特徵，僅是對膚色抱持偏執的態度，構成整個大問題的一部分。每個地方都出現一些潛規則，沒有人有權利演出不是自己族類的角色。史嘉蕾．喬韓森在《攻殼機動隊》中扮演一位於白色機器人體內的亞裔女性意識，因而飽受攻擊，那一次她算是倖存下來，但隔年，很不幸地有人相中她演出傳記電影《情色大亨》（*Rub & Tug*）中那位一九七〇年代的犯罪首領。問題是，她要演出的這個角色在現實生活中是位跨性別者，許多人認為由喬韓森飾演只會讓這位跨性別女性成為笑柄，因此在飽受批評後，她辭演了這個角色。就是連那些對目前這種態勢的行進方向提出質疑的人，也會身陷火線。財經新聞網站《商業內幕》（*Business Insider*）最初發表一篇觀點文章，聲援喬韓森，認為她只是「因為從事她的工作而受到不公正的批評」，但隨著對喬韓森的反彈聲浪加劇，該網站迅速撤下這篇文章。[15] 同年，有人呼籲要抵制同性戀演員麥特．波莫（Matt Bomer）主演的電影。這場抵制活動不是來自什麼離這場論戰很遙遠的教堂，而是因為由「順性別的白人演員」來扮演跨性別的女人——即使像波莫這樣的同性戀——也是對「跨性別女性的尊嚴」的「侮辱」。[16]

在有些場合，會有人指責這種侮辱的言行，但在應當要為此發聲的其他場合，大家卻又噤聲不語。二〇一八年二月，加拿大總理賈斯汀．杜魯道（Justin Trudeau）前去艾德蒙頓的麥克伊萬大學（MacEwan University）演講，在答問階段，有一名年輕女子很禮貌地提問是否要改用人類

（mankind）一詞來代替他的用語。這時加拿大總理揮揮手，打斷她的提問。他解釋：「我們喜歡用people-kind，而不一定是mankind，因為前者更具包容性。」這時聽眾報以熱烈掌聲。但是之後卻沒有人指出，為什麼一個權力強大的白人男性，以這種方式讓一個年輕女人難堪不算是「裝腔作勢」。

還有些身分認同團體，甚至連自身內部都搞不定。二〇一七年，康乃爾大學（Cornell University）有個自稱是「黑人學生聯合會」（Black Students United）的學生團體，向大學的行政管理單位發送長達六頁的要求清單。這當中有些是理所當然的要求，即所有教職員工都應接受「權力和特權系統」的教育訓練，另外還有「直接受到在美國本土發生的非洲人大屠殺」以及和「美國法西斯主義」影響的黑人，應獲得更多的栽培機會。但是在這份清單上，有一項是要求他們的大學應該更加關注「在這個國家居住好幾世代（兩代以上）的美國黑人」。這是為了要將他們與來自非洲或加勒比地區的第一代學生區分開來。[17]後來，這個 黑人學生聯合會因提出這一要求而備受壓力，因而發出道歉聲明。但是這裡的訊息很明確。即使是在每個身分群體內部，也存在壓迫者和受害者的階級制度。這當中不僅規則不清楚，而且潛在的偏見也不是很明顯；還有是，在什麼地方以特殊的方式爆發開來。

不可能性的問題

如今我們的文化演進到一個埋藏諸多不可能性問題的階段。世界各地都有極富盛名女性在發聲，提出種種要求，她們主張女性有權展現性感，但不能夠被性化。世界上一些最著名的文化人物的言行散發的訊息是，要反種族歧視主義，我們必須帶點種族歧視主義。現在，以同樣不調和的方式，世人又開始要求一整套的不可能任務。

BBC在二〇一七年十月推出的《一週大事》（*This Week*）就是一個很好的例子，當中一位以單名「史考特」（Scottee）出道的藝術家兼作家，上節目談論他拍攝的一部政治短片。自認是個「超肥的女性化酷兒」，他抱怨自己「在某種程度上是男性陽剛氣質概念的受害者，每天都得忍受這樣的傷害。」儘管他對這個問題沒有答案，但他堅稱不應是由「酷兒、跨性別與非性別二元化的人」來禁止「有害的男子氣概」。他認為這必須發自內心。男人「必須承認自己享有的特權，我希望他們交出權力，也希望他們讓出一些平台。我真的很想試試母權制。我們活在父權制下已經這麼長一段時間。但這套體制運作得並不好。」[18] 暫時先跳過他所謂「運作得並不好」這講法有待商榷的地方，他的這段話，還釋放出更重大的訊息，直逼所有觀看者。這位打扮華麗，自稱是「超肥酷兒」的人，對他生活的社會的主要抱怨是，他發現自己經常遭到嘲笑。這裡是另一個矛盾、不可能的要求。一個自己選擇荒謬的人，卻不想要被嘲笑。

到處都可以發現這類不可能的要求，像是那些常青學院和耶魯大學的學生所提出的要求，這在羅格斯大學的小組討論上又為馬克·利拉教授突顯出來，（席間聽眾堅持向黑人企業家和自由主義者評論家凱梅爾·福斯特表明他們「不需要事實」。）在那個時候，利拉對我們這時代的其他重大難題做出一項精闢的見解。他說：「你不能在告訴人們『你必須了解我』的同時又說『你無法了解我』。」顯然，很多人可以同時提出這些要求。但是他們不應該這樣做，如果他們真的這樣做了，應該要明白他們自相矛盾的要求是不可能達成的。

當然這裡還有一個問題，即壓迫階層是如何建立起來的，其高低順序又是怎樣排列。萊斯·艾希利（Laith Ashley）是當今世界上最傑出的跨性別模特兒之一。這位女轉男的變性人獲得廣泛報導，為知名品牌和雜誌拍攝著名的時裝照。二〇一六年的一次電視採訪，第四頻道的凱茜·紐曼（Cathy Newman）問他，從女性過渡到男性的這兩年，是否有遭遇到任何歧視。艾希利說，他並沒有遇到這類問題，不過隨後他提出一些補充，減少這位訪談者的失望，他說有些他在跨性別權利運動中認識的跨性別者和其他人有「告訴」他，他享有一些男性特權。他繼續跟現場觀眾解釋，「我獲得一些男性特權。儘管我是有色人種，但我皮膚白皙，而且在某種意義，我符合社會的審美標準。因此，我不見得會遭遇到太多歧視。」[19]所以說，在這個特權階級中，成為男人是向上爬幾階，身為有色人種又退了幾步，但因為膚色較淺，所以又向上一步。然後又因為外表有吸引力，而產生一些負面影響，又被降級。這樣看來，在這麼多特權階級相互競爭下，到底有誰能估計出他們在這壓迫者——受壓迫者階層中所處的位置？難怪艾希利在講這些時看起來很擔心，並且有點自欺欺人。這樣不斷的自我分析足以擊潰任何人的信心。但是今日卻建議許多人使用這套不可能的自我分析，儘管我們連要如何公平地衡量一個人都不知道，更不用說是套用在自己身上。去做一個無法實際進行的練習，到底有什麼意義呢？

接下來會往哪裡去呢？近年來的一項樂趣就是觀察那些自以為出色的自由派邊境守門人，遭到這些絆索割傷了腳。二〇一八年的一個星期六晚上，美國抱持自由主義立場的沃克斯傳媒新聞評論網站《*Vox*》的大衛·羅伯茲（David Roberts），在推特上愉快地扮演公共道德委員會的角色。

他在一條推文中寫道：「有時候，我會想到美國那些老是坐著、患有心臟疾病、大快朵頤吃速食，以車代步的郊區居民，坐在他們郊區的城堡中看電視，隨便批判那些為了逃避壓迫，走了上千里路的難民……這真的讓我抓狂。」當他發文時，一定心想「這聽起來不錯。攻擊美國人，捍衛移民，會有什麼問題嗎？」一個較謹慎的新媒體工作者可能會想，這樣鄙視居住在郊區的人是否真是明智之舉？但實際上並不是羅伯茲的郊區恐懼症，導致他在那個週六晚上瘋狂地發出數十條推文來補救這番話，以挽回他的職業生涯。但那批他原本希望打動的人群，卻立即引發強烈反彈，認為是他在「羞辱肥胖」，而這是「有問題的」。

到了第十七條羅伯茲企圖遮掩罪狀的推文中，他已淪為一個乞討者：「羞辱肥胖是真有其事，這到處都是，這是不公正和不友善的，我完全不想要這樣。」不久，他對自己的腦袋只有「一半清醒」而道歉，並把這些怪罪到他的成長過程。[20] 在這個基於不斷演變的標準所建構的控訴階級中，關於罪行的主張、羞辱的指控，以及一人所處的新位階可能會無窮無盡地變動。但是這些究竟要如何排列呢？肥胖的白人與有色人種的瘦子，算是處在相等位階嗎？或是說，其實那裡有很多份每個人都應該知道的不同尺度的壓迫表，即便沒有人解釋過這當中的規則。然而這些規則不是由理性的人制定，而是由瘋狂群眾踩踏出來的。

也許，與其處理一個無法解決、令人抓狂的難題，不如設法擺脫這個不可能的迷宮，另覓出路。

要是沒有人受到壓迫呢？

除了在各處查看壓迫之外，也許我們還可以注意各種未受壓迫，甚至具有優勢的「受害者群體」，開始走出這個迷宮。研究顯示，男同性戀和女同性戀的平均收入始終高於異性戀者。[21]有多種可能的原因造成這個結果，主要一點是他們大多數都沒有孩子，可以留在辦公時間加班，這一點對他們和雇主來說都是有利的。這算是同性戀的優勢嗎？什麼時候可以輪到異性戀主張自己在工作場所處於不公平的不利處境？同性戀者是否應該「退後一步」，好讓他們的異性戀同事在尋求工作機會時不會輸在起跑點上？

近年來，一直有人大打種族牌，以各族裔的收入差距來論戰。經常有人說，美國拉美裔的中位數收入低於黑人，而黑人的收入又低於白人，但從來沒有人談論收入高於所有人的那一群。[22]在美國，亞裔男性的平均收入一直高於包括白人在內的其他群體。難道應該嘗試讓亞裔男性的收入下降幾個百分點，來拉平這一數字嗎？要擺脫這樣的種族狂熱，也許我們可以試著將人看成是不同能力的個體，而不是強制每間公司和機構採用一套平等配額制來聘雇？

因為一直聽聞到那些最極端的主張，所以大眾傾向於相信這些說法，以及他們身處在最糟糕的情況。例如，在二〇一八年為天空衛視進行的一項民意調查發現，大多數的英國人（十分之七）相信女性還是有同工不同酬的問題，認為她們的薪水就是低於男性。若是將男女在職業、育兒和生活方式選擇的差異納入考量，男女一生的平均收入確實存在「性別薪資差距」。但是，新聞和社群媒體「薪資差距」一直是熱門的討論話題，這讓大多數人將此當作是證據，在根本沒有這差距時，誤以為這種差距確實存在。在英國，自一九七〇年以來，執行相同工作項目時，若給付女性較少的工資就是違法的，美國更是早在一九六三年就立法規範。這種混淆造成的一項結果是，民意調查中有十分之七的人認為有同工不同酬的問題，認為女性的薪資較低，但幾乎有相同的比例（六七％）認為，女性主義已經走過頭，或是太超過了。[23]這項發現可說是我們這個錯亂時代的縮影。我們在不存在壓迫的地方尋得壓迫，然後不知道該對此如何因應。

遭到迴避的重要討論

將生活描繪成這樣一場無休止的零和賽局，由不同群體競相爭奪遭受壓迫的位階，這所產生的一項負面效應是浪費，平白消耗掉我們進行對話和思考所需的時間和精力。比方說，為什麼在經過幾十年的時間，女性主義者和其他人還是無法充分解決母職在女性主義中的角色？正如同女性主義作家卡米爾．帕格里亞（Camille Paglia）坦承的，對於女性主義者來說，母親的身分仍然是尚未解決的一大問題。而且這不是一個容易錯過或掩蓋的小問題。正如帕格里亞本人所寫的，「女性主義的意識形態從未誠實地對待過母親在人類生活中的角色。它把歷史描述成一段男性壓迫和女性受害的過往，這是對事實的嚴重扭曲。」[24]

若是要列出二十世紀的三位女性英雄人物，帕格里亞說她會選擇阿米莉亞．艾爾哈特（Amelia Earhart）、凱瑟琳．赫本（Katharine Hepburn）和吉曼．格瑞爾，帕格里亞說這三位女性將是「二十世紀新女性的象徵」。但她也指出，「這三位女性都沒有孩子。這是本世紀末女性面臨的一大難題。第二波女性主義的論調是把女性的狀況完全歸咎於男性，或者更具體地說，是『父權制』……在過去，女性主義的唯一焦點是去搗毀或改革外部的社會機制，但卻沒有將女性與自然之間錯綜複雜的關係納入考量，也就是女性的生育力。」又或是，為什麼「在這個職業女性的時代，會去詆毀或貶低母親的角色。」[25]

這樣持續對母親角色抱持不誠實的態度，導致許多虛假、醜陋和不道德的觀念積累成生為女人的目的，而這些漸漸植入今日的文化。二〇一九年一月，美國財經媒體CNBC發布一篇以〈如果沒孩子，可以省下五十萬美元〉為題的報導。[26]這篇文章這樣寫道：「您的朋友可能會告訴您，有孩子讓他們更快樂。他們可能是在撒謊。」然後，文中提到「額外的責任、家務勞動，當然還有開銷等所有的棘手問題。」[27]或者這就是《經濟學人》最近會選擇以所謂的〈性別薪資差距的根源〉為文，當中宣稱這種差距是根源於童年。文中提到，導致女性在工作期間平均收入低於男性的一項主因是女性得生養子女。正如《經濟學人》指出的：「生孩子會降低女性一生的收入，這稱為『孩子罰款』（child penalty）。」[28]誰讀到這樣的短語不會感到心頭一陣顫抖，更別說是寫出這種話了。如果假設生活主要的目的是盡可能賺錢，那麼生育孩子確實有可能會對女人構成「懲罰」，讓她在去世時的銀行帳戶少了一大筆錢。但從另一個角度來看，若是她選擇付出這筆「罰款」，她可能很幸運地承擔生而為人所能發揮的一項最重要和最讓人心滿意足的角色。

《經濟學人》的這種觀點含有一種早已廣泛流傳數十年的想法。一方面，在很大程度上，如果女性不想要生兒育女，是可以從中解脫出來，好讓女人得以追求生活中其他形式的意義和目標。要把這種人生目標的重新定向，弄得看似很具原創性並不難，但是這樣定義出來的人類目的，根本不算是目的。幾乎在四十年前美國土地文學作家溫德爾・貝瑞（Wendell Berry）就已指出這一點，他稱這是「為人母的艱難時期」。世界已改用否定的眼光來看待母職的概念，「有人說，這是一種生物性的苦工，消耗掉原本可以更有成就的女性。」不過，貝瑞隨後直抵核心的點出一項真理：

我們所有人都會被某樣東西所消耗。儘管我永遠不會成為一位母親，但我很高興我的人生為這樣的生兒育女及其導致的一切所消耗，就像在大多數時候，我很高興我的人生屬於我的妻子、孩子，還有幾頭牛羊和馬。還有什麼比這些更適合消耗人生？29

這難道不是思考母職和生活更好的方式嗎？本著愛與寬恕的精神，而不是無盡的怨恨與貪求？

到底發生什麼事？

然而，要是只靠缺乏嚴謹討論以及內在矛盾，就足以阻止這場以社會正義為名的新宗教，那這運動理當一開始就難以發動。期待這一運動會因為其內部矛盾而瓦解的人，恐怕要等上很長一段時間。第一個原因是他們忽略了，這個運動有一大半是靠馬克思主義式的子結構所組成，而且內心既有的渴望會沖刷掉當中的矛盾，讓人忽略這些噩夢般的崩潰，也不會去思考他們對你所選擇的這趟旅程是否有所隱瞞。

光是內部矛盾還不足以停下這場運動的另一個原因是，這場交叉性的社會正義運動完全沒有想要真正去解決他們所挑起的任何問題。第一個線索是他們對我們社會的描述，當中充滿偏頗、帶有偏誤的色彩，既沒有代表性，也有失公平。很少有人認為一個國家會無法進展，並且將其描繪成一個充滿偏執、仇恨和壓迫的地方，充其量僅能用這類偏頗的稜鏡來觀察，而在最壞的情況下，則是透過全然敵對的稜鏡來看待社會。這種分析不是以希望改進現況的評論方式來表達，而是以渴望消滅敵人的方式展現。現在我們隨處都可以看到這種意圖的跡象。

以跨性別的例子來說，確實有理由就這一棘手且討論不夠充分的天生雙性人議題繼續研議。這不是因為對他們的性取向感到好奇，而是為了突顯出一個要點。正如艾瑞克・偉恩斯坦所觀察到的，任何真正想要解決那些對於身錯身體的人所感到的侮辱和不滿的人，都會從雙性人的問題開始著手。他們會在那裡看到最清楚的硬體錯誤，一直以來這議題都遭到嚴重忽視。這將會提高世人對這類人的處境的認識，更易於將其辨認出來，並且增進處理方式的認識，因為這類人的問題確實需要醫療和精神方面的支持。社會正義運動家應該去處理這些。

但是他們沒有。反而決定大力推動跨性別者的議題，挑了這整個問題中最難的部分（「我就是我所說的那個我，你不能證明我不是。」）並以此來推動整個活動：「跨性別者的命也是命」；「有些人是跨性別的。接受吧！」可想而知——而且想來就令人感到厭煩——世界各地那些抱怨父權制、霸權主義、順性者至上主義、同性戀恐懼症、制度種族歧視主義、性別歧視等各個議題的人，已決定要將這些與跨性別議題綁在一起操作。而且他們特別強調，要是一個男人說自己是女人，並且不想做任何事來改變，那麼他就是一個女人，若是對此提出其他建議，那就是有跨性別恐懼症。這種操作手法非常清楚。為什麼美國新科參議員亞歷山德雅・奧卡西奧・科爾特斯（Alexandria

Ocasio-Cortez）進入國會的前幾週，就為英國跨性別活動組織「美人魚」募款，這個組織大力倡導將荷爾蒙療法引入兒童治療？[30]又是為什麼，這些人寧願挑起整個議題中最棘手的部分來進行辯護、組織和爭論呢？

二〇一八年，英國的下議院就跨性別議題進行辯論，期間有人提出凱倫・懷特（Karen White）一案。此人過去曾被判強姦罪，但現在認定是女性。儘管他並沒有進行性別重置手術，他還是要求被關在女子監獄，最後（以其生理男性身體）性侵四名同牢房的女囚。在這場辯論中，自由民主黨議員萊拉・莫蘭（Layla Moran）可說是為極端的跨性別思維做了完美的總結。當問她是否願意與一個具有男性身體的人共用更衣室時，莫蘭回答：「如果那人是個跨性別女性，我絕對願意。我就是看不出這哪裡有問題。至於他們是否長鬍鬚（這一點也有人提出來），我敢說有些女人也長鬍鬚。有很多原因導致我們的身體對荷爾蒙產生不同反應。人體有多種形式。我看的是一個人的靈魂。我真的不在乎他們是否具有男性身體。」[31]

任何一個講理的人，或有理智的運動人士，都不會用這樣的論點來主張，若是他們還希望聯合起來組成一個可行的平權運動，來捍衛跨性別者，他們不會一直強調凡是說自己是跨性別的人，就一定是跨性別者。他們不會說，與一個滿臉鬍鬚的男性共用更衣室時毫無芥蒂，只是因為「我敢說有些女人也長鬍鬚」。他們也不會聲稱能夠看到某人的靈魂，並且由此判定這人是男還是女。這些都是令人錯亂和抓狂的主張，並且就跟跨性別辯論中的許多主張一樣，會繼續讓那些聽他們說話的人感到混亂和抓狂，更不用說那些推動這些主張的人，或是全盤接受這些假定的人。

一個試圖推動跨性別主張的運動要先從雙性人開始，從那裡出發來謹慎處理整個跨性別的主張，並在此過程中以準確的科學來進行分析。他們不會直抵這些主張中最棘手的部分，並堅持這一定是正確的，而其他人也必須相信這是正確無誤。這不是在試圖建立一個聯盟，或推動一項運動時要做的。這是不想凝聚共識時所做的。這是想要引起分裂時所做的。

一旦注意到這場反直覺的戲碼，就可以看出這在每個議題上製造的問題。有許多薪資差距的例子，正如喬登．彼得森指出的，薪資差距乃是存在於同意與不同意的人之間。而這一差距是跨越男女的。一個不同意低薪的女人可能比同意的男人更具有薪資優勢。反之亦然。因此，如果真有人擔心薪資差距的問題，為什麼不在這個面向上多加著墨？為什麼不發動無止無休的報復性運動，來為那些在職場上同意低薪的人要求更高的薪資，並且讓那些不同意低薪的人退後一步呢？因為這不符合他們的目標，這目標並不是真的要提高女權或女性薪資，而是要利用女性以此當作幌子，去做其他事情。

隨著本書逐一突顯出來的每個議題，可以看出社會正義運動家的目標，一直以來都是選擇每個可以讓他們包裝成人權低落的議題，從同性戀、女性、種族到跨性別，這些全都可在包裝後讓他們的提案發燒，發揮最大的效應。他們期待的不是療傷而是分裂，不是安撫而是發炎，不是澆熄而是燃燒。在這當中，可以再次看到馬克思主義子結構的最後一部分。要是你不能統治一個社會，或是假裝統治，或試圖統治後讓一切崩解，那麼你可以做些其他的事情。在一個特別關注自己缺點的社會，雖然不完美仍然比其他選項來得好，但會產生懷疑、分裂、敵意和恐懼。在這裡可以輕易讓人對所有事情起疑心。讓大眾懷疑他們所生活的社會是否真的是好的，質疑是否大家都受到公平對待。讓他們懷疑是否真的有男女有別這回事。幾乎可以讓他們懷疑一切。然後以提供解答之姿登場，提出宏偉、概觀，而且環環相扣的答案集，將每個人帶往某個完美的地方。當中的細節容後補充。

也許他們真的會有所作為。也許這批新宗教的擁護者將會利用同性戀、不同膚色的族裔，以及跨性別者組成一衝撞的破城槌，促使人對抗他們所成長的社會。也許他們將成功地扭轉所有人，讓大家起身對抗「順性別的白人男性父權制」，他們將會在他們所謂交叉的「受壓迫的受害者群體」四分五裂前先完成這份大業。這是有可能的。不過任何想要避開這場噩夢發生的人，都應該尋求解決方案。

解決方案

許多人遲早會找到因應這股時代潮流的方法，或多或少發展出在當中行走的巧妙方法。有許多選項可供選擇。動筆寫這本書時，剛好學到烏賊的交配行為，牠們會隱藏意圖，讓整場交配遊戲變得複雜。烏賊是生物中最擅長性徵模仿的。澳洲大烏賊（Sepia apama）的雄轉雌的比例非常詭異，每隻母烏賊最多可以與十一隻公烏賊交配。由於母烏賊會拒絕高達七成的公烏賊的追求，因此雄性間的競爭變得格外激烈，護衛配偶的比例也跟著攀高。交配後，約有六四%的雄性會出現護衛行為。因此，其他的公烏賊會發展出各種策略來接近雌性，其中一種是模仿母烏賊的行為。體型較小的公烏賊會隱藏展現其雄性特徵的第四臂，並且長出意欲交配的雌烏賊的皮膚圖案，甚至會模仿產卵母烏賊的姿勢。這套策略十分奏效。在一個觀察到的案例中，使用這種方法的五隻公烏賊中，只有一隻被拒絕靠近，另一隻剛好被守衛的公烏賊逮到，其他三隻則順利達陣。[32]

這些烏賊讓我突然聯想到一些人，具體來說是許多採用類似策略的男人。二〇一七年一月川普總統就職後的第二天，在華盛頓特區和其他城市舉行大規模示威遊行。這次的「女性大遊行」聚焦在這位新科總統過去對女性的評論，有大量抗議者戴著粉紅色的「貓帽」。抗議標語中還有「你的雞不要進我的洞」（Don't Dicktate to my pussy）這類字眼。在華盛頓的一場抗議後派對中，一位記者同行注意到一些在場的男性。在樂隊、啤酒和塑料杯中，女孩圍成一圈圈，興奮地談論著這場女性大遊行以及她們在其中的角色。在場的所有年輕男子都大力強調他們對遊行的支持，並解釋他們也抱持女性主義。當一個年輕漂亮的女人背誦現代女性主義者的所有正確信念時，一個年輕的男人「用力點著頭」。在她離開後沒多久，這個年輕人轉向他的朋友，小聲說：「老兄，這裡太棒了！城市裡所有喝醉和情緒激動的女孩都聚集在這！」[33]不確定烏賊策略是否在他身上管用，但是他不可能是大遊行期間唯一一個發展出這種詭異伎倆的年輕男人。烏賊策略本來就是一種在艱險的自然環境中求生存的方法，懷有更大野心的人，則會去嘗試改變這種環境。

先問「與什麼相比？」

改變有很多方式，其中一種是要更頻繁、更追根究柢地問，這要「與什麼相比？」聽到有人將我們的社會總結成一個可怕的父權制度，充滿種族歧視與性別歧視，還仇視同性戀與跨性別時，就需要提出這個問題。如果這套系統一直運作不佳，或是正在失靈，那就要問有什麼系統曾經管用，或現在有用嗎？提出這問題，並不是在否定我們的社會特性不能加以改善，或是說，對不公不義的狀況不聞不問，不去解決。但若是真要以法官、陪審員和行刑者的敵意口吻來談論我們的社會，那需要先向提出這些指控的原告問個明白。

對社會墮落的剖析，經常用的是宗教中對人類墮落前的時代的那些假定，那是在機器、蒸汽或市場發明之前的時代。這些假設的根基打得非常深，是從人性本善的觀念開始，但出生於世後，德行一直遭到不當地剝奪。法國啟蒙時代的思想家尚—雅克・盧梭（Jean-Jacques Rousseau）在《愛彌兒》（*Emile*）的第二書，即日後單獨出版的《論教育》（一七六三年以英語出版），以幾個段落具體呈現這種想法，並且廣為流傳於世，在當中他寫道：「人性最初的舉動總是正確的。人心中原本沒有一絲的邪念。沒有一個惡習是說不出它習得的方式與來源。在與他人的應對上，只需要做大自然要求他做的，那麼他的作為必定都是良善的。」[34] 相信這種想法的人勢必會為自己和周圍其他每個人的失敗找一個罪魁禍首，因為他們生來原本處於這樣一個天賜的恩典狀態。這種思想不可避免地演變出一種典型在夙昔的信念，即昔日或古老的簡單社會在某方面提供了值得我們依歸的典範。

因此，除了歷史罪惡外，今日許多西方人還誤將「原始」社會當作是處在具有我們目前所失去的某種特殊的恩典狀態，彷彿在那個較為簡單的時代，女性的主導權更多，較為和平，而對同性戀和跨性別的恐懼症也較少，種族歧視問題也比較不嚴重。但在這些信念中，有一大堆毫無根據的假設。的確，在各個部落中的同性戀恐懼症或種族歧視的程度是很難加以量化。也許那時的人際關係比我們想像的更為和諧，跨性別者的權利也較多。不過就目前的發現來看，古老的事實經常與這樣的推想相左。人類學家勞倫斯・基利（L. H. Keeley）在他的《文明前的戰爭：和平野蠻的神話》

（*War Before Civilisation: The Myth of the Peaceful Savage*）一書中，檢視了南美洲和新幾內亞的各個部落，在爆發衝突時男性死亡的百分比。男性死於暴力的比例介於一〇%至六〇%。相較之下，二十世紀的美國和歐洲，因暴力衝突而喪生的男性比例只有個位數。[35]如果真有證據顯示過去的社會比二十一世紀的西方世界，對性別和生物差異具有無限的容忍度，那提出這類主張的人有義務提供這些證據。

當然，他們也有可能不是拿歷史上的任何一個社會來比較，而是當今世界上的其他社會。有些人會為德黑蘭的革命政權辯護，他們喜歡援引這個國家的變性癖的比例，以此來證明這個政權的進步。當然，這只有不清楚這個國家實際狀況的人才會買帳，到二〇一九年為止，在伊朗，展現出同性戀行為是有罪的，刑責通常是在公開場合吊死，尤其是吊在起重機上，好讓更多人可以看到。與英美兩國相比，今日有哪個國家的人權水準比他們還高？如果有的話，那能夠增廣見聞，聽聞一下其事蹟當然更好，這只會給我們所有人帶來好處。也許這些人（尤其是新馬克思主義者）之所以支吾其詞地含糊帶過他們的比較，是因為他們能夠引用的例子（委內瑞拉、古巴和俄羅斯）將會揭露出其深層的意識形態，以及他們否定西方世界的真實原因。

不過，「與什麼相比？」這問題最常彰顯出來的事實只有一個，即拿來與我們社會相比的那個烏托邦尚未出現。若真是如此，拿尚未建立的社會與我們的相比，並且就此提出駭人的主張，那麼對此抱持一定程度的謙卑時，也要深入質疑。那些聲稱我們的社會被偏執狂所框架，並且相信他們知道解決社會所有弊端更好方式的人，最好要確保他們已正確地繪製出路線圖。如果不是這樣的話，其他人都有理由懷疑這個計畫，它的早期階段包裝得像是嚴謹的科學，但其實更接近魔術表演的宣傳。

受害者並非總是對的，或良善的，也不見得應該受到稱讚，或許根本稱不上是受害者

布蘭德斯（H. W. Brands）為富蘭克林．羅斯福（Franklin D. Roosevelt）寫的傳記（二〇〇〇年），對這位罹患小兒痲痺症的第三十二任美國總統提出精闢的要點。他寫道，羅斯福這個世代的人「被期望咬著牙來迎接不幸。命運比過往更加詭譎無常。當每個人在某一時刻都會成為受害者時，沒有人會戴上受害者的標章來博取同情。」[36] 這樣的反思意味著，近幾年來數量不尋常暴增的種種受害者要求，可能實際上並不如交叉主義者和社會正義支持者所設想的。這類主張的大量出現，非但不是彰顯我們的社會有過度壓迫的情況，實際上也許意味著這情況非常少。若真有人受到嚴重壓迫，他們還會有時間或是有心情，去關心那些有人覺得有必要拿出來大做文章的情事嗎？諸如在文學節上小說家的講演內容使他們感到不舒服，或是無法忍受某個種族錯誤的人賣墨西哥捲餅。

在我們的文化中，大家迫切宣傳甚至追求的，不再是堅忍不拔的精神或英雄行徑，而是受害者情結。在某種程度，成為受害者就算是贏了，或者至少在這場種族大壓迫的生活環境中取得先機。這種詭異的發展根源於社會正義運動中一項錯得離譜的判斷，即受壓迫的人（或可以聲稱自己遭到壓迫的人）在某種程度上比其他人來得好，因為他們來自這樣一個遭到壓迫的群體，所以為人行事

更為正派、純潔或善良。實際上，遭逢苦難並不能使一個人變得更好。同性戀、女性、黑人或跨性別者，都可能和其他人一樣虛偽、狡詐和粗魯。

社會正義運動有一個假設，一旦完成交叉性的大業，消除相互競爭的階級矩陣後，最終將會出現天下大同的時代。但是，對未來人類動機最可能的解釋是，人的行為大致上將會像過去歷史那樣，繼續展現出推動我們這個物種發展的同樣的衝動、脆弱、激情和嫉妒。比方說，沒有理由相信，要是社會不公正現象都得到解決，每個雇主最終都讓公司達到正確的員工多樣性比例（符合性別、性取向和種族等種種細項），所有的人資主管就會功成身退。像現在坐領六位數高薪的幸福日子，有可能一去不復返，而那些設法透過對社會的敵意詮釋來獲得這類高薪職位的人，在完成任務後，應當不會主動要求調薪。不過，最有可能的狀況是，有一群薪水階層的人清楚知道這個難題根本無解，也知道他們找到了一個終身飯碗。他們會盡可能地留在這些職位上，直到世人體認到他們這一套解決社會弊病的方案根本沒用，僅是讓個人乃至於整個社會陷入大規模的瘋狂，而且付出高昂的代價。

我們可以朝向寬容邁進嗎？

以降低其嚴重性的方式，來解讀推特上的「殺光男人」和「白人」等標籤的用法時，沃克斯新聞評論網站的記者兼評論員艾茲拉．克萊因說，讀這些話時，他會覺得要「傾向於……寬容」。因此，他覺得可以將「殺光男人」解釋為，「如果這世界沒有對女人這麼糟，那就太好了。」並且將

「消滅白人」（CancelWhitePeople）的用法，詮釋成是對「支配力量結構和文化」的批評。[37]為什麼在這種情況下，他會傾向於寬容以待呢？就像之前我們在「是講者，而不是講話內容」這一節所討論的，高度政治化的人似乎都是寬以待己，嚴以待人，願意慷慨寬容地解釋自己所屬的政治部落的極端言論，但是面對反方的任何言論，都竭盡所能地抱持負面和敵對的態度。

這種寬容的精神能夠擴大開來嗎？若是在解釋別人的評論，或是面對意見相左的人時，能夠感到寬容，那或許就可以減緩這樣壁壘分明的挖溝行為。問題是，社群媒體並不鼓勵這種做法。它鼓勵的方向正好與此背道而馳。由於在社群媒體，人與人不會碰面，而且也不需要見面，這會加深人們的立場（和態度），也會激怒他們。當與另一個人面對面時，很難將其簡化為他們所說的每一件事，或是剝除他們其他的特性，只留下一種特徵。

一八三〇年代，亞歷西斯・德・托克維爾（Alexis de Tocqueville）前往美國旅行，他注意集會在美國的意義，特別是公民間的面對面 會談，這讓他們不用訴諸主管機關就能解決問題，在《美國民主》（*Democracy in America*）一書中，他將這股強大的力量歸功於這種集會的能力，並觀察到面對面的爭論，不僅是尋求解決方案的最佳途徑，而且在這種互動中，「會產生帶有力量和熱度的意見，這是透過書面形式的想法交流永遠無法達到的。」[38]雖然在新媒體的發展中，推出的全是在減少人與人實際面對面相遇的技術，這仍然是建立對他人信心的最好論壇。要傾向於寬容，必須要有一個基本假設，即你的寬容不會遭到濫用，而最好的方法——就算不是唯一的——就是透過人際互動。少了實際互動，生活將會逐漸變成一份目錄，當中擠滿一堆容易搜尋出來的新仇舊恨。因此，寬容的傾向不僅用於支持盟友，若能擴及到表象上的對手，可能就是擺脫這種瘋狂的第一步。

我不是特別喜歡麥克・戴維森博士關於同性戀的想法，若是我決定僅以完全負面的眼光來看待他和他所謂的「沉默的聲音」，那我壓根兒不需要聽他的意見。我不想和他生活在同一個社會。但我們確實生活在同一個社會，因此必須找到某種相處的方式。這是我們唯一的選擇，要不然我們得出的結論就是尊重彼此的交談和傾聽全是徒勞，屆時我們剩下的唯一工具就是暴力相向。

認識我們可能的走向

一九六七年，就在馬丁・路德・金恩逝世前一年，他在喬治亞州的亞特蘭大發表他畢生最重要的一場演講，題目是「接下來 我們該做什麼？」這當中包含一個令人矚目的請求。「讓我們的不滿持續下去，直到沒有人喊『白色力量』，也沒有人喊『黑色力量』的那一天，直到每個人談論的是上帝的力量，和人的力量的那一天。」[39]近年來許多令人沮喪的問題，其中最困擾人的也許就是動不動就回到種族議題，這也許是那些可能沒有意識到他們在玩的把戲有多麼危險的人，拿來逞口舌之快，或是那些確實知道自己在玩什麼把戲的人拿來說嘴，這真的就不可原諒。目前已浮現一些不可避免的爭端，應該要就此提出最清楚的警訊。

比方說，誰會想到自由主義的雜誌會提出「猶太人是白人嗎？」這樣的問題，就是連一個世代之前的人都不會料想到。這不是一個世紀前的《國家地理》雜誌，而是 二〇一六年的《大西洋》雜誌。[40]之所以 會出現這個問題，是因為有人對猶太人在這個受壓迫的階級結構中的位階有所爭議。應該將猶太人放在這壓迫階級中較高的位置，或是說應該將他們視為受惠於自身享有的某些特權？他們是否受益於白人特權？一旦開始提出這樣的問題，恐怕就不用對於有人提出醜陋的答案感到驚訝。二〇一七年，在伊利諾伊大學厄本那分校（University of Illinois in Urbana）校園散發的一些傳單提供了答案。傳單上畫了一個階級金字塔，最底層的「九九％」受到所謂的最高層的一％所壓迫。而且這份傳單問到，這些壓迫其他人的一％是「純正的白人」嗎？還是說，那「一％都是猶太人？」提問者似乎對答案了然於胸，認為猶太人是「特權」的主要享有者，並且表示要「結束白人特權，就要從結束猶太人的特權開始。」[41]那些不斷在打「特權」的人，能夠百分百確定他們的行動和分析不會朝著這樣的方向前進嗎？他們能夠確定在釋放怨恨，甚至鼓勵怨恨之後，這樣一種基本的人類情感不會四處流竄嗎？他們有準備阻止這情況的防護欄嗎？若是他們毫無準備這類預防計畫，也許我們可以回頭去看馬丁．路德．金恩的願景。也許我們可以爭取在所有辯論和討論中，擺脫種族歧視，並對顏色的日益偏執，轉變成對膚色色盲的渴望。

去政治化我們的生活

身分政治的目的似乎是將一切都政治化。將人類互動的每個面向都變成政治。以據稱是政治行動刻畫出的路線，來解釋我們生活中的一舉一動和所有關係。呼籲每個人花時間思考自己及他人在壓迫階級中的位置，這不僅是在邀請大家進入這個顧影自憐的時代，還要大家將所有的人際關係都轉變為政治力的較量。這套新的形上學呼籲大家，在這場遊戲中尋找意義，要掙扎、要戰鬥、要運動，並與他人「結盟」，才能達到應許之地。在這個沒有終極目標的時代，在這個沒有明確含義的宇宙中，這種將一切政治化然後為其奮鬥的訴求，無疑具有一定的吸引力。這讓人的生命充滿意義，某種意義。

但是，在各種讓人可以尋求生命意義的方法中，政治是最讓人不開心的那一種，更不用說是在這種層級。政治可能是我們生活中的一個重要層面，但要將其當作個人意義的源頭，恐怕是災難一場。不僅是因為這類鴻圖大業幾乎無法實現，而且還因為在政治中尋找目標會讓政治事業充滿激情——當然也包括憤怒——導致整個事業的扭曲。如果不同的意見僅是針對尋求真相或合適選項的途徑，那麼當兩人在某個重要議題上意見分歧時，還可以維持風度。但是，如果一方將解決這個分歧的某些層面當作是自己人生的目的，那保持風度的可能性就會大幅降低，而要找出任何真相的機率也隨之減少。

要與我們這時代的瘋狂保持距離，一種方式是保持對政治的興趣，但不要靠它來尋求自己生命的意義。應該要呼籲世人簡化自己的生活，而不是誤導他們將自己的生活投入到一個回答不了任何問題，做不出任何預測，並且很容易就證明是錯誤的理論。在各種地方都可以找到意義，對於大多數人來說，這存在於對周遭的人和地方的熱愛，可以是在朋友、家人和親人身上，或是在文化、地方和奇觀中。弄清楚在我們生活中有意義的事情就會找到使命感，然後盡可能調整自己的方向，往這些意義中心而去。把一切都投注在身分政治、社會正義（本書所講的這層意義）以及交叉性，根本是在浪費生命。

我們當然會對社會有所期待，希望生活在當中的每一分子都能發揮所長，不會因為隨機賦予的一些個人特徵而損及其機會。如果有人有能力做某事，並且渴望一展長才，就不該因為其種族、性別或性取向因素而受到阻礙。但是，盡可能降低差異，與假裝這些差異不存在，是不一樣的。去假設性別、性慾和膚色什麼，都不代表是荒唐可笑，但若假設它們代表一切，將會是毀滅性的災難。

謝辭

這是我與布魯姆斯伯里出版社（Bloomsbury）合作的第二本書，再次與那裡的所有人一起工作是我的榮幸。特別承蒙倫敦辦公室的羅賓・貝爾德—史密斯（Robin Baird-Smith）以及傑米・比爾克特（Jamie Birkett）的支持、建議和編輯指導。我要特別感謝我的經紀人，漢密爾頓代理商的馬修・漢密爾頓（Matthew Hamilton）。

本書書名取材自蘇格蘭的記者查爾斯・麥凱（Charles Mackay）的著作《非比尋常的大眾妄想和群眾瘋狂》（*Extraordinary Popular Delusions and the Madness of Crowds*）。他在書中描述一百八十年前那些令人失望的現象，就此看來，我想他會允許我挪用他的書名。

寫作前幾本書時，我就學到要謹慎表達對任何一位對這本書有所貢獻的人的感謝。不是因為我不想感謝他們，而是因為我不願意彙整出一份名單，反而導致他們在日後可能遭到指控。這本書尤其如此。儘管如此，我仍然非常感謝在本書的研究和撰寫過程中與分散在四大洲的人進行大量交流。我要衷心感謝我的家人和朋友，你們太棒了。

不過，在此我還是要點名一個人，因為除了在本書中多次出現，許多精選的想法都透過他們對他非凡思維的考驗而得到最好的磨練。在與人討論這些主題時，讓我從中受益最多，開啟我想法最大的就是艾瑞克・偉恩斯坦。我心悅誠服地將書中所有精闢見解和觀察歸功於他，同時堅持那些糟糕的想法都是我獨創。

——道格拉斯・莫瑞（Douglas Murray）於二〇一九年七月

注釋

引言

1. See Jean-Francois Lyotard (trans. Geoff Bennington and Brian Massumi), *The Postmodern Condition: A Report on Knowledge*, Manchester University Press, 1984, pp. xxiv and 37.
2. Jaron Lanier, *Ten Arguments for Deleting your Social Media Accounts Right Now*, Henry Holt, 2018, p. 26.
3. Coleman Hughes in conversation with Dave Rubin, The Rubin Report, YouTube, 12 October 2018.
4. 'Hunger strikers died for gay rights, claims Sinn Fein senator Fintan Warfield', *Belfast Telegraph*, 15 August 2016.
5. See chart at https://twitter.com/EricRWeinstein/status/1066934424804057088
6. See Greg Lukianoff and Jonathan Haidt, *The Coddling of the American Mind: How Good Intentions and Bad Ideas are Setting up a Generation for Failure*, Allen Lane, 2018, pp. 5 – 7ff.
7. APA Guidelines for psychological practice with men and boys, August 2018: https://www.apa.org/about/policy/boys-men-practice-guidelines.pdf
8. See 'Views of racism as a major problem increase sharply, especially among Democrats',

Samantha Neal, Pew Research Center, 29 August 2017.
9. Ekow N. Yankah, The New York Times, 11 November 2017.
10. Helen Pidd, 'Women shun cycling because of safety, not helmet hair', *The Guardian*, 13 June 2018.
11. Tim Hunt interview by Robin McKie, 'I've been hung out to dry', *The Observer*, 13 June 2015. What got him into trouble were these words: 'Let me tell you about my trouble with girls. Three things happen when they are in the lab. You fall in love with them, they fall in love with you, and when you criticise them, they cry.'
12. See the exchange between Senator Katy Gallagher and Senator Mitch Fifield in the Australian Senate on 11 February 2016.
13. See for instance this thread: https://twitter.com/HarryTheOwl/status/1088144870991114241
14. CNN interview with Rep Debbie Dingell, 17 November 2017.
15. Kenneth Minogue, *The Liberal Mind*, Liberty Fund, Indianapolis edn, 2000, p. 1.

第 I 章　同性戀

1. *Good Morning Britain*, ITV, 5 September 2017.
2. John Stuart Mill, *On Liberty*, Penguin, 2006, pp. 60 – 1.
3. 'Nicky Morgan says homophobia may be sign of extremism', *BBC News*, 30 June 2015.

4. Robert Samuels, *Washington Post*, 29 August 2016.
5. 'Desert Island Discs: Tom Daley felt "inferior" over sexuality', *BBC News* website, 30 September 2018.
6. 'Made in Chelsea's Ollie Locke to become Ollie Locke-Locke', *BBC News* website, 1 October 2018.
7. *The New York Times* (International Edition), 16 October 2017, pp. 15 – 17.
8. See for instance Russell T. Davies, 'A Rose by any other name', *The Observer*, 2 September 2001.
9. See 'Generation Z – beyond binary: new insights into the next generation', Ipsos Mori, 6 July 2018.
10. These are: B. S. Mustanski, M. G. Dupree, C. M. Nievergelt et al., 'A genome-wide scan of male sexual orientation', *Human Genetics*, 116 (2005), pp. 272 – 8; R. Blanchard, J. M. Cantor, A. F. Bogaert et al., 'Interaction of fraternal birth order and handedness in the development of male homosexuality', *Hormones and Behavior*, 49 (2006), pp. 405 – 14; J. M. Bailey, M. P. Dunne and N. G. Martin, 'Genetic and environmental in fluences on sexual orientation and its correlates in an Australian twin sample', *Journal of Personality and Social Psychology*, 78 (2000), pp. 524 – 36.
11. Royal College of Psychiatrists' statement on sexual orientation, Position Statement PS02/2014,

April 2014 (https://www.rcpsych.ac.uk/pdf/PS02_2014.pdf).

12. Ibid.
13. Website of the American Psychological Association, 'Sexual Orientation & Homosexuality' (http://www.apa.org/topics/lgbt/orientation.aspx) accessed August 2018.
14. Bruce Bawer, *A Place at the Table: The Gay Individual in American Society*, Touchstone, 1994, p. 82.
15. Seth Stephens-Davidowitz, *Everybody Lies: What the Internet Can Tell Us About Who We Really Are*, Bloomsbury, 2017, pp. 112 – 16.
16. 'This is why straight men watch porn', *Pink News*, 19 March 2018.
17. 'Majority in U.S. Now Say Gays and Lesbians Born, Not Made', *Gallup*, 20 May 2015.
18. See the discussion of this episode in Alice Dreger, *Galileo's Middle Finger: Heretics, Activists, and One Scholar's Search for Justice*, Penguin, 2016, pp. 182 – 3.
19. 'Attitudes towards homosexuals and evolutionary theory', in *Ethology and Sociobiology*. There is a useful summary of the Gallup – Archer exchange by Jesse Bering in *Scientific American*, 9 March 2011.
20. Aristotle, *Nicomachean Ethics*, Book 7, chs 5 – 6. Incidentally among recent translations, the Cambridge University Press edition (2014) goes with 'sodomy' while the Oxford University Press edition (2009) goes with 'paederasty'.

21. See for instance 'What are the most cited publications in the social sciences (according to Google Scholar)?', Elliott Green, LSE blogs, 12 May 2016.

22. Michael Foucault, *The History of Sexuality, Volume 1 – The Will to Knowledge*, trans. Robert Hurley, Penguin, 1998, p. 43.

23. David Halperin, 'Historicising the sexual body: sexual preferences and erotic identities in the pseudo-Lucianic *Erotes*', in Domna C. Stanton (ed.), *Discourses of Sexuality: From Aristotle to AIDS*, University of Michigan Press, 1992, p. 261. See also Andrew Sullivan, *Virtually Normal: An Argument about Homosexuality*, Picador, 1996.

24. Foucault, *The History of Sexuality*, p. 156.

25. Hunter Madsen and Marshall Kirk, *After the Ball: How America Will Conquer its Fear and Hatred of Gays in the '90s*, Doubleday, 1989.

26. See Paul Berman, *A Tale of Two Utopias: The Political Journey of the Generation of 1968*, W. W. Norton & Company Ltd, 1996, pp. 154 – 5.

27. Bawer, *A Place at the Table*, p. 191.

28. Ibid., p. 193.

29. Ibid., pp. 220 – 1.

30. Andrew Sullivan, *Virtually Normal: An Argument about Homosexuality*, Picador, 1996, p. 204.

31. Berman, *A Tale of Two Utopias*, pp. 160 – 1.

32. @TheEllenShow, Twitter, 25 October 2017, 5.53 p.m.
33. *Daily Telegraph*, 14 February 2018.
34. Stop Funding Hate, Twitter, 16 February 2018.
35. 'Children of same-sex couples happier and healthier than peers, research shows', *Washington Post*, 7 July 2014.
36. *Sunday Morning Live*, BBC1, 27 October 2010.
37. 'Study identifies predictors of relationship dissolution among same-sex and heterosexual couples', The Williams Institute, UCLA School of Law, 1 March 2018.
38. *Pink News*, 25 March 2018.
39. Bawer, *A Place at the Table*, p. 188.
40. 'Sir Ian McKellen: Brexit makes no sense if you're gay', *Daily Telegraph*, 10 June 2016.
41. Jim Downs, 'Peter Thiel shows us there's a difference between gay sex and gay', *Advocate*, 14 October 2016.
42. 'Bret Easton Ellis goes on Twitter rampage after GLAAD media awards ban', *Entertainment Weekly*, 22 April 2013.
43. 'How straight people should behave in gay bars', *Pink News*, 30 November 018.
44. 'In the reign of the magical gay elves', Bret Easton Ellis, *Out*, 13 May 2013.
45. Ovid, *Metamorphoses*, trans. A. D. Melville, Oxford University Press, 998, pp. 60 – 1.

46. Daniel Mendelsohn, *The Elusive Embrace: Desire and the Riddle of Identity*, Afred A. Knopf, 1999, pp. 73 – 5.

插曲　馬克思主義的基礎

1. 'The social and political views of American professors', a working paper by Neil Gross (Harvard) and Solon Simmons (George Mason), 24 September 2007.
2. See https://www.racialequitytools.org/resourcefiles/mcintosh.pdf
3. Ernesto Laclau and Chantal Mouffe, 'Socialist strategy: Where next?', *Marxism Today*, January 1981.
4. Ernesto Laclau and Chantal Mouffe, *Hegemony and Socialist Strategy* (second edition), Verso, 2001, p. 133.
5. Ibid., p. 141.
6. Ibid.
7. Ibid., pp. 159 – 60.
8. Laclau and Mouffe, 'Socialist strategy: Where next?'
9. Laclau and Mouff e, *Hegemony and Socialist Strategy*, p. 1.
10. 'What happens to #MeToo when a feminist is the accused?', *The New York Times*, 13 August 2018.

11. Steven Pinker, *The Blank Slate: The Modern Denial of Human Nature*, Penguin, 2003, p. x.
12. Judith Butler, 'Further reflections on conversations of our time', *Diacritics*, vol. 27, no. 1, Spring 1997.
13. Consider, for instance, Sheldon Lee Glashow, 'The standard mode', *Inference: International Review of Science*, vol. 4, no. 1, Spring 2018.
14. https://www.skeptic.com/reading_room/conceptual-penis-socialcontruct-sokal-style-hoax-on-gender-studies
15. 'Hoaxers slip breastaurants and dog-park sex into journals', *The New York Times*, 4 October 2018.
16. 'American Psychological Association guidelines for psychological practice with boys and men', APA, August 2018, p. 10.

第二章　女人

1. Steven Pinker, *The Blank Slate: The Modern Denial of Human Nature*, Penguin, 2003, pp. 346 – 50.
2. Ibid., p. 350.
3. AccessOnline.com video, 'Rosario Dawson talks grabbing Paul Rudd's "packag" onstage at the 2011 Independent Spirit Awards', 27 February 2011.

4. *The Late Show* with Stephen Colbert, CBS, 20 March 2018.
5. *Huffington Post*, 11 May 2007.
6. RSA Conference, 28 February 2014.
7. Mayim Bialik, 'Being a feminist in Harvey Weinstein's world', *The New York Times*, 13 October 2017.
8. *The Late Late Show* with James Corden, CBS, 8 February 2016.
9. See 'Loud and proud! Brand releases sets of $9.99 plastic stick-on NIPPLES that are sold in two sizes – "cold" and "freezing" ', *Mail Online* (*FeMail*), 4 April 2017.
10. 'The hottest new trend is camel toe underwear and we're all over it', *Metro*, 24 February 2017.
11. *VICE News* interview with Dr Jordan Peterson, 7 February 2018.
12. Christine Lagarde, 'Ten years after Lehman – lessons learned and challenges ahead', IMF blog, 5 September 2018.
13. BBC *Question Time*, 19 March 2009.
14. 'When women thrive' report, Mercer, October 2016.
15. 'Wall Street rule for the MeToo era: avoid women at all costs', *Bloomberg*, 3 December 2018.
16. United States Office of Personnel Management, 'Government-wide Inclusive Diversity Strategic Plan', July 2016.
17. See https://implicit.harvard.edu/implicit.

18. See 'Can we really measure implicit bias? Maybe not', *Chronicle of Higher Education*, 5 January 2017; 'Unconscious bias: what is it and can it be eliminated?', *The Guardian*, 2 December 2018.
19. See, for instance, Odette Chalaby, 'Your company's plan to close the gender pay gap probably won't work', *Apolitical*, 22 May 2018.
20. 'Smaller firms should publish gender pay gap, say MPs', *BBC News*, 2 August 2018.
21. Susan Faludi, *Backlash: The Undeclared War Against Women*, Vintage, 1992, pp. 16 – 17.
22. Marilyn French, *The War Against Women*, Hamish Hamilton, 1992, pp. 1 – 2.
23. Ibid., pp. 5 – 6.
24. Ibid., p. 7.
25. Ibid., p. 9.
26. Ibid., p. 14.
27. Ibid., pp. 121 – 55.
28. Ibid., pp. 159 ff .
29. Ibid., pp. 210 – 11. Incidentally the 'women as the embodiment of peace' theme has a signifi cant lineage. See for instance Olive Schreiner's *Woman and Labour* (1911).
30. See, for instance, Christina Hoff Sommers, *Who Stole Feminism? How Women Have Betrayed Women*, Simon & Schuster, 1995, pp. 11 – 12.

31. Laurie Penny (@PennyRed) on Twitter, 6 February 2018: https://twitter.com/PennyRed/status/960777342275768320
32. Sama El-Wardany, 'What women mean when we say "men are trash" ', *Huffington Post*, 2 May 2018.
33. Ezra Klein, 'The problem with Twitter, as shown by the Sarah Jeong fracas', *Vox*, 8 August 2018.
34. Georgia Aspinall, 'Here are the countries where it's still really difficult for women to vote', *Grazia*, 6 February 2018.
35. *GQ* magazine foreword by Dylan Jones, December 2018.
36. 'APA issues first ever guidelines for practice with men and boys', American Psychological Association, January 2019.
37. 'We are a nation of hidden feminists', Fawcett Society press release, 15 January 2016.
38. 'Only 7 percent of Britons consider themselves feminists' *The Telegraph*, 15 January 2016.
39. YouGov/*Huffington Post*, Omnibus Poll, conducted 11 – 12 April 2013.
40. 'Men with muscles and money are more attractive to straight women and gay men – showing gender roles aren't progressing', *Newsweek*, 20 November 2017.

插曲　科技的影響

1. James Thurber, *My Life and Hard Times* (1933), reprinted Prion Books Ltd, 2000, pp. 33 – 44.
2. See the case of the Covington Catholic High School boys in January 2019.
3. Jon Ronson, *So You've Been Publicly Shamed*, Riverhead Books, 2015.
4. Barrett Wilson (pseudonym), 'I was the mob until the mob came for me', *Quillette*, 14 July 2018.
5. Tess Townsend, 'Google is still mostly white and male', *Recode*, 29 June 2017.
6. Private account of discussions involving a major tech company in Brussels, 5 February 2019.
7. See 'Twitter "bans women against trans ideology", say feminists', *BBC News*, 30 May 2018.
8. Meghan Murphy, 'Twitter's trans-activist decree', *Quillette*, 28 November 2018.
9. 'Twitter has banned misgendering or "deadnaming" transgender people', *The Verge* , 27 November 2018.
10. Jack Conte interviewed by Dave Rubin on 'The Rubin Report', YouTube, 31 July 2017.
11. Google video at https://developers.google.com/machine-learning/fairnessoverview.

第三章　種族

1. Anne Helen Petersen, 'Ten long years of trying to make Armie Hammer happen', *Buzzfeed*, 26 November 2017.

2. ‘*Call Me By Your Name* star Armie Hammer leaves Twitter after “bitter” *Buzzfeed* article’, *Pink News*, 28 November 2017.
3. Ashley Lee, ‘Why Luca Guadagnino didn’t include gay actors or explicit sex scenes in “Call Me By Your Name” (Q&A)’, *The Hollywood Reporter*, 8 February 2017.
4. ‘“White privilege” lessons for lecturers’, *The Sunday Times*, 11 March 2018.
5. See footage on YouTube at https://www.youtube.com/watch?v=LTnDpoQLNaY.
6. See ‘Campus argument goes viral as Evergreen State is caught in racial turmoil’, *Vice News*, 16 June 2017; https://www.youtube.com/watch?v=2cMYfxOFBBM
7. See footage on YouTube at https://www.youtube.com/watch?v=BzrPMetGtJQ
8. See footage on YouTube at https://www.youtube.com/watch?v=RZtuDqbfO5w
9. See footage on YouTube at https://www.youtube.com/watch?v=Pf5fAiXYr08&t=1941s
10. Evergreen State College, Board of Trustees meeting, 12 July 2017, on YouTube at https://www.youtube.com/watch?v=yL54iN8dxuo
11. *Vice News*, 16 June 2017.
12. See full video at YouTube https://www.youtube.com/watch?v=hiMVx2C5_Wg
13. See video on YouTube at https://www.youtube.com/watch?v=V6ZVEVufWFI
14. Nicholas A. Christakis, ‘Teaching inclusion in a divided world’, *The New York Times*, 22 June 2016.

15. 'Identity politics: the new radicalism on campus?', panel at Rutgers University, published on YouTube, 13 October 2017; https://www.youtube.com/watch?v=2ijFQFiCgoE
16. Michael Harriot, '"Diversity of thought" is just a euphemism for "white supremacy"', *The Root*, 12 April 2018.
17. The letter of 17 April 2017 can be viewed here: http://archive.is/Dm2DN
18. Andrew Sullivan, 'We all live on campus now', *New York* magazine, 9 February 2018.
19. *National Geographic*, April 2018.
20. David Olusoga, 'National Geographic's righting of its racist wrongs is well meant but slow in coming', *The Guardian*, 1 April 2018.
21. Emily Lakdawalla, Twitter, 13 February 2018.
22. *The Root*, Twitter feed, 22 November 2018.
23. *Vice*, Twitter, 6 December 2018.
24. Mathieu Murphy-Perron, 'Let Nora Loreto have her say', *National Observer*, 11 April 2018.
25. *Vice* review of *Dumbo*, 13 June 2018. Incidentally the online version of this was changed after wide online ridicule.
26. Eliana Dockterman, 'Altered Carbon takes place in the future. But it's far from progressive', *Time*, 2 February 2018.
27. 'Sierra Boggess pulls out of BBC West Side Story Prom over "whitewashing"', *BBC News*

website, 25 April 2018.
28. Ritu Prasad, 'Serena Williams and the trope of the "angry black woman"', *BBC News* online, 11 September 2018.
29. Carys Afoko, 'Serena Williams's treatment shows how hard it is to be a black woman at work', *The Guardian*, 10 September 2018.
30. The video (one of a series) is available on YouTube, produced by Soyheat (posted 23 September 2016).
31. See Andy Ngo, 'Would you like some strife with your meal?', *Wall Street Journal* , 31 May 2018.
32. Robby Soave, 'White-owned restaurants shamed for serving ethnic food: it's cultural appropriation', *Reason*, 23 May 2017.
33. Dawn Butler Twitter, 18 August 2018.
34. 'Teenager's prom dress sparks cultural appropriation debate', *Independent*, 30 April 2018.
35. Lovia Gyarke, 'Lionel Shriver shouldn't write about minorities', *New Republic* blog, September 2016.
36. Yassmin Abdel-Magied, 'As Lionel Shriver made light of identity, I had no choice but to walk out', *The Guardian*, 10 September 2016.
37. *The Atlantic*, 7 May 2018.

38. The original article is captured online here: http://eprints.lse.ac.uk/44655/1/__Libfile_repository_Content_LSE%20Review%20of%20Books_May%202012_week%204_blogs.lse.ac.uk-Intellectuals_versus_society_ignorance_and_wisdom.pdf
39. Aidan Byrne, 'Book Review: Intellectuals and Society by Thomas Sowell', LSE Review of Books, 26 May 2012.
40. *The View*, ABC, 15 June 2015.
41. MSNBC, 17 June 2015.
42. 'Benedict Cumberbatch apologises after calling black actors "coloured"', *The Guardian*, 26 January 2015.
43. Sarah Jeong tweets from 23 December 2014; 25 November 2015; 31 December 2014; 18 November 2014; 1 April 2014.
44. Sarah Jeong tweets from 28 November 2014.
45. Sarah Jeong tweet from 24 July 2014.
46. Statement from *The New York Times*, 2 August 2018.
47. Quoted in Zack Beauchamp, 'In defence of Sarah Jeong', *Vox*, 3 August 2018.
48. Ezra Klein, 'The problem with Twitter, as shown by the Sarah Jeong fracas', *Vox*, 8 August 2018.
49. Ta-Nehisi Coates, *The Beautiful Struggle: A Memoir*, Spiegel & Grau, 2008, p. 6.

50. Ibid., p. 70.
51. Ibid., pp. 74 – 5.
52. Ibid., p. 168.
53. Ibid., p. 177.
54. Ta-Nehisi Coates, *Between the World and Me*, The Text Publishing Company, 2015, pp. 86 – 7.
55. Dr Cornel West on Facebook, captured at https://www.alternet.org/2017/12/cornel-west-ta-nehisi-coates-spat-last-thing-we-need-right-now/
56. For some chapter and verse examples of this see Kyle Smith, 'The hard untruths of Ta-Nehisi Coates, *Commentary*, October 2015.
57. 'Leak: The Atlantic had a meeting about Kevin Williamson. It was a liberal self-reckoning', *Huffington Post*, 5 July 2018.
58. Reni Eddo-Lodge, *Why I'm no Longer Talking to White People about Race,* Bloomsbury, 2017, pp. 14 – 15.
59. Photo via Martin Daubney on Twitter, 21 January 2018.
60. This piece was later retitled 'How white women use strategic tears to silence women of colour', 7 May 2018.
61. See *The Tab*, n.d. 2016.
62. See 'Asian Americans suing Harvard say admissions files show discrimination', *The New York*

Times, 4 April 2018.

63. See Malcolm W. Browne, 'What is intelligence, and who has it', *The New York Times*, 16 October 1994.
64. Steven J. Rosenthal review of *The Bell Curve* at https://msuweb.montclair.edu/~furrg/steverbc.html
65. Douglas Murray in conversation with Jordan Peterson, *UnHerd*, YouTube, 4 September 2018.
66. David Reich, 'How genetics is changing our understanding of race', *The New York Times*, 23 March 2018.
67. Pete Shanks, 'Race and IQ yet again', Center for Genetics and Society, 13 April 2018.
68. Sam Harris, 'Waking up' podcast, with Charles Murray, 23 April 2017.
69. Ezra Klein, 'Sam Harris, Charles Murray and the allure of race science', *Vox*, 27 March 2018.
70. Diana Soriano, 'White privilege lecture tells students white people are "dangerous" if they don't see race', *The College Fix*, 6 March 2019.

插曲　寬恕

1. Quinn Norton on Twitter, 27 July 2013.
2. Ibid., 4 September 2009.
3. Quinn Norton, 'The New York Times fired my Doppelganger', *The Atlantic*, 27 February

2018.

4. 'Labour, Work, Action', in *The Portable Hannah Arendt*, Penguin, 2000, pp. 180 – 1.
5. W. H. Auden. 'In Memory of W. B. Yeats', in *The English Auden: Poems, Essays and Dramatic Writings 1927 – 1939*, ed. Edward Mendelson, Faber, 1986, pp. 242 – 3.
6. 'Manchester University students paint over Rudyard Kipling mural', *The Guardian*, 19 July 2018.
7. See 'Toby Young quotes on breasts, eugenics, and working-class people', *The Guardian*, 3 January 2018.
8. Toby Young, 'Confessions of a porn addict', *The Spectator*, 10 November 2001.
9. *The Times*, 6 January 2018.
10. *The Evening Standard*, 5 January 2018.
11. See Toby Young, 'The public humiliation diet', *Quillette*, 23 July 2018.
12. 'Conor Daly loses Lilly Diabetes sponsorship over remark his father made over 30 years ago', Associated Press, 25 August 2018.
13. Matthew 18:21– 2.
14. 'Lewis Hamilton apologises for "boys don't wear dresses" remark', *BBC News*, 26 December 2017.
15. *GQ*, August 2018.

第四章 跨性別

1. 'Moeder van Nathan spreekt: "Zijn dood doet me niks"', *Het Laatste Nieuws*, 2 October 2013.
2. 'Mother of sex change Belgian: "I don't care about his euthanasia death"', *Daily Telegraph*, 2 October 2013.
3. For instance, see *The Sunday Times*, 25 November 2018, p. 23.
4. In relation to the public consultation on the Gender Recognition Act (2018).
5. See 'Schools tell pupils boys can have periods too in new guidelines on transgender issues', *Daily Mirror*, 18 December 2018.
6. https://www.congress.gov/bill/115th-congress/senate-bill/1006
7. Alice Dreger, *Galileo's Middle Finger: Heretics, Activists, and One Scholar's Search for Justice*, Penguin, 2016, p. 21.
8. Ibid., p. 20.
9. Ibid., p. 6.
10. 'Masculine Women, Feminine Men', lyrics by Edgar Leslie, music by James V. Monaco, 1926./
11. Jan Morris, *Conundrum*, Faber and Faber, 2002, p. 1.
12. Ibid., p. 42.
13. Ibid., p. 119.

14. Ibid., p. 122.
15. Ibid., p. 123.
16. Ibid., p. 127.
17. Ibid., p. 134.
18. Ibid., p. 138.
19. Ibid., p. 128.
20. Ibid., p. 143.
21. Dreger, *Galileo's Middle Finger*, p. 63.
22. 'Criticism of a gender theory, and a scientist under siege', *The New York Times*, 21 August 2007.
23. Dreger, *Galileo's Middle Finger*, p. 69.
24. Andrea Long Chu, 'My new vagina won't make me happy', *The New York Times*, 24 November 2018.
25. See Anne A. Lawrence, *Men Trapped in Men's Bodies: Narratives of Autogynephilic Transsexualism*, Springer, 2013.
26. *Time* magazine cover, 9 June 2014.
27. 'Stonewall to start campaigning for trans equality', *The Guardian*, 16 February 2015.
28. *New York Post*, 16 July 2015.

29. ‘When women become men at Wellesley’, *The New York Times*, 15 October 2014.
30. Julie Bindel, ‘Gender benders, beware’, *The Guardian*, 31 January 2004.
31. Suzanne Moore, ‘Seeing red: the power of female anger’, *The New Statesman*, 8 January 2013.
32. See Suzanne Moore, ‘I don’t care if you were born a woman or became one’, *The Guardian*, 9 January 2013.
33. Julie Burchill, ‘The lost joy of swearing’, *The Spectator*, 3 November 2018.
34. Germaine Greer, *The Whole Woman*, Doubleday, 1999, p. 66.
35. Ibid., p. 74.
36. ‘Germaine Greer defends views on transgender issues amid calls for ancellation of feminism lecture’, *ABC News*, 25 October 2015.
37. bid.
38. Eve Hodgson, ‘Germaine Greer can no longer be called a feminist’, *Varsity*, 26 October 2017.
39. ‘Woman billboard removed after transphobia row’, *BBC News* website, 26 September 2018.
40. Debate between Kellie-Jay Keen-Minshull and Adrian Harrop, *Sky News*, 26 September 2018.
41. ‘Blogger accused of transphobia for erecting a billboard defining “woman” as “adult human female” is branded “disgraceful” by This Morning viewers – as she insists trans women do not fit the criteria’, *Mail Online*, 28 September 2018.
42. Julie Bindel, ‘Why woke keyboard warriors should respect their elders’, *UnHerd*, 24 October

2018.

43. See 'April Ashley at 80', Homotopia festival. On YouTube at https://www.youtube.com/watch?v=wX-NhWb47sc

44. See video from 2 mins in here: https://vimeo.com/185149379

45. The case of 'Lactatia' Nemis Quinn Melancon Golden is described, among other places, in 'Nine-year-old drag queen horrifically abused after modelling for LBGT fashion company', *Pink News*, 9 January 2018.

46. 'The school was already calling her "him"', *The Sunday Times*, 25 November 2018.

47. 'Trans groups under fire for 700% rise in child referrals', *The Sunday Times*, 25 November 2018.

48. Ibid.

49. Michelle Forcier interview on NBC, 21 April 2015: https://www.nbcnews.com/nightly-news/video/one-doctor-explains-the-journey-for-kidswho-are-transitioning-431478851632?v=railb&

50. https://vimeo.com/185183788

51. May 2018.

52. Jesse Singal, 'When children say they're Trans', *The Atlantic*, July/August 2018.

53. Johanna Olson-Kennedy, MD, 'Mental health disparities among transgender youth:

rethinking the role of professionals', *JAMA*, May 2016.

54. 'Deciding when to treat a youth for gender re-assignment', Kids in the House (n.d.).

55. Singal, 'When children say they're Trans'.

56. Wylie C. Hembree, Peggy T. Cohen-Kettenis, Louis Gooren, Sabine E. Hannema, Walter J. Meyer, M. Hassan Murad, Stephen M. Rosenthal, Joshua D. Safer, Vin Tangpricha, Guy G. T'Sjoen, 'Endocrine treatment of gender-dysphoric/gender-incongruent persons: An Endocrine Society clinical practice guideline', *The Journal of Clinical Endocrinology & Metabolism*, vol. 102, no. 11, 1 November 2017.

57. Video at https://archive.org/details/olson-kennedy-breasts-go-and-get-them

58. For one such description see Susan Faludi, *In the Darkroom*, Metropolitan Books, 2016, p. 131.

59. See http://uspath2017.conferencespot.org/

60. Audio available here: https://vimeo.com/226658454

61. Many of the screen-grabs and other materials on this case can be found here: http://dirtywhiteboi67.blogspot.com/2015/08/ftm-top-surgery-forsky-tragic-story-in.html

62. 'GP convicted of running transgender clinic for children without licence', *The Telegraph*, 3 December 2018.

63. 'Things not to say to a non-binary person', BBC Three, 27 June 2017.

1. Figures from the World Economic Forum, June 2018.
2. See 'Do trans kids stay trans when they grow up?', *Sexology Today* (www.sexologytoday.org), 11 January 2016.
3. *Advocate*, 16 November 2008.
4. Voddie Baucham, 'Gay is not the new black', The Gospel Coalition, 19 July 2012.
5. Open letter to *Hypatia*:https://archive.is/lUeR4#selection-131.725-131.731
6. 'Philosopher's article on transracialism sparks controversy (Updated with response from author)', *Daily Nous*, 1 May 2017.
7. *The Real*, KPLR, 2 November 2015.
8. Patrick Strudwick, 'The newly appointed editor of *Gay Times* has been fired for posting dozens of off ensive tweets', *Buzzfeed*, 16 November 2017.
9. '*Gay Times* fires "Jews are gross" editor who sent vile tweets', *Pink News*, 16 November 2017.
10. Statement from *Gay Times* on Twitter, 16 November 2017.
11. Josh Rivers interview with Lee Gray, 'The Gray Area', YouTube, 8 June 2018.
12. 'Transgender women in sport: Are they really a 'threat' to female sport?', BBC Sport, 18 December 2018.
13. Stephie Haynes, 'Dr. Ramona Krutzik, M.D. discusses possible advantages Fallon Fox may

have', *Bloody Elbow*, 20 March 2013.

14. Joe Rogan conversation with Maajid Nawaz and Sam Harris, *Joe Rogan Experience* 1107, YouTube, 18 April 2018.
15. 'Business insider deletes opinion piece defending Scarlett Johansson's role as transman in new film', *Pink News*, 9 July 2018.
16. 'Trans activists call for boycott of film starring Matt Bomer as transgender sex worker', *Pink News*, 15 April 2018.
17. William A. Jacobson, 'Cornell Black Students group issues a 6-page list of emands', *Legal Insurrection* blog, 27 September 2017.
18. The BBC's *This Week*, 26 October 2017.
19. Laith Ashley interviewed on Channel 4 News, 13 April 2016.
20. 'Vox writer navel-gazes his way into a hole over fat-shaming', *The Daily Caller*, 5 November 2018.
21. See for instance Marieka Klawitter, 'Meta-analysis of the effects of sexual rientation on earnings', 19 December 2014 (https://onlinelibrary.wiley.com/doi/abs/10.1111/irel.12075).
22. See United States Department of Labor, Bureau of Labor Statistics: https://www.bls.gov/opub/ted/2017/median-weekly-earnings-767-for-women-937-for-men-in-third-quarter-2017.htm
23. Sky poll carried out on 14 – 16 February 2018. Results at: https://interactive.news.sky.

com/100Women_Tabs_Feb2018.pdf

24. Camille Paglia, *Free Women, Free Men: Sex, Gender, Feminism*, Canongate, 2018, p. 133.
25. Ibid., pp.131 – 2.
26. CNBC on Twitter, 24 January 2019.
27. 'Here's how much you save when you don't have kids', CNBC, 17 August 2017.
28. *The Economist*, Twitter feed, 17 November 2018.
29. Wendell Berry, 'A Few Words for Motherhood' (1980), *The World-Ending Fire*, Penguin, 2018, pp. 174 – 5.
30. See Madeleine Kearns, 'The successful, dangerous child sex-change charity', *National Review* online, 23 January 2019.
31. House of Commons, Hansard, 21 November 2018.
32. See 'Transient sexual mimicry leads to fertilization', *Nature*, 20 January 2005.
33. Freddy Gray, 'Nigel Farage's groupies party in DC', *The Spectator*, 28 January 2017.
34. Jean-Jacques Rousseau, *Emile, or On Education*, trans. Allan Bloom, Basic Books, 1979, pp. 92 – 3.
35. L. H. Keeley, *War Before Civilisation: The Myth of the Peaceful Savage*, Oxford University Press, 1996, p. 90. See also the graph made out of this in Steven Pinker, *The Blank Slate: The Modern Denial of Human Nature*, Penguin, 2003, p. 57.

36. H. W. Brands, *Traitor to His Class: The Privileged Life and Radical Presidency of Franklin Delano Roosevelt*, Doubleday Books, 2008, p. 152.
37. Ezra Klein, 'The problem with Twitter, as shown by the Sarah Jeong fracas', *Vox*, 8 August 2018.
38. Alexis de Tocqueville, *Democracy in America*, trans. Harvey C. Mansfield and Delba Winthrop, University of Chicago Press, 2000, p. 181.
39. Martin Luther King Jr, 'Where do we go from here?', delivered at the 11th Annual SCLC Convention, Atlanta, Georgia, 16 August 1967.
40. Emma Green, 'Are Jews white?', *The Atlantic*, 5 December 2016.
41. 'Anti-Semitic fl yers attacking "Jewish privilege" appear to UIC', Campus Reform, 17 March 2017.

NEXT 0302

群眾瘋狂：性別、種族與身分，21世紀最歧異的議題

The Madness of Crowds: Gender, Race and Identity

作　者—道格拉斯・莫瑞（Douglas Murray）
譯　者—王惟芬
編　者—張啟淵
資深企劃經理—何靜婷
封面及內頁設計—兒日

董 事 長—趙政岷
出 版 者—時報文化出版企業股份有限公司
108019 台北市和平西路三段二四〇號四樓
發行專線—（〇二）二三〇六六八四二
讀者服務專線—〇八〇〇二三一七〇五（〇二）二三〇四七一〇三
讀者服務傳真—（〇二）二三〇四六八五八
郵撥—一九三四四七二四時報文化出版公司
信箱—10899 台北華江橋郵局第九九信箱
時報悅讀網—http://www.readingtimes.com.tw
法律顧問—理律法律事務所　陳長文律師、李念祖律師
印刷—紘億印刷有限公司
初版一刷—二〇二一年十二月二十四日
定價—新臺幣四八〇元
（缺頁或破損的書，請寄回更換）

時報文化出版公司成立於一九七五年，
並於一九九九年股票上櫃公開發行，於二〇〇八年脫離中時集團非屬旺中，
以「尊重智慧與創意的文化事業」為信念。

群眾瘋狂：性別、種族與身分，21 世紀最歧異的議題 / 道格拉斯．莫瑞 (Douglas Murray) 著；王惟芬譯 . -- 初版 . -- 臺北市：時報文化出版企業股份有限公司 , 2021.12
面；　公分 . -- (Next ; 302)
譯自：The madness of crowds : gender, race and identity
ISBN 978-957-13-9631-6(平裝)

1. 社會正義 2. 政治認同 3. 社會哲學

540.21　　110017838

ISBN 978-957-13-9631-6
Printed in Taiwan